RONSARD   **II Odes, Hymns and other poems**

RONSARD

II Odes, Hymns and other poems

selected and edited by
GRAHAME CASTOR
and TERENCE CAVE

MANCHESTER
UNIVERSITY PRESS

Published by
MANCHESTER UNIVERSITY PRESS
Oxford Road
Manchester M13 9PL

ISBN 0 7190 0673 2

Printed in Great Britain by
Elliott Bros. & Yeoman Ltd., Woodend Avenue, Speke, Liverpool
L24 9JL

CONTENTS

PREFACE

This is the second of two volumes designed to present a comprehensive selection of Ronsard's poems. The project as a whole is an attempt to fill an evident and serious gap between existing 'introductory' anthologies and the complete editions.[1] Volume I was devoted to love poetry. Volume II gathers together a substantial number of major poems illustrating Ronsard's use of other *genres* and themes. Particular attention has been paid to the *Odes* of 1550–2, the *Hymnes* of 1555–6 and the *Poëmes* of 1569. Two important pastoral poems are included (Nos. 20 and 28); the treatment of political and other topical themes in these poems links them with Ronsard's explicitly 'public' poems such as the *Discours*, from which we have taken the *Remonstrance au peuple de France* as a focal example. Chronological order of publication has been followed, except in the case of two poems (Nos. 36 and 37) which were published posthumously but were clearly written before the *Derniers Vers*. The four poems beginning with No. 34 can thus be read as a coherent group embodying the doubts and anxieties surrounding Ronsard's final years. For reasons of space we have omitted the *Franciade*, as well as Ronsard's prose writings. All poems included have been given in their integral form, as first published; we have relied on the text of the 'Laumonier' edition, and have incorporated the amendments given in volume XIX.

The notes are intended to remove basic obstacles to a reading of the poems, rather than to explain every allusion; similarly, we have been sparing in our indication of sources.[2] Some experience of sixteenth-century language and literature and of the contemporary world-view has been presupposed. While this volume can be read independently of *Ronsard I*, we have assumed that it is likely to be studied by more advanced readers and have therefore omitted much of the basic material which is in the earlier volume.[3] Further help, together with an extensive bibliography, may readily be found in *Ronsard the Poet*, ed. T. Cave (London, Methuen, 1973), to which this is in some sense a companion anthology.

As in volume I, a Chronology has been added to facilitate an overall view of Ronsard's poetic development and to provide a context for the individual poems. We also indicate in the Chronology (and to a lesser extent in the notes) important poems for which there was no space in this volume. No index of themes has been included, since this would necessarily have been either so general as to be of little use or of prohibitive length. In this respect the index of names in volume XX of the 'Laumonier' edition and A. E. Creore's *Word-Index to the Poetic Works of Ronsard* (Leeds, Maney, 1972) are essential *instruments de travail* for the advanced student.

We should like to thank Professor Margaret McGowan and Professor Ian McFarlane for their advice and encouragement.

G.C.

T.C.C.

NOTES

[1] The only critical edition of Ronsard's complete works is that begun by P. Laumonier and completed by I. Silver and R. Lebègue for the *Société des textes français modernes* (20 vols., Paris, Hachette, then Droz, then Didier, 1914–75). The *Œuvres complètes*, ed. G. Cohen, 2 vols., Paris, Gallimard (*Bibliothèque de la Pléiade*) is based on the text of the 1584 edition, and provides variants only for first lines.

[2] All the classical works mentioned in the notes are available in the Penguin Classics series of translations and/or in the Loeb bilingual editions. The pseudo-Anacreon is to be found in vol. 2 of the Loeb *Greek Elegy and Iambus*; the poems of Theocritus and Moschus are in the Penguin Classics volume entitled *Greek Pastoral Poetry*; and Virgil's *Eclogues* are in the Penguin Classics Virgil, *The Pastoral Poetry*.

[3] However, readers are advised to familiarise themselves from the outset with the list of words and expressions given on pp. 259–60 below.

ABBREVIATIONS

L   The 'Laumonier' edition of R's complete works (volume-numbers in roman, page-numbers in arabic)

Met.   *Metamorphoses*

Pl   The *Bibliothèque de la Pléiade* edition of R's complete works (volume-numbers in roman, page-numbers in arabic)

R/I   *Ronsard I: Poems of Love*, selected and edited by G. Castor and T. Cave (Manchester, Manchester University Press, 1975)

RTP   *Ronsard the Poet* (see Preface)

CHRONOLOGY

1524   Birth of R.

1543   R receives the tonsure.

1547   Death of François Ier; accession of Henri II. R begins to study under Dorat at the Collège de Coqueret; he also publishes his first poem (*R/I*, No. 1).

1549   R publishes, in *plaquettes*, an *Epithalame d'Antoine de Bourbon*, the *Avantentrée* (No. 1 below) celebrating Henri II's official entry into Paris, and the *Hymne de France* (*L* I, 24; *Pl* II, 685) composed in honour of a minor victory over the English.

1550   Four books of *Odes*, together with some further poems grouped under the title *Bocage*. In an important preface R speaks slightingly of his rivals and claims originality for his 'imitation' of Pindar and Horace. The Pindaric odes, characterised by their triadic form and dense, allusive language, are relatively few in number (only twelve out of ninety-four in this edition). In addition to Pindar and Horace, R exploits many other sources of inspiration, stretching the *genre* well beyond its classical limits.

Ode de la paix, another triadic ode, published in *plaquette* form (*L* III, 3; *Pl* I, 358). It includes a long digression summarising the story of Francus and thus providing a first sample of R's epic project.

1551   R supplies a group of poems for the second edition of the collaborative *Tombeau de Marguerite de Valois*, composed in honour of Marguerite de Navarre, François Ier's sister, who had died in 1549.

1552   *Les Amours*, published together with a fifth book of *Odes*. Of these eleven odes, which include the 1550 *Ode de la paix* and the pieces from the 1551 *Tombeau*, two are triadic, the *Ode de la paix* and the celebrated *Ode à Michel de l'Hospital* (No. 11 below). This was the last of R's 'Pindaric' odes.

1553   *Livret de Folastries*, published anonymously, no doubt because of the obscene character of certain of the poems; the collection also includes a substantial Bacchic poem entitled *Dithyrambes* (*L* V, 53; *Pl* II, 764).

Les Amours: an enlarged edition, followed by a miscellaneous group of poems which includes *Les Isles fortunées* (*L* V, 175; *Pl* II, 409), a piece inviting R's friends and colleagues to join him on an imaginary voyage.

Le Cinquiesme livre des odes: an enlarged edition, including the lengthy *Harangue que fit Monseigneur le duc de Guise* . . . (*L* V, 203; *Pl* II, 304) celebrating the victory of François de Guise over the Emperor Charles V at the siege of Metz; it is dedicated to the Cardinal of Lorraine, the Duke's brother.

1554 *Le Bocage* and *Les Meslanges* (the title-page of which is dated 1555, though the printing had been completed in 1554). The tone of these collections is predominantly light: they contain many Bacchic and erotic odes and 'odelettes', drawing on the pseudo-Anacreon as well as on Horace and other Latin and neo-Latin poets. The *Hinne de Bacus* (No. 14 below) forms a bridge between these poems and the *Hymnes* of 1555–6; it is worth noting, however, that the 1554 pieces are dedicated to friends, colleagues and patrons such as Jean Brinon (see Nos. 13 and 14 below) rather than to members of the royal family and the aristocracy.

1555 *Quatre premiers livres des odes*: a new, enlarged edition.

Continuation des amours, a love-sequence developing the 'style bas' established in 1553 and 1554.

Les Hymnes. R now experiments with an elevated style and subject-matter based on classical models such as the Homeric hymns, Hesiod, Lucretius, and above all the hymns of the neo-Latin poet Marullus. Alexandrines and (to a lesser extent) decasyllabic couplets have replaced the strophic forms of the ode, allowing a more ample period and greater clarity of diction. This collection was dedicated to Odet de Coligny, Cardinal of Chastillon. R's desire to attract the patronage of the powerful Chastillon and Lorraine families is transparent both in the presentation and in the themes of many of these hymns; the *Hymne de l'or* (*L* VIII, 179; *Pl* II, 260) specifically argues the case for material affluence, albeit with some irony. The encomiastic motifs are, however, balanced by cosmic and moral ones; of the pieces not included below, the *Hymne de la mort* (*L* VIII, 161; *Pl* II, 281) is perhaps the most central.

1556 *Le Second livre des hymnes*. Dedicated to Marguerite de France, sister of Henri II and the most encouraging of R's royal patrons in the 1550s, this collection includes an *Epistre à Charles, Cardinal de Lorraine* and two epic fragments reworking episodes from the legend of the Argonauts: the *Hymne de Calaïs et de Zethes* and the *Hymne de Pollux et de Castor* (*L* VIII, 328, 255, 293; *Pl* II, 855, 125, 213). In describing the exploits of legendary twins, R no doubt meant to evoke those of the Chastillon brothers and the Lorraine brothers.

Nouvelle continuation des amours. R continues to cultivate simultaneously two sharply contrasted manners, the 'hymn' and the amorous 'style bas'.

1557–8 Having had difficulties in obtaining adequate patronage in spite of his celebration of key figures at court, R wrote little, abandoning his cherished *Franciade* project and retiring for long periods to his family estate of La Possonnière.

1558–9 A series of *plaquettes*, several of which were written in response to the changing royal policies of this period, when the wars with the Empire were drawing to a close: the Treaty of Cateau-Cambrésis was concluded in 1559 (on the importance of the *plaquettes*, see *RTP*, chapter 6). This group also includes two further pieces dedicated to the Cardinal of Lorraine, as well as the *Chant pastoral* written for the wedding of the Duke of Lorraine (No. 20 below).

1559 Death of Henri II in a jousting accident; accession of François II (married to Mary Queen of Scots).

Second livre des meslanges. Very much a miscellany, including two poems

(*Elegie* and *Complainte contre Fortune*) complaining to the Cardinal of Chastillon about insufficient patronage.

1560 Death of François II; accession of Charles IX; regency of Catherine de Médicis. The 'conjuration d'Amboise' is the first incident in what will soon develop into civil war.

R publishes the first collective edition of his works, in a 'pocket' sextodecimo format, comprising four volumes: *Amours*, *Odes*, *Poëmes*, and *Hymnes*. The *Poëmes* contain several important elegies (or poetic epistles) which dwell predominantly on the nature of poetry (e.g. No. 21 below). The *Elegie à Guillaume des Autels* (*L* x, 348; *Pl* ii, 564) and the *Elegie à Loïs des Masures* (No. 22 below) anticipate the polemical themes of R's *Discours*.

1561 Colloque de Poissy (a theological debate between the Cardinal of Lorraine and the leading Calvinist Théodore de Bèze).

1562 Massacre at Vassy, provoking the first of the 'wars of religion'.

Institution pour l'adolescence du Roy (*L* xi, 3; *Pl* ii, 560), a didactic poem addressed to the young Charles IX.

Discours des miseres de ce temps; *Continuation du discours . . .* (*L* xi, 19, 35; *Pl* ii, 544, 550). In these polemical *plaquettes* R adopts a moderate 'conservative' position on the religious issue: he concedes the need for internal reform of the Church but attacks theological innovation and schismatic tendencies. His attitude, although at times conciliatory, is not tolerant, and he likes to caricature his Calvinist opponents.

1563 *Remonstrance au peuple de France* (No. 23 below).

Responce . . . aux injures et calomnies, de je ne sçay quels Predicans, & Ministres de Geneve (*L* xi, 111; *Pl* ii, 595), a lengthy reply to the deluge of polemical pamphlets which his *Discours* had provoked from Geneva. It contains a detailed defence of his own personality and of his poetry, claiming both his absolute superiority as poet and the liberty to write as he pleases.

1564 *Recueil des nouvelles Poësies*, made up of four *plaquettes*, one of which is dated 1563 (and thus may have been first published separately in that year), the others 1564. The '1563' poems include the hymns to the four seasons (Nos. 24–7 below) and the mythological narratives *L'Adonis* (*R/I*, No. 103) and *L'Orphee* (another 'Argonaut' fragment) (*L* xii, 126; *Pl* ii, 64). The '1564' poems include an appeal for financial support to Catherine de Médicis (*Compleinte à la Royne mere du Roy*, *L* xii, 172; *Pl* i, 865), several poems on the departure of the widowed Mary Queen of Scots from France in 1561, and a number of love-elegies.

1565 *Elegies, Mascarades et Bergerie*, a collection of poems (the most substantial of which is No. 28 below) deriving from the Court festivities organised by Catherine de Médicis during the early months of 1564 in an attempt to reconcile the warring Catholic and Protestant families of France and to unite them in their allegiance to Charles IX. The volume was dedicated to Queen Elizabeth of England and it opens with a long elegy in praise of her.

Les Nues, ou nouvelles (*L* xiii, 267; *Pl* ii, 925), a poem published separately in which R tells Catherine de Médicis of the political rumours which were current in Paris during her absence on her son's royal progress through his kingdom.

Abbregé de l'Art poëtique françois (*L* xiv, 3; *Pl* ii, 995), a brief treatise in which R recounts the divine origin of poetry and its subsequent history, urges the would-be poet to study the best writers and to revise his own work rigorously, and finally discusses various technical matters ranging from the ways in which one should begin different kinds of poem to elision of the mute *e*.

1565–6 R receives the livings of Saint-Cosme, near Tours, and Croixval, in the Vendômois.

1567 Second collective edition, now (in order to accommodate material produced since 1560) in six volumes: *Amours*, *Odes*, *Poëmes*, *Hymnes*, *Elegies*, and *Discours*. The quarto format suggests that R and his publishers hoped that this edition would find a place in the libraries of the well-to-do.

1569 The *Sixiesme livre* and *Septiesme livre des Poëmes* (forming a substantial continuation of volume iii of the 1567 collective edition). In addition to the four poems reproduced below (Nos. 30–3), these books include poems on amatory themes, and many allusions to R's illness and semi-retirement at Saint-Cosme and Croixval during the preceding years.

1571 Third collective edition, which was by and large a reproduction in sextodecimo of the quarto second edition.

1572 Massacre of St Bartholomew's Day.
Les Quatre premiers livres de la Franciade, offered by R as an 'eschantillon' of the national epic with which he aimed to emulate the *Iliad* and the *Aeneid*, and which he had first alluded to in the 1550s. Although the poem never progressed beyond these initial four books, R continually amended the text, introducing revisions even into the version published in the last collective edition which he worked on; he also added at that stage a substantial new preface (*L* xvi, 331; *Pl* ii, 1015). There was a second edition of the *Quatre premiers livres* in 1573, and they were also republished at the end of the 1572–3 fourth collective edition, which otherwise makes only minor alterations to the 1571 edition.

1574 Death of Charles IX, who had been a generous patron to R; accession of Henri III. From this point on R withdrew more and more from the life of the Court; he retired to his livings, devoting himself to study and to the preparation of the final collective editions of his works. In his later years he made only infrequent visits to Paris.

1575 A number of *plaquettes*, some containing poems on political themes— e.g. *Discours au Roy* [Henri III] *apres son retour de Pologne en l'annee M.D.LXXIIII*; *Estreines au Roy Henri III*—and one containing *inter alia* a substantial ode, later reclassified as a hymn, entitled *Les Estoilles* (*L* xvii, 17, 85, 37; *Pl* i, 795, 800, and ii, 196). In this year R also delivered to the Palace Academy in the presence of Henri III prose discourses on the intellectual and moral virtues, on envy, and on joy and sadness.

1578 Fifth collective edition (still in sextodecimo) in seven volumes; *La Franciade* now forms a separate volume. The volumes of *Elegies* and of *Hymnes* change places, but the most significant development is the appearance of a considerable body of new love poetry, much of it composed in the later part of Charles IX's reign.

1579 *Panegyrique de la Renommee* (*L* xviii, 1; *Pl* i, 787), a poem in *plaquette* form in which R celebrates Henri III and revives the theme of divine inspiration, which had virtually disappeared (except in ironic and negative contexts) from his later poetry.

1584 Sixth collective edition: a single folio volume of well over 900 pages, divided into seven parts: *Amours*, *Odes*, *La Franciade*, *Bocage royal* (followed by *Eclogues et Mascarades* and *Elegies*), *Hynnes*, *Poëmes* (together with *Epitaphes de divers sujets*), and *Discours des miseres de ce temps*. The 'royal' character of this edition is indicated by the re-ordering of the sections: the *Odes* (which since 1555 had been dedicated to Henri II) are now followed by the *Franciade*, dedicated to Charles IX, and the *Bocage royal*, dedicated to Henri III; some of the other sections are also dedicated to members of the royal family.

1585 Death of R in late December.

1586 *Les Derniers Vers* (Nos. 38–46 below), a small collection of poems, mainly sonnets, evoking the long and painful illness from which he died.

1587 Seventh collective edition, on which R had been working before he died, and which was completed by his literary executors, Claude Binet and Jean Galland; it comprises ten sextodecimo volumes. The *Bocage royal* now forms a separate volume. As well as the new preface for the *Franciade*, this edition contains several important new poems, including the elegy to Desportes (No. 36 below) and the hymn *De Mercure* (*L* xviii, 265; *Pl* ii, 653). The last volume was completed by Binet's biography of R, which included a few fragments of unfinished poems. (Hitherto unpublished poems, such as No. 37 below, also appeared in the collective editions of 1604 and 1609.)

THE POEMS

AVANTENTRÉE DU ROI
TRESCHRESTIEN A PARIS

Voici venir d'Europe tout l'honneur,
Ouvre les bras Paris, plein de bon heur,
Pour embrasser ton Roi qui te decore,
Et du parfait de ses vertus t'honore.
Heureus Paris, le tresor de ta gloire
Sera pendu au temple de Memoire,
Tant tu auras de bien & de grand heur,
Aaint receu d'Europe la grandeur.
  Iö Paris, éleve au ciel ta porte,
J'oi arriver ton Roi qui te r'apporte   *10*
La vierge Astrée, & sa belle sequelle
Qui s'envolla de ce monde avec elle.
Ne la voi-tu comme elle prend sa place
A son retour dans le sein & la face
De nostre Roine, en qui le ciel contemple
Du vrai honneur le portraict & l'exemple?
Et qui en toi un beau jour déplira,
Quant par ta rue en triumphe elle ira?
C'est celle là dont Arne est orgueilleus,
Et qui son nom d'un haut bruit merveilleus   *20*
Contre les murs de Florence resonne:
C'est celle là qui l'espoir nous redonne
De voir bien tost le beau lis de rechef
Dans l'Italie encor dresser le chef.
  Sus donq Paris regarde quel doit estre
Ton heur futur, en adorant ton maistre,
Ton nouveau Dieu, dont la divinité
T'enrichira d'une immortalité.
  Comme Tyrinthe est le propre heritage
Du grand Hercule, & de Junon, Carthage: *30*
Ainsi Paris tu seras desormais
Du Roi Henri la ville pour jamais,
Et dedans toi les estrangers viendront
Baiser son temple & leurs veus lui rendront.
  A sa venue il semble que la terre
Tous ses tresors de son ventre deserre,
Et que le Ciel ardentement admire
Leurs grands beautés, où d'enhaut il se mire
Enamouré, & courbe tout expres
Ses larges yeus pour les voir de plus pres.   *40*

Telle saison le vieil age eprouva,
Quant le Chaos demellé se trouva,
Et de son poix la terre balancée
Fut des longs doits de Neptune embrassée,
Lors que le Ciel se voutant d'un grant tour
Emmantela le monde tout autour.
Ja du Soleil la tiede lampe alume
Un autre jour plus beau que de coustume.
Ja les forests ont pris leurs robbes neuves,
50   Et moins enflés glissent aval les fleuves,
Hastés de voir Thetys qui les attent,
Et à ses fils son grand giron estend.
Entre lesquels la bien heureuse Seine
En floflotant une joie demeine,
Peigne son chef, s'agence & se fait belle
Et d'un hault cri son nouveau Prince appelle.
Iö Paris, voici le jour venir
Dont nos néveus se doivent souvenir,
Et dans lequel seront apparoissans
60   Et Arcs, & Traits, & Carquois, & Croissans,
Qui leur rondeur parfaicte rempliront,
Et tout le cerne en brief accompliront,
A celle fin que leur splendeur arrive,
De l'Ocean à l'une & l'autre rive.
Au jour sacré de la Roialle entrée,
Que la Princesse en drap d'or acoustrée
Brave apparoisse, & la Bourgeoise face
Tous les amours nicher dedans sa face.
Que du plus haut des fenestres on rue
70   Les lis, les fleurs, les roses en la rue
De çà & là: que le peuple ne voie
Sinon pleuvoir des odeurs par la voie.
Qu'on chante iö, que la solennité
Soit egallée à sa divinité.
Cnose jadis ainsi pompeusement
Reçeut son Prince, alors qu'heureusement
Pour son partage il occupa les cieus,
Et qu'il fut Roi des hommes, & des Dieus.
D'un ordre egal en triumphe exaltée
80   Aloit davant la corne d'Amalthée,
Aveq' l'oiseau qui par tout l'univers
Porte des Dieus les prodiges divers.
Au grand Henri puissent ils se monstrer
Du bon costé qui les faut rencontrer,
Lors qu'il se rue au meilieu des dangers,
Brisant l'honneur des soudars estrangers.

J'enten desja les trompettes qui sonnent,
Et des vainqueurs les louanges resonnent.
Je voi desja flamboier les harnois,
Et les chevaus courans par les tournois 90
Leurs opposés bravement mépriser,
Et jusqu'au ciel les lances se briser.
Là, les faveurs des Dames peu vauldront:
Là, les plastrons pourneant deffendront
Le combatant, qu'il ne brunche par terre,
Si mon grand Roi de sa lance l'enferre:
Car le ciel veut qu'il emporte le pris,
Et de bien loing passe les mieus appris.
   Mais qui sont ils ces Chevaliers vaillans
Qui tiennent bon contre tous assaillans, 100
Brulés de gloire & d'ardeur d'éprouver
Si un plus fort se pourroit point trouver?
Soit l'Espagnol aus armes fier & brave,
Ou cestui-là que la Tamise lave.
A voir de l'un la force souveraine
Je reconnoi la gloire de Lorraine,
L'honneur d'Aumalle, en qui luit en la face
Tout ce que peut la nature & la grace,
Et qui naguere a joint aveq' le sien
Du bon Roger le sang tant ancien. 110
   Sus donc Seigneurs, la terreur des humains,
Le los de France est ores en vos mains,
Nul Chevalier, fust il Roland, ne vienne
Tanter vos bras, qu'il ne lui en souvienne,
Affin qu'il porte aus nations estranges
Dessus son dôs écrites vos louanges.
   Et toi Henri triumphe à la bonne heure,
Haste tes pas, trop longue est ta demeure:
Vien voir Paris la grand' cité roialle,
Et de ta Gent la foi serve & loialle. 120
Vien voir ses jeus, & tout ce qu'elle apreste
Pour celebrer de ta grandeur la feste.
   Facent les cieus que ta puissance greve
Si bien l'Anglois, que plus il ne releve:
Et que ton bras renvoie par deça
Le grand tresor qu'un Roi Jan lui laissa.
S'ainsi advient j'animerai ta gloire,
Et publirai le gaing de ta victoire
Faisant voler ton renom nompareil:
Où d'un plain sault le renaissant Soleil 130
Monte à cheval, & là, où il attache
Ses las coursiers qu'aus fons des eaus il cache.

2   A MADAME MARGUERITE

Strophe 1

Il faut que j'aille tanter
L'oreille de MARGUERITE,
Et dans son palais chanter
Quel honneur elle merite:
Debout Muses, qu'on m'atelle
Vostre charette immortelle,
Affin qu'errer je la face
Par une nouvelle trace,
Chantant la vierge autrement
10   Que nos poëtes barbares,
Qui ses saintes vertus rares
Ont souillé premierement.

Antistrophe

J'ai sous l'esselle un carquois
Gros de fleches nompareilles,
Qui ne font bruire leurs vois
Que pour les doctes oreilles:
Leur roideur n'est apparante
A telle bande ignorante,
Quand l'une d'elles annonce
20   L'honneur que mon arc enfonce:
Entre toutes j'elirai
La mieus sonnante, & de celle
Par la terre universelle
Ses vertus je publirai.

Epode

Sus mon Ame, ouvre la porte
A tes vers plus dous que miel,
Affin qu'une fureur sorte
Pour la ravir jusque au ciel:
Du croc arrache la Lire
30   Qui tant de gloire t'aquit,
Et vien sus ses cordes dire
Comme la Nimphe náquit.

Strophe 2

Par un miracle nouveau
Pallas du bout de sa lance
Ouvrit un peu le cerveau
De François seigneur de France.
Adonques Vierge nouvelle
Tu sortis de sa cervelle,
Et les Muses qui te prindrent
En leurs sçiences t'apprindrent: *40*
Mais quand le tens eut parfait
L'acroissance de ton age,
Tu pensas en ton courage,
De mettre à chef un grand fait.

Antistrophe

Tes mains s'armerent alors
De l'horreur de deus grands haches:
Tes braz, tes flancs, & ton cors,
Sous un double fer tu caches:
Une menassante creste
Branloit au hault de ta teste   *50*
Joant sur la face horrible
D'une Meduse terrible:
Ainsi tu alas trouver
Le vilain monstre Ignorance,
Qui souloit toute la France
Desous son ventre couver.

Epode

L'ire qui la Beste offense
En vain irrita son cueur,
Pour la pousser en defense
S'opposant au bras vainqueur: *60*
Car le fer pront à l'abatre
Ja dans son ventre est caché,
Et ja trois fois voire quatre,
Le cueur lui a recherché.

Strophe 3

Le Monstre gist étandu,
De son sang l'herbe se mouille:
Aus Muses tu as pandu

Pour Trophée sa depouille:
Puis versant de ta poitrine
70   Mainte source de doctrine,
Au vrai tu nous fais connoistre
Le miracle de ton estre.
Pour cela je chanterai
Ce bel hinne de victoire,
Et de France à la Gent noire
L'enseigne j'en planterai.

Antistrophe

Mais moi qui suis le témoin
De ton los qui le monde orne,
Il ne faut ruer si loin
80   Que mon trait passe la borne:
Frape à ce coup MARGUERITE,
Et te fiche en son merite,
Qui luit comme une planette
Ardante la nuit brunette.
Répandon devant ses yeus
Ma musique toute neuve
Et ma douceur qui abreuve
L'honneur alteré des cieus.

Epode

Affin que la Nimphe voie
90   Que mon luc premierement
Aus François montra la voie
De sonner si proprement:
Et comme imprimant ma trace
Au champ Attiq' & Romain,
Callimaq', Pindare, Horace,
Je deterrai de ma main.

3   A JOUACHIM DU BELLAI ANGEVIN

Strophe 1

Aujourdui je me vanterai
Que jamais je ne chanterai
Un homme plus aimé que toi
Des neuf pucelles & de moi,
Poste qui cornera ta gloire

Que toute France est apreuvant,
Dans les delices s'abreuvant
Dont tu flates l'orgueil de Loire:
Car si un coup elle apperçoit,
Qu'à du Bellai mon hinne soit,   *10*
Par monceaus elle acourra toute
Autour de ma Lire, où degoute
L'honneur distilant de ton nom
Mignardé par l'art de mon pouce,
Et pour licher la gloire douce
Qui emmielle ton renom.

Antistrophe

Hai avant Muse, ores il faut
Le guinder par l'air aussi haut
Que ses vertus m'ont mis ici
Desous le joug d'un dous souci: *20*
Il le merite ma mignonne,
Nul tant que lui n'est adorant
Les vers dont tu vas honorant
La gloire de ceus que je sonne:
Il s'égaie de tes chansons,
Et de ces nouvelles façons,
Auparavant non imitables,
Qui font émerveiller les tables,
Et les gros sourcis renfoncer
De cette jalouse ignorance,   *30*
Qui ose desja par la France
L'honneur de mes vers offenser.

Epode

L'homme est fol qui se travaille
Porter en la Mer des eaus,
A Corinthe des vesseaus,
Et fol qui des vers te baille:
Si t'envoirai-je les miens
Pour rencherir plus les tiens,
Dont les douceurs nompareilles
Sçavent flater les oreilles   *40*
Des Rois béans à t'ouir:
Seule en France est nostre Lire
Qui les fredons sache elire
Pour les Princes rejouir.

Strophe 2

Celui qui est endoctriné
Par le seul naturel bien né
Se haste de ravir le pris:
Mais ces rimeurs qui ont apris
Avec travail, peines, & ruses,
50   Tousjours ils enfantent des vers
Tortus, & courans de travers
Parmi la carriere des Muses:
Eus égualés à nos chants beaus,
Ils sont semblables aus corbeaus
Lesquels desous l'ombre quaquetent
Contre deus aigles, qui aguetent
(Portans la foudre du grand Roi)
Les tens de ruer leurs tempestes
Desus les miserables testes
60   Des ces criards palles d'éfroi

Antistrophe

Voians l'aigle: mais ni les ans,
Ni l'audace des vens nuisans,
Ni la dent des pluies qui mord,
Ne donne aus vers doctes la mort:
Par eus la Parque est devancée,
Ils ardent l'eternelle nuit,
Tousjours fleurissans par le fruit
Que la Muse ente en leur pensée,
Le tens qui survient de bien loin
70   En est le fidele témoin.
Certes la Muse babillarde
L'honneur d'un chaq'un ne regarde,
Animant ores cetui-ci,
Et ores ces deus-là, car elle
Des haus Dieus la fille eternelle
Ne se valette pas ainsi.

Epode

L'aiant prise pour ma guide
Avec le chant inconnu
De mon Luc, je suis venu
80   Où le flanc de Loire ride
Baignant les champs plantureus
De tes ancestres heureus,

Puis sautelant me ramaine
De ton Anjou, jusque au Maine
(De mon Vandomois voisins)
Affin que là je decore
Et Guilaume, & Jan encore,
L'ornement de tes cousins.

Strophe 3

Lesquels ont suporté souvent,
La fureur de l'horrible vent   *90*
Armé d'orage dépiteus
Souflant la France en tens douteus:
Bien que matin le jour s'éveille
Pour voir tout, il ne vit jamais
Et si ne voira desormais
De freres la couple pareille,
Ausquels les François doivent tant
De lauriers qu'ils vont meritant,
Ou soit pour amoindrir l'audace
De l'Espaignol s'il nous menace,   *100*
Ou soit pour deglacer les cueurs
Par le foudre de leur faconde,
Des Anglois separés du monde,
Ou des Alemans belliqueurs.

Antistrophe

Romme s'ivrant de leur parler
(Dont le Nectar sembloit couler)
Béante en eus s'emerveilla,
Puis à l'un d'eus elle bailla
Le saint honneur de sus la teste,
Flamboiant autour de son front   *110*
Ainsi que les deus Jumeaus font
Quand ils sereinent la tempeste,
A l'autre nostre Roi donna
L'or, qui son col environna,
Avecques la puissance d'estre
Du Piemont gouverneur & maistre,
Balançant d'equitable pois
Son avis & sa vigillance,
Ensemble l'effort de sa lance
Jointe avecque une belle vois.   *120*

Epode

Nul terme de nostre vie
Par nous ne se juge pas,
Ignorans le jour qu'en bas
Elle doit estre ravie:
De sus l'esté de ses ans
Rongé de soucis cuisans
Ton grand Langé laissa l'ame,
Enterrant sous mesme lame
L'honneur ensemble abatu,
130   Ne laissant rien de valable
Sinon un frere semblable
Au portrait de sa vertu.

Strophe 4

Sache que le sang de ceus-ci
Et leur race est la tienne aussi.
Mais repren l'arc, Muse, il est tens
Guigner au blanc où tu pretens:
Puis que sa louange foisonne
En cent vertus propres à lui,
A quoi par les honneurs d'autrui
140   Rempli-je ce que je lui donne?
Sa gloire sufit pour borner
Les vers qui le veulent orner.
O bons Dieus on ne sçauroit faire
Que la vertu se puisse taire
Bien qu'on brule de l'obscurcir:
Maugré l'envie el' se rend forte,
Et sur le front la lampe porte
Qui seule la peut eclarcir.

Antistrophe

Les tiennes ont tant de valeur
150   Qu'encores s'on cachoit la leur,
Sous le silence elle croistroit
Et plus sa flamme apparoistroit:
Car tout ainsi que la mer passe
L'honneur d'un chaq'un élément,
Et le souleil semblablement
Les moindres feus du ciel éface,
Ainsi apparoissent les traits
Dont tu émailles les portraits

De la riche peinture tienne
Tant semblable au vif de la mienne,   *160*
Montrant par ton commencement,
Que mesme fureur nous afolle,
Tous deus disciples d'une écolle
Où l'on forcene doucement.

Epode

Par une cheute subite
Encor je n'ai fait nommer
Du nom de Ronsard la mer
Bien que Pindare j'imite:
Horace harpeur latin
Etant fils d'un libertin   *170*
Basse & lente avoit l'audace,
Non pas moi de franche race,
Dont la Grace enfle les sons,
Avec plus horrible aleine,
Affin que Phebus rameine
Par moi ses vieilles chansons.

Strophe 5

Lequel m'encharge de chanter
Mon Jouachim pour le vanter
Entre ceus-là qui ont gouté
De la fureur de sa bonté: *180*
Obeissant à la vois sainte
Mon trait par le ciel galopant
L'air angevin n'ira coupant
Sans que sa gloire en soit atainte:
Bruiant l'homme estre bien heureus,
Sur lequel le miel doucereus
Qui par tout tumbe de ton stile
Heureusement coule & distile.
Que dirai plus? le ciel t'a fait
(Te fortunant de main non chiche)   *190*
Jeune, dispost, sçavant, & riche,
Desus son moule plus parfait.

Antistrophe

Ma main ne pourroit se lasser
De faire mon bateau passer
Parmi les mers de la vertu

Dont tu es couvert & vétu:
Si je n'eusse avisé l'orage
Des mesdisans impetueus,
Qui encontre les vertueus
200   Degorgent voluntiers leur rage,
Laquelle par l'air s'épandant
Comme un tonnerre, ce pendant
De son murmure m'amonneste
De tromper l'horrible tempeste
Aboiante tant seulement
Les nourriçons des neuf Pucelles,
Qui se sont mis au dos des ailes
Pour voler eternellement.

Epode

Mais ô vous freres d'Heleine,
210   Les Amycleans flambeaus,
Apparoissez clairs & beaus,
Sur le bateau que je meine,
Ancrez la navire au port,
Et vous aiant pour suport
Mettez fin au navigage,
Et au malheureus langage
De la reprehension,
Laquelle en vain se travaille
De me mordre, affin qu'elle aille
220   Où est la perdition.

4   AVANTVENUE DU PRINTENS

Toreau, qui desus ta crope
Enlevas la belle Europe
Parmi les voies de l'eau,
Hurte du grand ciel la borne,
Poussant du bout de ta corne
Les portes de l'an nouveau.

Et toi vieillard qui enserre
Sous ta clef ce que la terre
Produist generalement:

Ouvre l'huis à la nature,   *10*
Pour orner de sa peinture
Les champs liberalement.

Vous nimphes des eaus qui estes
Ores prises & subjétes,
Levez un beau chef dehors:
Et debridant vostre course
Bien loin depuis vostre source
Frapez librement vos bords.

Affin que la saison verte
Se manifeste couverte   *20*
D'un tapis merqué de fleurs:
Et de la terre la face
Plus jeune & gaie se face
Fardant son teint de couleurs:

Apparoissant' glorieuse
Pour se voir victorieuse
De l'iver malitieus,
Qui l'avoit tant offancée
De mainte grele elancée
Par un vent audatieus.   *30*

Ores en vain il s'efforce,
Car il voit desja sa force
Lentement se consumer,
Sentant le jour qui s'alonge,
Et ja plus tardif se plonge
Dans le giron de la mer.

Ja le beau printens arive,
Et ja l'herbe de la rive
Sousleve un petit son chef,
Et méprisant la froidure   *40*
Etalle aus cieus sa verdure
Pour i fleurir de rechef.

Ja le ciel d'amour s'enflame,
Et dans le sein de sa fame
Ja se rue en s'elançant,
Et mellant sa force en elle,
De sa rousée eternelle
Va son ventre ensemanssant.

Elle qui est en gesine,
Sentant son heure voisine
Et les plaisirs d'enfanter,
Lache en bas mile richesses,
Mile honneurs, mile largesses
Pour son mari contanter.

Amour, qui nature eveille,
Amenant pres de l'oreille
La coche des trais ardans,
Les pousse de telle sorte
Que la poitrine est bien forte
S'ils ne se fichent dedans.

Adonc la gent emplumée,
Et la vagabonde armée,
Contrainte du dart vainqueur,
Ni dans l'eau, ni par les nues,
N'etaint les flammes venues
Bruler le fort de leur cueur.

La charette vagabonde
Qui court sur le dos de l'onde,
Oisive au port paravant,
Lachant aus voiles les brides
Va par les pleines humides
De l'Occident au Levant.

Nos souldars chargent la pique
Et tant la gloire les pique
Qu'avant le tens atendu,
Indontés de nule peine,
Ils ont desja par la pleine
Leur camp par tout épandu.

Du printens la saison belle
Quand la terre etoit nouvelle
L'an paisible conduisoit
Et du souleil qui eclaire
La lampe flambante & claire
Tiede par tout reluisoit.

Mais la main des dieus jalose
N'endura que telle chose
Suivist son train coutumier,

Et changeant le premier vivre
Fist une saison de cuivre
En lieu du bel or premier. *90*

Lors le printens donna place
Au chaut, au vent, à la glace,
Qui renaissent à leur tour.
Et le sapin des montaignes
Galopa par les campaignes
Qui nous baignent alentour.

On ouit sonner les armes,
On ouit par les alarmes
L'acier tinter durement,
Et les lames assérées, *100*
Sur les enclumes férrées
Craqueter horriblement.

On inventa les usages
D'empoisonner les bruvages
Et l'art d'épandre le sang:
Les maus du cofre sortirent,
Et les haus rochers sentirent
La foudre desus leur flanc.

A SA LIRE

Lire dorée, où Phebus seulement,
Et les neuf seurs ont part egalement,
Le seul confort qui mes tristesses tue,
Que la dance oit, & toute s'evertue
De t'obeir, & mesurer ses pas
Sous tes fredons mignardés par compas,
Lors qu'en bruiant tu merques la cadanse
D'un avantjeu, le guide de la danse.

Le feu armé de Jupiter s'cteint
Sous ta chanson, si ta chanson l'atteint: *10*
Et au caquet de tes cordes bien jointes
Son aigle dort sur sa foudre à trois pointes
Abaissant l'aile, adonc tu vas charmant
Ses yeus agus, & lui en les fermant
Son dos herisse, & ses plumes repousse
Flaté du son de ta parole douce.

Celui n'est pas le bien aimé des Dieus
A qui deplaist ton chant melodieus
Heureuse lire honneur de mon enfance,
20   Je te sonnai devant tous en la France
De peu à peu, car quant premierement
Je te trouvai, tu sonnois durement,
Tu n'avois point de cordes qui valussent,
Ne qui répondre aus lois de mon doi pussent.

Moisi du tens ton fust ne sonnoit point,
Mais j'eu pitié de te voir mal empoint,
Toi qui jadis des grans Rois les viandes
Faisois trouver plus douces & friandes:
Pour te monter de cordes, & d'un fust,
30   Voire d'un son qui naturel te fust,
Je pillai Thebe', & saccagai la Pouille,
T'enrichissant de leur belle dépouille.

Adonc en France avec toi je chantai,
Et jeune d'ans sus le Loir invantai
De marier aus cordes les victoires,
Et des grans Rois les honneurs & les gloires:
Puis affectant un euvre plus divin
Je t'envoiai sous le pousse Angevin,
Qui depuis moi t'a si bien fredonnée
40   Qu'à nous deus seuls la gloire en soit donnée.

Certenement celui que tes chansons
Vont repaissant du sucre de leurs sons,
Ne sera point haut estimé pour estre
Ou à l'escrime, ou à la lutte adestre,
Ni de Laurier couronné ne sera,
Car de sa main l'effort n'abaissera
L'orgueil des Rois, ni la fureur des Princes,
Portant vainqueur le feu dans leurs Provinces.

Mais ma Gastine, & le haut crin des bois
50   Qui vont bornant mon fleuve Vandomois,
Le Dieu bouquin qui la Neufaune entourne,
Et le saint Chœur qui en Braie sejourne,
Le feront tel, que par tout l'univers
Il se verra renommé de ses vers,
Tant il aura de graces en son pousse,
Et de fredons tentant sa chorde douce.

Desja ma lire, un honneur tu reçois,
Et ja desja la race des François
Me veut nombrer entre ceus qu'elle loue,
Et pour son chantre heureusement m'avoue.   *60*
O Muse douce, ô Cleion, ô les Seurs
Qui animés de mon luc les douceurs
Je vous salue, & resalue encore,
Et toi mon Luc, par lequel je m'honnore.

Par toi je plai, & par toi je suis leu,
C'est toi qui fais que Ronsard soit éleu
Harpeur François, & quant on le rencontre
Qu'avec le doi par la rue on le montre:
Si je plai donc, si je sçai contanter,
Si mon renom la France veut chanter,   *70*
Si de mon front les étoilles je passe,
Certes mon Luc cela vient de ta grace.

6   A LA FONTAINE BELLERIE

O Déesse Bellerie,
Belle Déesse cherie
De nos Nimphes, dont la vois
Sonne ta gloire hautaine
Acordante au son des bois,
Voire au bruit de ta fontaine,
Et de mes vers que tu ois.

Tu es la Nimphe eternelle
De ma terre paternelle,
Pource en ce pré verdelet   *10*
Voi ton Poëte qui t'orne
D'un petit chevreau de laict,
A qui l'une & l'autre corne
Sortent du front nouvelet.

Sus ton bord je me repose,
Et là oisif je compose
Caché sous tes saules vers
Je ne sçai quoi, qui ta gloire
Envoira par l'univers,
Commandant à la memoire   *20*
Que tu vives par mes vers.

L'ardeur de la Canicule
Toi, ne tes rives ne brule,
Tellement qu'en toutes pars
Ton ombre est epaisse & drue
Aus pasteurs venans des parcs,
Aus beufs las de la charue,
Et au bestial epars.

30

Tu seras faite sans cesse
Des fontaines la princesse,
Moi çelebrant le conduit
Du rocher persé, qui darde
Avec un enroué bruit,
L'eau de ta source jazarde
Qui trepillante se suit.

7   ## LA DEFLORATION DE LEDE
A CASSANDRE

Divisee par quatre poses

Le cruel amour vainqueur
De ma vie sa sugette,
M'a si bien écrit au cueur
Vostre nom de sa sagette,
Que le tens qui peut casser
Le fer & la pierre dure,
Ne le sçauroit effacer
Qu'en moi vivant il ne dure.

10

Mon luc qui des bois oians
Souloit alleger les peines,
De mes yeus tant larmoians
Ne tarist point les fontaines,
Et le souleil ne peut voir
Soit quand le jour il apporte,
Ou quand il se couche au soir
Une autre douleur plus forte.

Mais vostre cueur obstiné,
Et moins pitoiable encore
Que l'Océan mutiné
20
Qui lave la rive more,
Ne prend mon service à gré,
Ains a d'immoler envie
Le mien, à lui consacré
Des premiers ans de ma vie.

Juppiter époinçonné
De telle amoureuse rage,
A le ciel abandonné,
Son tonnerre, & son orage,
Car l'œil qui son cueur étraint
Comme étraints ores nous sommes,   *30*
Ce grand seigneur a contraint
De tenter l'amour des hommes.

Impatient du desir,
Naissant de sa flamme éprise,
Se laisse à l'amour saisir
Comme une dépouille prise,
Puis il a bras, teste, & flanc,
Et sa deité cachée
Sous un plumage plus blanc
Que le laict sus la jonchée.   *40*

En son col meit un carcan,
Avec une cheine, où l'œuvre
Du laborieus Vulcan
Merveillable se déqueuvre.
D'or en étoient les cerçeaus
Piolés d'aimail ensemble,
A l'arc qui verse les eaus
Ce bel ouvrage ressemble.

L'or sus la plume reluit
D'une semblable lumiere,   *50*
Que le clair œil de la nuit
Desus la nege premiere:
Il fend le chemin des cieus
Par un voguer de ses ailes,
Et d'un branle spatieus
Tire ses rames nouvelles.

Comme l'aigle fond d'en haut
Ouvrant l'épés de la nuë,
Sur l'aspic qui lesche au chaut
Sa jeunesse revenuë: *60*
Ainsi le Cigne volloit
Contrebas, tant qu'il arrive
Desus l'estang où soulloit
Jouer Lede sur la rive.

Quand le ciel eut allumé
Le beau jour par les campaignes,
Elle au bord acoutumé
Mena jouer ses compaignes:
Et studieuse des fleurs
70   En sa main un panier porte,
Paint de diverses couleurs,
Et paint de diverse sorte.

Seconde pose

D'un bout du panier s'ouvroit
Entre cent nuës dorées,
Une Aurore qui couvroit
Le ciel de fleurs colorées:
Ses cheveus vagoient errans
Soufflés du vent des narines
Des prochains chevaus tirans
80   Le souleil des eaus marines.

Comme au ciel il fait son tour
Par sa voie courbe & torte,
Il tourne tout à l'entour
De l'anse en semblable sorte:
Les nerfs s'enflent aus chevaus
Et leur puissance indontée
Se lasse sous les travaus
De la pénible montée.

La mer est painte plus bas,
90   L'eau ride si bien sur elle,
Qu'un pescheur ne nîroit pas
Qu'elle ne fust naturelle.
Ce soleil tumbant au soir
Dedans l'onde voisine entre,
A chef bas se laissant cheoir
Jusqu'au fond de ce grand ventre.

Sur le sourci d'un rocher
Un pasteur le loup regarde,
Qui se haste d'aprocher
100   Du couard peuple qu'il garde:
Mais de cela ne lui chaut,
Tant un limas lui agrée,
Qui lentement monte en haut
D'un lis, au bas de la prée.

Un Satire tout follet
En folatrant prend, & tire
La panetiere, & le lait
D'un autre follet Satire.
L'un court apres tout ireus,
L'autre defend sa despouille,   *110*
Le laict se verse sur eus
Qui sein, & menton leur souille.

Deus beliers qui se hurtoient
Le haut de leurs testes dures,
Portréts aus deus borts estoient
Pour la fin de ces paintures.
Tel panier en ses mains meit
Lede qui sa troppe excelle,
Le jour qu'un oiseau la feit
Femme en lieu d'une pucelle.   *120*

L'une arrache d'un doi blanc
Du beau Narcisse les larmes,
Et la lettre teinte au sang
Du Grec marri pour les armes:
De crainte l'œillet vermeil
Pallit entre ces piglardes,
Et la fleur que toi soleil
Des cieus encor tu regardes.

A l'envi sont ja cueillis
Les vers tresors de la plaine,   *130*
Les bascinets, & les lis,
La rose, & la marjolaine:
Quand la vierge dist ainsi
(Jettant sa charge odorante
Et la rouge fueille aussi
De l'immortel Amaranthe.)

Tierce pose

Allon trouppeau bienheureus
Que j'aime d'amour naïve,
Ouïr l'oiseau douloureus
Qui se plaint sur nostre rive.   *140*
Et elle en hastant ses pas
Fuit par l'herbe d'un pié vite,
Sa troupe ne la suit pas
Tant sa carriere est subite.

Du bord lui tendit la main,
Et l'oiseau qui tresaut d'aise,
S'en aproche tout humain
Et le blanc ivoire baise:
Ores l'adultere oiseau
150   Au bord par les fleurs se jouë,
Et ores au haut de l'eau
Tout mignard follâtre, & nouë.

Puis d'une gaie façon
Courbe au dos l'une & l'autre aile,
Et au bruit de sa chançon
Il apprivoise la belle:
La nicette en son giron
Reçoit les flammes segrettes,
Faisant tout à l'environ
160   Du Cigne un lit de fleurettes.

Lui qui fut si gratieus,
Voiant son heure oportune,
Devint plus audatieus
Prenant au poil la fortune:
De son col comme ondes long
Le sein de la vierge touche,
Et son bec lui meist adonc
Dedans sa vermeille bouche.

Il va ses ergots dressant
170   Sur les bras d'elle qu'il serre,
Et de son ventre pressant
Contraint la rebelle à terre.
Sous l'oiseau se debat fort,
Le pince, & le mord, si est-ce
Qu'au milieu de tel effort
Ell' sent ravir sa jeunesse.

Le cinabre çà & là
Coulora la vergogneuse,
A la fin elle parla
180   D'une bouche dedaigneuse:
D'où es tu trompeur vollant,
D'où viens tu, qui as l'audace
D'aller ainsi violant
Les filles de noble race?

Je cuidoi ton cueur, helas,
Semblable à l'habit qu'il porte,
Mais (hé pauvrette) tu l'as
A mon dam d'une autre sorte.
O ciel qui mes cris entens,
Te voir donc encores j'ose,   *190*
Apres que mon beau printens
Est depouillé de sa rose.

Plus tost vien pour me manger
O vefve Tigre affamée,
Que d'un oisel étranger
Je soi la femme nommée.
Ses membres tombent peu forts,
Et dedans la mort voisine
Ses yeus ja nouoient, alors
Que lui répondit le cigne.   *200*

Quatriéme pose

Vierge, dit il, je ne suis
Ce qu'à me voir il te semble,
Plus grande chose je puis
Qu'un cigne à qui je resemble.
Je suis le maistre des cieus,
Je suis celui qui deserre
Le tonnerre audacieus
Sur les durs flancs de la terre.

La contraignante douleur
Du tien plus chaut qui m'allume,   *210*
M'a fait prendre la couleur
De cétte non mienne plume:
Ne te va donc obstinant
Contre l'heur de ta fortune,
Tu seras incontinant
La belle seur de Neptune.

Et si tu pondras deus œufs
De ma semance féconde,
Ainçois deus triumphes neufs
Futurs ornemens du monde: *220*
L'un, deus jumeaus éclorra,
Pollux vaillant à l'escrime,
Et son frere qu'on loura
Pour des chevaliers le prime.

Dedans l'autre germera
La beauté au ciel choisie,
Pour qui un jour s'armera
L'Europe contre l'Asie.
A ces mots ell' se consent
230   Reçevant telle avanture,
Et ja de peu à peu sent
Haute élever sa ceinture.

8   DE L'ELECTION DE SON SEPULCRE

Antres, & vous fontaines
De ces roches hautaines
Devallans contre bas
    D'un glissant pas:

Et vous forests, & ondes
Par ces prez vagabondes,
Et vous rives, & bois
    Oiez ma vois.

Quand le ciel, & mon heure
10   Jugeront que je meure,
Ravi du dous sejour
    Du commun jour,

Je veil, j'enten, j'ordonne,
Qu'un sepulcre on me donne,
Non pres des Rois levé,
    Ne d'or gravé,

Mais en cette isle verte,
Où la course entrouverte
Du Loir, autour coulant,
20   Est accolant'.

Là où Braie s'amie
D'une eau non endormie,
Murmure à l'environ
    De son giron.

Je deffen qu'on ne rompe
Le marbre pour la pompe
De vouloir mon tumbeau
    Bâtir plus beau,

Mais bien je veil qu'un arbre
M'ombrage en lieu d'un marbre: *30*
Arbre qui soit couvert
    Tousjours de vert.

De moi puisse la terre
Engendrer un l'hierre,
M'embrassant en maint tour
    Tout alentour.

Et la vigne tortisse
Mon sepulcre embellisse,
Faisant de toutes pars
    Un ombre épars.   *40*

Là viendront chaque année
A ma feste ordonnée,
Les pastoureaus estans
    Prés habitans.

Puis aiant fait l'office
De leur beau sacrifice
Parlans à l'isle ainsi
    Diront ceci.

Que tu es renommée
D'estre tumbeau nommée   *50*
D'un de qui l'univers
    Ouira les vers!

Et qui onc en sa vie
Ne fut brulé d'envie
Mendiant les honneurs
    Des grans seigneurs!

Ni ne r'apprist l'usage
De l'amoureus breuvage,
Ni l'art des anciens
    Magiciens!   *60*

Mais bien à nos campaignes,
Feist voir les seurs compaignes
Foulantes l'herbe aus sons
    De ses chansons.

Car il sçeut sur sa lire
Si bons acords élire,
Qu'il orna de ses chants
　　　Nous, & nos champs.

La douce manne tumbe
A jamais sur sa tumbe,
Et l'humeur que produit
　　　En Mai, la nuit.

Tout alentour l'emmure
L'herbe, & l'eau qui murmure,
L'un d'eus i verdoiant,
　　　L'autre ondoiant.

Et nous aians memoire
Du renom de sa gloire,
Lui ferons comme à Pan
　　　Honneur chaque an.

Ainsi dira la troupe,
Versant de mainte coupe
Le sang d'un agnelet
　　　Avec du laict

Desus moi, qui à l'heure
Serai par la demeure
Où les heureus espris
　　　Ont leurs pourpris.

La gresle, ne la nége,
N'ont tels lieus pour leur siege,
Ne la foudre onque là
　　　Ne devala.

Mais bien constante i dure
L'immortelle verdure,
Et constant en tout tens
　　　Le beau printens.

Et Zephire i alaine
Les mirtes, & la plaine
Qui porte les couleurs
　　　De mile fleurs.

70

80

90

100

Le soin qui solicite
Les Rois, ne les incite
Le monde ruiner
        Pour dominer.

Ains comme freres vivent,
Et morts encore suivent
Les métiers qu'ils avoient
        Quand ils vivoient.

Là, là, j'oirai d'Alcée
La lire courroucée,   *110*
Et Saphon qui sur tous
        Sonne plus dous.

Combien ceus qui entendent
Les odes qu'ils rependent,
Se doivent réjouir
        De les ouir!

Quand la peine receue
Du rocher, est deceue
Sous les acords divers
        De leurs beaus vers!   *120*

La seule lire douce
L'ennui des cueurs repousse,
Et va l'esprit flattant
        De l'écoutant.

9   A GUI PECCATE PRIEUR DE SOUGÉ

Gui, nos meilleurs ans coulent
Comme les eaus qui roulent
D'un cours sempiternel,
La mort pour sa sequelle
Nous ameine avec elle
Un exil eternel.

Nulle humaine priere
N'a repoussé derriere
Le bateau de Caron,
Quand l'ame nue arive   *10*
Vagabonde en la rive
De Styx, ou d'Acheron.

Toutes choses mondaines
Qui vestent nerfs, & venes,
Egalle mort attend,
Soient povres, ou soient Princes,
Car sur toutes provinces
Sa main large s'estend.

La puissance tant forte
Du grand Achile est morte,
Et Thersite odieus
Aux Grecs, est mort encores,
Et Minos qui est ores
Le conseiller des Dieus.

Juppiter ne demande
Que des beufs pour offrande,
Mais son frere Pluton
Nous demande nous hommes,
Qui la victime sommes
De son enfer glouton.

Celui dont le Pau baigne
Le tumbeau, nous enseigne
N'esperer rien de haut:
Et celui que Pegase
Volant du mont Parnase
Culbuta si grand saut.

Lâs on ne peut connoistre
Le destin qui doit naistre,
Et l'homme en vain poursuit
Conjecturer la chose,
Que Dieu sage tient close
Sous une obscure nuit.

Je pensoi que la trope
Que guide Caliope,
(Dont le desir me mord)
Soutiendroit ma querelle,
Et qu'indonté, par elle
Je donteroi la mort,

Mais une fievre grosse
Creuse desja ma fosse
Pour me banir là bas,
Et sa flamme cruelle
Se paist de ma mouelle,
Miserable repas.

Que peu s'en faut ma vie
Que tu ne m'es ravie
Laissant ce jour tant beau,
Et que mort je ne voie
Où Mercure convoie
Le debile troupeau!　　　　　　　　　　*60*

Et ce Grec qui la peine
Dont la guerre est tant pleine
Par ses vers va contant,
Poëte que la presse
Des espaules epaisse,
Admire en écoutant.

A bon droit Promethée
Pour sa fraude inventée
Endure un torment tel,
Qu'un aigle sur la roche　　　　　　　　*70*
Lui ronge d'un bec croche
Son poumon immortel.

Depuis qu'il eut robée
La flamme prohibée
Pour les Dieus dépiter,
Les bandes inconnues
Des fievres sont venues
Parmi nous habiter.

Et la mort dépiteuse
Au paravant boiteuse　　　　　　　　　*80*
Legere gallopa:
D'ailes mal ordonnées
Aus hommes non données
Dedale l'air coupa.

L'execrable Pandore
Fut forgée, & encore
Astrée s'en vola,
Et la boete feconde
Des maus, peupla le monde
De ses vices qu'il a.　　　　　　　　　*90*

Le depravé courage
Des hommes de nostre age
N'endure par ses faits,
Que Jupiter étuie
Sa foudre, qui s'ennuie
De voir tant de mefaits.

10   A SA MUSE

Plus dur que fer, j'ai fini mon ouvrage,
Que l'an dispost à demener les pas,
Ne l'eau rongearde ou des freres la rage
L'injuriant ne ruront point à bas:
Quand ce viendra que mon dernier trespas
M'asouspira d'un somme dur, à l'heure
Sous le tumbeau tout Ronsard n'ira pas
Restant de lui la part qui est meilleure.
Tousjours tousjours, sans que jamais je meure
10   Je volerai tout vif par l'univers,
Eternizant les champs où je demeure
De mon renom engressés & couvers:
Pour avoir joint les deus harpeurs divers
Au dous babil de ma lire d'ivoire,
Se connoissans Vandomois par mes vers.
Sus donque Muse emporte au ciel la gloire
Que j'ai gaignée annonçant la victoire
Dont à bon droit je me voi jouissant,
Et de ton fils consacre la memoire
20   Serrant son front d'un laurier verdissant.

11   ODE

A MICHEL DE L'HOSPITAL

CHANCELIER DE MADAME MARGUERITTE

Strophe 1

Errant par les champs de la Grace
    Qui peint mes vers de ses couleurs,
    Sus les bords Dirceans j'amasse
    Le tesor des plus riches fleurs,
    Affin qu'en pillant je façonne
    D'une laborieuse main,
    La rondeur de ceste couronne
    Trois fois torce d'un ply Thebain:
    Pour orner le hault de la gloire
    Du plus heureux Mignon des Dieux,   10
    Qui çà bas r'amena des Cieux
    Les filles qu'enfanta Memoire.

Antistrophe

Memoyre royne d'Eleuthere,
    Par neuf baisers qu'elle receut
    De Juppiter qui la fist mere,
    En neuf soirs neuf filles conceut.
    Mais quant la Lune vagabonde
    Eut courbé douze fois en rond,
    (Pour r'emflammer l'obscur du monde)
    La double voulte de son front: 20
    Elle adonc lassement oultrée
    Dessoubz Olympe se coucha,
    Et criant Lucine, acoucha
    De neuf Filles d'une ventrée.

Epode

En qui respandit le ciel
    Une voix sainctement belle,
    Comblant leur bouche nouvelle
    Du just d'un Attique miel,
    Et à qui vraiment aussi
    Les vers furent en souci,   30
    Les vers dont flattez nous sommes:
    Affin que leur doulx chanter,
    Peust doulcement enchanter
    Le soing des dieux, & des hommes.

Strophe 2

Aussi tost que leur petitesse
  Glissante avec les paz du temps,
  Eut d'une rempente vitesse
  Touché la borne de sept ans:
  Le sang naturel qui commande
40   De voir noz parens, vint saisir
  Le cuœur de ceste jeune bande
  Chatouillé d'un pieteus desir:
  Si qu'elles mignardant leur Mere,
  Neuf et neuf braz furent plyant
  Au tour de son col, la priant
  Et repriant de voir leur Pere.

Antistrophe

Memoyre impatiente d'aize,
  Delaçant leur petite main,
  L'une apres l'autre les rebaize,
50   Et les rechauffe dans son sein.
  Hors des pommons à lente peine
  Une parole luy montoit
  De souspirs allegrement pleine,
  Tant l'affection l'agitoit,
  Pour avoir desja congnoissance
  Combien ses Filles auront d'heur,
  Ayant pratiqué la grandeur
  De leur Pere, & de leur naissance.

Epode

Apres avoir relié
60   D'un tortis de violettes,
  Et d'un cerne de fleurettes,
  L'or de leur chef delié:
  Ayant aussi proprement
  Troussé leur accoustrement,
  Marcha loing devant sa troppe,
  Et la hastant jour & nuict,
  D'un pied dispos la conduict
  Jusqu'au rivage Ethiope.

Strophe 3

Ces vierges encores nouvelles,

Et mal apprises au labeur,   70
Voyant le front des eaux cruelles
S'effroyerent d'une grand' peur:
Et presque cheurent en arriere
Tant l'horreur les plyoit adonc,
Comme on voit dans une riviere
Soubz le vent se courber un jonc:
Mais leur Mere non estonnée
De voir leur sein qui babatoit,
Pour les asseurer les flattoit,
De ceste parolle empennée.   80

Antistrophe

Courage mes Filles (dist elle)
Et filles de ce Dieu puissant,
Qui dedans sa main immortelle
Soustient le fouldre rougissant:
Ne craignez point les riddes creuses
De l'eau qui bruit profundement,
Sur qui voz chansons doulcereuses
Auront un jour commandement:
Mais dedaignez son ire humide,
Et ne vous souffrez decevoyr   90
Que promptes vous ne veniez voyr
Vostre Pere, desoubz ma guide.

Epode

Disant ainsi, d'un plein sault
    Toute dans les eaux s'allonge,
    Comme un oyseau qui se plonge:
    Ou comme l'arc de là hault,
    Lequel voulté parmy l'air,
    Grand, se laissant devaller
    Tout d'un coup en la Mer glisse,
    Quand Junon haste ses paz,   100
    L'envoyant porter là bas
    Un message à sa Nourrice.

Strophe 4

Elles adonc voyant la trace
    De leur Mere, qui ja sondoit
    Le creux du plus humide espace
    Qu'à coups de braz elle fendoit:

A chef tourné sont devalées
Penchant bas la teste & les yeulx
Dans le sein des Pleines salées:
110   L'eau qui jallit jusques aux cieulx
Grondant sus elles se regorge,
Et frizant deça & delà
Mille tortiz, les avala
Dedans le gouffre de sa gorge.

Antistrophe

En cent façons de mains ouvertes,
Et de piedz voultez en deux pars,
Sillonnoient les Campagnes vertes
De leurs braz vaguement epars.
Comme le plomb, dont la secousse
120   Treine le filet jusqu'au fond,
Le desir qui les pousse & pousse
Avale contre bas leur front,
Tousjours sondant ce vieil repaire,
Tant qu'elles vindrent au Chasteau
De l'Ocean, qui dessoubz l'eau
Donnoit un festin à leur Pere.

Epode

De ce Palais eternel
Brave en Colonnes haultaines,
Sourdoient des vives fontaines
130   Le vif Sourgeon parannel.
Là, pendoit soubz le portail
Lambrissé de verd email,
Sa charette vagabonde,
Qui le roule d'un grand tour
Soit de nuict, ou soit de jour
Deux fois tout au rond du monde.

Strophe 5

Là, sont divinement encloses
Au fond de cent mille Vaisseaux,
Les semences de toutes choses,
140   Eternelles filles des eaux:
Là, les Tritons chassant les Fleuves
Dans la terre les escouloient
Aux canaux de leurs rives neuves,

Puis soudain ilz les r'apelloient.
Là, ceste trouppe est arrivée
Sur le point que lon desservoit,
Et que desja Portonne avoit
La premiere nappe levée.

Antistrophe

Phebus, du meillieu de la table
  Pour derider le front des Dieux,   *150*
  Marioyt sa voix delectable
  A son archet melodieux:
  Quand l'œil du Pere qui prent garde
  Sus un chascun, se coutoyant,
  A l'escart des autres, regarde
  Ce petit trouppeau flamboyant,
  Du quel & l'honneur, & la grace
  Qu'empreinte sur le front portoit,
  Publioyt assez qu'il sortoit
  De l'heureux tige de sa race.   *160*

Epode

Luy qui debout se dressa,
  Et de plus pres les œillade,
  Les serrant d'une accollade
  Mille fois les caressa:
  Tout egayé de voyr peint
  Dedans le beau de leur teinct,
  Le nayf des graces siennes,
  Puis, pour son Hoste esjouir,
  Le chant il voulut ouyr
  De ces neuf Musiciennes.   *170*

Strophe 6

Elles ouvrant leur bouche pleine
  D'une doulce Arabe moisson,
  Par l'esprit d'une vive haleine
  Donnerent l'ame à leur chanson:
  Fredonnant sur la chanterelle
  De la Harpe du Delien,
  La contentieuse querelle
  De Minerve & du Cronien:
  Comme elle du sein de la terre
  Poussa son Arbre pallissant,   *180*

Et luy son Cheval hanissant
Futur augure de la guerre.

Antistrophe

Puis d'une voix plus violente
   Chanterent l'Enclume de fer,
   Qui par neuf et neuf jours roulante,
   Mesura le Ciel, & l'Enfer,
   Qu'un rampart d'airain environne
   En rond s'allongeant à l'entour,
   Avecque la nuict qui couronne
190   Sa grand longueur d'un triple tour.
   Là, tout debout devant la porte
   Le filz de Japet, fermement
   Courbé dessoubz le firmament
   Dresse son poix d'une main forte.

Epode

Dedans ce gouffre beant
   Hurle la trouppe heretique,
   Qui par un assault bellique
   Assaillit le Tugeant.
   Là, tout aupres de ce lieu,
200   Sont les garnisons du Dieu
   Qui sur les mechans elance
   Son fouldre pirouettant,
   Comme un Chevalier gettant
   Sur les ennemys sa lance.

Strophe 7

Là, de la Terre, & là de l'Onde
   Sont les racines jusqu'au fond
   De la gorge la plus profonde
   De ce ventre le plus profond.
   La nuict d'estoilles accoustrée
210   Là, saluë à son rang le jour,
   D'ordre parmy la mesme entrée
   Se rencontrant de ce sejour:
   Soit lors que sa noire carriere
   Va tout le Monde embrunissant,
   Ou quand luy, des eaux jallissant,
   Ouvre des Indes la barriere.

Antistrophe

Apres sus la plus grosse chorde
    D'un bruit qui tonnoit jusqu'aux cieulx,
    Le pouce des Muses accorde
    L'assault des Geants, & des Dieux.   220
    Comme eulx, sur la crouppe Othryenne
    Rangeoient en armes les Titans,
    Et comme eulx, sus l'Olympienne
    Leur feirent teste par dix ans:
    Eulx, dardant les roches brisées
    Mouvoyent en l'air chacun cent braz,
    Eulx, ombrageant tous les combatz
    Grelloyent leurs fleches aiguisées.

Epode

D'aile doubteuse vola
    Long temps sus eulx la Fortune,   230
    Qui or' se montroit commune
    A ceulx-cy, or' à ceulx-là.
    Quand Juppiter feit sonner
    La retraitte, pour donner
    A ces Dieux un peu d'haleine,
    Si qu'eulx, en ayant un peu
    Prins du Nectar, & repeu,
    Plus fort retantent la peine.

Strophe 8

Il arma d'un fouldre terrible
    Son bras qui d'eclairs rougissoit,   240
    En la peau d'une Chevre horrible
    Son estomach se herissoit:
    Mars renfrongné d'une ire noire
    Branloit son bouclier inhumain:
    Le Lemnien d'une machoire
    Garnit la force de sa main:
    Phebus souillé de la poudriere
    Lunoit du bras son arc voulté,
    Et le lunoit d'autre costé
    Sa Sœur, la Dictynne guerriere.   250

Antistrophe

Bellone eut la teste couverte

D'un fer, sus lequel rechignoit
De Meduse la gueule ouverte,
Qui pleine de flammes grongnoit:
En son poing elle enta sa hache
Par qui les Roys sont irritéz,
Alors que depitte elle arrache
Les vieilles tours de leurs citéz.
Styx, d'un noir halecret rempare
260   Ses braz, ses jambes, & son sein,
Sa Fille amenant par la main,
Avec Cotte, Gyge, & Briare.

Epode

Rhete, & Myme, aspres Souldars,
    Pour mieux fournir aux batailles,
    Brisoient les dures entrailles
Des rocz, pour faire des dardz.
Typhée hochoit arraché
Un grand sapin ebranché
Comme une lance facile:
270   Encelade un mont avoit,
Qui bien tost porter devoit
Sur ses rougnons la Secille.

Strophe 9

Un Tonnerre aislé par la Bise
    Ne chocque pas l'autre si fort,
    Qui soubz le vent Aphricain brise
Mesme air par un contraire effort,
Comme les Camps s'entreheurterent
A l'abborder de divers lieux,
Les pouldres de leurs piedz monterent
280   Par tourbillons jusques aux cieux.
Un cry se faict, Olympe en tonne,
Othrye en bruit, la Mer tressault,
Tout le Ciel en mugle là hault,
Et là bas l'Enfer s'en estonne.

Antistrophe

Voici le magnanime Hercule
    Qui de l'arc Rhete a menacé,
    Voici Myme qui le recule
Du heurt d'un rocher eslancé:

Neptune à la fourche estophée
De trois crampons, vint se mesler   *290*
Dans la trouppe, contre Typhée
Qui roüoit une fonde en l'air:
Ici, Phebus d'un traict qui jette
Feit Encelade trebucher,
Et Porphyr là, luy feit bruncher
Hors des poings l'arc, & la sagette.

Epode

Adonc le Pere puissant,
    Qui d'oz & de nerfz s'efforce,
    Ne mist en oubly la force
    De son fouldre punissant,   *300*
    My-courbant son sein en bas,
    Et dressant bien hault le bras
    Contre eulx guigna sa tempeste,
    Laquelle en les fouldroyant
    Sifloit aigu, tournoyant
    Comme un fuzeau, sus leur teste.

Strophe 10

Du feu, les deux pilliers du Monde
    Bruslez jusqu'au fond chanceloyent,
    Le Ciel ardoit, la Terre & l'Onde
    Tous petillantz etincelloyent: *310*
    Si que le souffre amy du fouldre
    Qui tomba lors sus les Geans,
    Jusqu'au jourd'huy noyrcist la pouldre
    Qui put par les champs Flegreans.
    Atant les filles de Memoyre
    Du Luth appaiserent le son,
    Finissant leur doulce chanson
    Par ce bel hynne de victoire.

Antistrophe

Juppiter qui tendoit l'oreille
    La combloit d'un aize parfaict,   *320*
    Ravy de la voix nompareille
    Qui si bien l'avoit contrefait:
    Et retourné, rid en arriere
    De Mars, qui tenoit l'œil fermé,
    Ronflant sur sa lance guerriere,

Tant la Chanson l'avoit charmé.
Puys à ses Filles il commande
De luy supplier pour guerdon
De leurs chansons, quelque beau don
330 Qui soit digne de leur demande.

Epode

Lors sa race s'approcha,
  Et luy flattant de la dextre
  Les genoux, de la senestre
  Le soubz-menton lui toucha:
  Voyant son grave sourcy,
  Long temps fut beante ainsi
  Sans parler, quand Calliope
  De la belle voix qu'elle ha,
  Ouvrant sa bouche parla,
340   Seule pour toute la troppe.

Strophe 11

Donne nous, mon Pere, dit-elle,
  Qui le Ciel regis de tes loix,
  Que nostre chanson immortelle
  Paisse les Dieux de nostre voix:
  Fay nous Princesses des Montaignes,
  Des Antres, des Eaux, & des Bois,
  Et que les Prez, & les Campaignes
  S'animent dessoubz nostre voix:
  Donne nous encor davantage,
350   La tourbe des Chantres divins,
  Les Poëtes, & les Devins
  Et les Prophetes en partage.

Antistrophe

Fay, que les vertueux miracles
  Des vers medecins enchantez
  Soyent à nous, & que les Oracles
  Par nous encore soyent chantez.
  Donne nous ceste double grace
  De fouler l'Enfer odieux,
  Et de sçavoir la courbe trace
360   Des feux qui dancent par les cieux:
  Donne nous encor la puissance
  D'arracher les ames dehors

Le salle bourbier de leurs corps,
Pour les rejoindre à leur naissance.

Epode

Donne nous que les Seigneurs,
   Les Empereurs, & les Princes,
   Soyent veuz Dieux en leurs provinces
S'ilz reverent noz honneurs.
Fay, que les Roys decorez
De noz presentz honorez,   *370*
   Soyent aux hommes admirables,
   Lors qu'ilz vont par leur cité,
   Ou lors que plains d'equité
Donnent les loix venerables.

Strophe 12

A-tant acheva sa requeste,
   Courbant les genoux humblement,
Et Juppiter d'un clin de teste
L'accorda liberalement.
Si toutes les femmes mortelles
Que je donte dessoubz mes bras   *380*
Me concevoyent des Filles telles,
(Dist il) il ne me chaudroit pas
Ny de Junon, ny de sa rage:
   Tousjours pour me faire honteux,
   Enfante ou des Monstres boyteux,
Ou des filz de mauvais courage

Antistrophe

Comme Mars. Mais vous, trouppe chere
   Que j'ayme trop plus que mes yeulx,
Je vous planté dans votre mere
   Pour plaire aux hommes & aux Dieux.   *390*
Sus doncque retournez au monde,
   Couppez moy de rechef les flots,
Et là, d'une langue faconde
   Chantez ma gloire, & vostre loz:
Vostre mestier, race gentille,
   Les autres mestiers passera,
   D'autant qu'esclave il ne sera
De l'art aux Muses inutile.

Epode

Par art, le Navigateur
400   Dans la Mer manie, & vire
    La bride de son navire,
    Par art, playde l'Orateur,
    Par art, les Roys sont guerriers,
    Par art, se font les ouvriers:
    Mais si vaine experience
    Vous n'aurez de tel erreur,
    Sans plus ma saincte fureur
    Polira vostre science.

Strophe 13

Comme l'Emant sa force inspire
410   Au fer qui le touche de pres,
    Puis soubdain ce fer tiré, tire
    Un aultre qui en tire apres:
    Ainsi du bon filz de Latonne
    Je raviray l'esprit à moy,
    Luy, du pouvoir que je luy donne
    Ravira les vostres à soy:
    Vous, par la force Apollinée
    Ravirez les Poëtes saincts,
    Eulx, de vostre puissance attaincts
420   Raviront la tourbe estonnée.

Antistrophe

Affin (o Destins) qu'il n'advienne
    Que le monde appris faulcement,
    Pense que vostre mestier vienne
    D'art, & non de ravissement:
    Cét art penible, & miserable
    S'elongnera de toutes pars
    De vostre mestier honorable,
    Demambré en diverses pars,
    En Prophetie, en Poesies,
430   En Mysteres, & en Amour,
    Quatre fureurs, qui tour à tour
    Chatouilleront voz fantasies.

Epode

Le trait qui fuit de ma main

Si tost par l'air ne chemine,
Comme la fureur divine
Vole dans un cuœur humain:
Pourveu qu'il soit preparé,
Pur de vice, & reparé
De la vertu precieuse.
"Jamais les Dieux saincts & bons   *440*
"Ne repandent leurs saincts dons
"Dans une ame vicieuse.

Strophe 14

Lors que la mienne ravissante
    Vous viendra troubler vivement,
    D'une poictrine obeissante
    Tramblez dessouz son mouvement,
    Et endurez qu'ell' vous secoüe
    Le corps & l'esprit agité,
    Affin que Dame elle se joüe
    Au temple de sa Deïté: *450*
    Elle de toutes vertuz pleine,
    De mes secretz vous remplira,
    Et en vous les accomplira
    Sans art, sans sueur, ne sans peine.

Antistrophe

Mais par sus tout, prenez bien garde,
    Gardez vous bien de n'employer
    Mes presents dans un cuœur qui garde
    Son peché sans le nettoyer:
    Ains devant que de luy repandre,
    Purgez-le de vostre doulce eau,   *460*
    Affin que net il puisse prendre
    Un beau don dans un beau vaisseau:
    Et luy purgé, à l'heure à l'heure
    Divinement il chantera,
    Un beau vers qui contentera
    Sa parenté posterieure.

Epode

Celuy qui sans mon ardeur
    Vouldra chanter quelque chose,
    Il voira ce qu'il compose
    Veuf de grace, & de grandeur: *470*

Ses vers naistront inutilz,
Ainsi qu'enfans abortifz
Qui ont forcé leur naissance,
Pour monstrer en chacun lieu
"Que les vers viennent de Dieu,
"Non de l'humaine puissance.

Strophe 15

Ceulx là que je feindray Poëtes
Par la grace de ma bonté,
Seront nommez les Interpretes
480   Des Dieux, & de leur volunté:
Mais ilz seront tout au contraire
Appellez sotz, & furieux,
Par le caquet du populaire
Mechantement injurieux.
Tousjours pendra devant leur face
Quelque Démon, qui au besoing
Diligentement aura soing
De toutes choses qu'on leur face.

Antistrophe

Allez mes Filles, il est heure
490   De fendre les champs écumeux,
Allez ma gloire la meilleure,
Allez mon loz le plus fameux.
Vous ne debvez dessus la terre
Long temps ceste fois sejourner,
Que l'Ignorance avec sa guerre
Ne vous contraigne retourner:
Pour retomber soubz la conduitte
D'un guide, dont la docte main
Par un effroy Grec, & Romain,
500   Aislera ses piedz à la fuitte.

Epode

A-tant Juppiter enfla
Sa bouche rondement pleine,
Et du vent de son halaine
Sa fureur il leur souffla,
Apres leur avoir donné
Le Luth qu'avoit façonné
L'ailé Courier Atlantide,

D'ordre par l'eau s'en revont,
Et trenchant l'onde, elles font
Ronfler la Campaigne humide.   *510*

Strophe 16

Dieu vous gard, jeunesse divine,
   Rechaufféz moy l'affection
   De tordre les plys de ceste Hynne
   Au mieux de leur perfection:
   Desilléz moy l'ame assoupie
   En ce gros fardeau vicieux,
   Et faictes que tousjours j'espie
   D'œil veillant les secretz des cieulx:
   Donnez moy le sçavoir d'eslire
   Les vers qui sçavent contenter,   *520*
   Et mignon des Graces, chanter
   Mon FRANCION sur vostre Lyre.

Antistrophe

Elles tranchants les ondes bleües,
   Vindrent du creux des floz chenuz,
   Ainsi que neuf petites nües
   Parmy les peuples incongnuz:
   Où dardant leurs flammes subtiles,
   Du premier coup ont agité
   Le cuœur prophette des Sybilles,
   Epoinct de leur divinité: *530*
   Si bien que leur langue comblée
   D'un son horriblement obscur,
   Chantoit aux hommes le futur,
   D'une bouche toute troublée.

Epode

Apres par tout l'Univers
   Les responses prophetiques
   De tant d'oracles antiques
   Furent escriptes en vers:
   En vers se feirent les loix,
   Et les amitiez des Roys   *540*
   Par les vers furent acquises:
   Par les vers on feit armer
   Les cuœurs, pour les animer
   Aux vertueuses emprises.

Strophe 17

Au cry de leurs sainctes parolles
  Se reveillerent les Devins,
Et disciples de leurs escolles
  Vindrent les Poëtes divins,
  Divins, d'autant que la nature
550 Sans art librement exprimoient,
  Sans art leur nayve escripture
  Par la fureur ilz animoyent:
  Eumolpe vint, Musée, Orphée,
  L'Ascréan, Line, & cestuy-la
  Qui si divinement parla
  Dressant pour les Grecz un trophée.

Antistrophe

Eulx piquez de la doulce rage,
  Dont ces Femmes les tourmentoyent,
  D'un demoniacle courage
560 Les secretz des Dieux racontoyent:
  Si que paissant par les Campagnes
  Les troupeaux dans les champs herbeux,
  Les Démons, & les Sœurs compaignes
  La nuict s'apparoissoient à eux:
  Et loing sus les eaux solitaires,
  Carollant en rond dans les prez,
  Les promovoyent Prestres sacrez,
  Et leur aprenoyent les mysteres.

Epode

Apres ces Poëtes sainctz,
570   Avec une suitte grande,
    Arriva la jeune bande
    Des vieux Poëtes humains:
    Degenerant des premiers,
    Comme venuz les derniers,
    Par un art melancolique
    Trahissoyent avec grand soing
    Leurs vers, esloignez bien loing
    De la saincte ardeur antique.

Strophe 18

L'un sonna l'horreur de la guerre

Qu'à Thebes Adraste conduit,
L'autre comme on tranche la terre,
L'autre les flambeaux de la nuict:
L'un sus la fluste departie
En sept tuyaux Seciliens
Chanta les bœufz, l'autre en Scithie
Remena les Thessaliens:
L'un feit Cassandre furieuse,
L'un au ciel darda les debatz
Des Roys chetifz, l'autre plus bas
Traina sa chanson plus joyeuse. 590

Antistrophe

Par le fil d'une longue espace,
Apres ces Poëtes humains,
Les Muses souflerent leur grace
Dessus les prophettes Romains,
Non pas comme fut la premiere,
Ou comme la seconde estoit:
Mais comme toute la derniere
Plus lentement les agitoit:
Eulx toutesfois pinçant la lyre
Si bien s'assouplirent les doigs, 600
Qu'encor les fredons de leur voix
Jusqu'aujourdhuy l'on entent bruire.

Epode

Tandis l'Ignorance arma
L'aveugle fureur des Princes,
Et leurs aveugles Provinces
Contre les Sœurs anima.
Ja desja les enserroit,
Mais plus tost les enferroit,
Quand les Muses detournées
Voyant du fer la rayeur, 610
Haletantes de frayeur
Dans le ciel sont retournées.

Strophe 19

Aupres du Trosne de leur Pere
Tout à lentour se vont assoyr,
Chantant avec Phebus leur Frere,
Ses traictz, sa fouldre, & son povoyr.

Les Dieux ne faisoyent rien sans elles,
Ou soit qu'ilz voulussent aller
A quelques nopces sollennelles,
620   Ou soit qu'ilz voulussent baller.
Mais si tost qu'arriva le terme,
Qui les hastoit de retourner
Au monde pour y sejourner
D'un paz eternellement ferme:

Antistrophe

Adonc Juppiter se devalle
De son trosne, & grave conduict
Gravement ses paz en la salle
Des Parques filles de la Nuict:
Leur roquet pendoit jusqu'aux hanches.
630   Et un Dodonien feuillard
Faisoit umbrage aux tresses blanches,
De leur chef hideument vieillard:
Elles ceintes soubz les mamelles
Filloyent assises en un rond,
Sur troys carreaux, ayant le front
Et les yeulx retournez vers elles.

Epode

Leur pezon se herissoit
D'un fer étoilé de rouille,
Au flanc pendoit leur quenoille
640   Qui d'airain se redissoit.
Au meilieu d'elles estoit
Un coffre, où le Temps mettoit
Les fuzeaux de leurs journées,
De courtz, de grands, d'allongez,
De gros, & de bien dougez,
Comme il plaist aux Destinées.

Strophe 20

Ces troys Sœurs à l'œuvre ententives
Marmotoyent un charme fatal,
Tortillant les filaces vives
650   Du corps futur de L'HOSPITAL.
Cloton qui le filet replie
Ces deux vers mâcha par neuf fois:
JE RETORDS LA PLUS BELLE VIE

QUE JAMAIS TORDIRENT MES DOIGS.
Mais si tost qu'elle fut tirée
A l'entour du fuzeau humain,
Le Temps la jecta dans la main
Du filz de Saturne, & de Rhée.

Antistrophe

Luy adonques print une masse
  De terre, & devant tous les Dieux,   660
  Dedans il feignit une face,
  Un corps, deux jambes, & deux yeulx,
  Deux braz, deux flancz, une poictrine
  Et l'achevant de l'imprimer
  Soufla dans sa bouche divine
  Le sainct filet pour l'animer.
  Luy donnant encor' davantage
  Mille vertuz: il appella
  Ses neuf Filles qui çà & là
  Entournoyent la nouvelle Image.   670

Epode

Ores vous ne craindrez pas,
  Seures soubz telle conduitte,
  De reprendre encor la fuitte
  Pour encor voller là bas:
  Suyvez donc ce guyde icy,
  C'est celuy (Filles) aussi,
  Du quel la docte asseurance
  Franches de peur vous fera,
  Et celuy qui defera
  Les souldars de l'Ignorance.   680

Strophe 21

Lors à val il poussa leur guyde,
  Et elles d'ordre le suyvant,
  Fendoyent le grand vague liquide,
  Haultes sur les ailes du vent:
  Ainsi qu'on voyt entre les nües
  De rang un esquadron voler,
  Soit de Cygnes, ou soit de Grues
  Suyvant leur guide parmy l'air.
  Atant pres de terre eslevées
  Tomberent au monde, & le feu   690

c

Qui flamber à gauche fut veu
Resalüa leurs arrivées.

Antistrophe

Hâ chere Muse, quel Zephyre
Souflant trop violentement
A faict écarter mon navire
Qui fendoit l'eau si droittement?
Tourne à rive doulce Nourrice,
Ne vois-tu MOREL sus le bord,
Lequel, affin qu'il te cherisse,
700   T'œillade pour venir au port?
N'oys-tu pas sa Nymphe ANTOINETTE
Du front du havre t'appeller,
Faisant son œil estinceler,
Qui te sert d'heureuse Planette?

Epode

Hâte-toy donc de plyer
Ta chanson trop poursuivie,
De peur (Muse) que l'Envie
N'ait matiere de crier,
Laquelle veult abysmer
710   Noz noms au fond de la Mer
Par sa langue sacrilege:
Plus elle nous veult plonger,
Plus elle nous faict nager
Hault dessus l'eau comme un liege.

Strophe 22

Contre cette Lice execrable
Resiste d'un doz non plié:
"C'est grand mal d'estre miserable,
"Mais c'est grand bien d'estre envié.
Je scay que tes peines sucrées
720   Par l'heur de la fatalité,
Seront malgré les ans sacrées
Aux piedz de l'immortalité:
Mais les vers que la chienne Envie
En se rongeant faict avorter,
Jamais ne pouront supporter
Deux Soleilz, sans perdre la vie.

Antistrophe

Ourdis, ô doulce Lyre mienne,
   Encor' un chant à cestui cy,
   Qui met ta chorde Dorienne
   Soubz le travail d'un doulx soucy.   *730*
   Il n'y a ne torrent, ne roche,
   Qui puisse engarder un sonneur,
   Que pres du Bon il ne s'approche
   Courant pour chanter son honneur.
   Puisse-je autant darder cest hynne
   Par l'air, d'un bras presumptueux,
   Comme il est sage, & vertueux,
   Et comme il est de mes vers digne.

Epode

Faisant parler sa grandeur
   Aux sept langues de ma Lyre,   *740*
   De luy je ne veux rien dire
   Dont je puisse estre menteur:
   Mais veritable, il me plaist
   De chanter bien hault, qu'il est
   L'ornement de nostre France,
   Et qu'en fidele equité,
   En justice, & verité,
   Les vieux siecles il devance.

Strophe 23

C'est luy dont les graces infuses
   Ont ramené dans l'univers   *750*
   Le Chœur des Pierides Muses,
   Faictes illustres par ses vers:
   Par luy leurs honneurs s'embellissent,
   Soit d'escriptz rampantz à deux piedz,
   Ou soit par des nombres qui glissent,
   De paz tous francz & deliez:
   C'est luy qui honore, & qui prise
   Ceulx qui font l'amour aux neuf Sœurs,
   Et qui estime leurs doulceurs,
   Et qui anime leur emprise.   *760*

Antistrophe

C'est luy (chanson) que tu reveres

Comme l'honneur de nostre Ciel,
C'est celuy qui aux Loix severes
A faict gouster l'Attique miel:
C'est luy qui la saincte balance
Congnoist, & qui ne bas ne hault,
Juste, son poix douteux n'elance,
La tenant droicte comme il fault:
C'est luy dont l'œil non variable
770   Notte les meschantz, & les bons,
Et qui contre le heurt des dons
Oppose son cuœur imployable.

Epode

J'avise au bruit de ces motz
    Toute France, qui regarde
    Mon trait qui droictement darde
    Le riche but de ton loz.
    Je trahirois les vertuz,
    Et les hommes revestuz
    De vertueuses louanges,
780   Sans publier leur renom
    Et sans envoyer leur nom
    Jusques aux terres estranges.

Strophe 24

L'un, d'une chose ébat sa vie,
    L'autre, par l'autre est surmonté:
    Mais ton ame n'est point ravie
    Sinon de justice & bonté.
    Pour cela nostre MARGUERITTE
    L'unique Sœur de ce grand ROY,
    De loing espiant ton merite,
790   Bonne, a tiré le bon à soy.
    Bien que son Pere ait par sa lance
    Donté le Suysse mutin,
    Et que de l'or Grec & Latin
    Ait redoré toute la France:

Antistrophe

Il ne feit jamais chose telle
    Que d'avoir engendré la fleur
    De la MARGUERITTE immortelle
    Pleine d'immortelle valeur:

Laquelle, tout le Ciel admire,
Et affin que de tous coustez   *800*
Dedans ses graces il se mire,
Sus elle tient ses yeulx voutez:
Laquelle d'un vers plein d'audace
Plus haultement je descriray,
Lors que hardy je publiray
Le tige Troyen de sa race.

Epode

Mais la loy de la chanson,
 Ores ores me vient dire,
 Que par trop en long je tire
 Les repliz de sa façon: *810*
 Ore donque je ne puis
 Vanter la Fleur, tant je suis
Pris d'une ardeur nompareille,
D'aller chez toy pour chanter
Ceste Ode, affin d'enchanter
 Ton soing charmé par l'oreille.

LES BACCHANALES

OU LE FOLASTRISSIME VOYAGE
D'HERCUEIL PRES PARIS,

DEDIÉ A LA JOYEUSE
TROUPPE DE SES COMPAIGNONS

FAIT L'AN 1549

Amis, avant que l'Aurore
 Recolore
D'un bigarrement les cieux,
Il fault rompre la paresse
 Qui vous presse
Les paupieres sus les yeulx.

Dormez donc or que la Lune
 La nuict brune
Traisne de ses noirs chevaux:
Dormez donc ce pendant qu'elle   *10*
 Emmielle
Le plus amer de voz maux:

Dormez donc, dormez encores,
      Ores ores
Que tout languist en sejour,
Sillez d'une nüe obscure
      L'ouverture
De vos yeulx jusques au jour.

Iö j'entens la brigade,
      J'oy l'aubade
De nos compaings enjouez,
Qui pour nous eveiller sonnent,
      Et entonnent
Leurs chalumeaux enrouez.

J'entroy desja la Guiterre,
      J'oy la terre
Retrepigner durement,
De soubz la libre cadance
      De leur dance
Qui se suit follastrement.

Sus Abel, ouvre la porte,
      Et qu'on porte
Devant ce trouppeau divin,
Maint flaccon, mainte gargouille,
      Mainte endouille
Esperon à picquer vin.

Dieu gard la sçavante troppe,
      Calliope
Grave au Ciel vostre renom,
Bellay, Baïf, & encores
      Toy qui dores
La France en l'or de ton nom.

Le long des ondes sacrées,
      Par les prées,
Ombragez des saules verdz,
A l'envi des eaux jazardes
      Trepillardes,
Vous chanterez mille vers.

Ou bien levant la pensée
      Elancée,
D'une ardeur qui vauldra mieux.
Vous redirez quelles choses
      Furent closes
Dans le Chaös otieux.

Vous direz le chault, les glaces,
    Quelles places,
Phebus ne daigne allumer,
Et pourquoy les jours s'allongent,
    Et se plongent
Plus vagues dedans la mer.   *60*

Mais moy dont la basse Idée
    N'est guindée
Dessus un cable si hault,
Qui ne permet que mon ame
    Se r'enflamme
De l'ardeur d'un feu si chault,

En lieu de telles merveilles,
    Deux bouteilles
Je pendray sus mes rougnons,
Et ce Hanap à double anse,   *70*
    Dont la pance
Fait bruncher mes compaignons.

Voyez Urvoy qui enserre
    De lierre
Un flaccon gros de vin blanc,
Lequel porté sur l'espaulle
    D'une gaulle,
Luy pendille jusqu'au flanc!

Je voy derriere Peccate,
    Qui se haste   *80*
De l'espuyser jusque au fond,
Mais Urvoy qui s'en courrouce,
    Luy repousse
Le flaccon contre le front.

A veoir de celuy la mine
    Qui chemine
Seul parlant à basse voix,
Et à veoir aussi la moüe
    De sa joüe,
C'est le Conte d'Alcinoys.   *90*

Je le voy comme il galloppe
    Par la troppe
Un grand asne sans licol:
Je le voy comme il le flatte,
    Et luy gratte
Les oreilles & le col.

Ainsi les pasteurs de Troye,
    Par la voye
Guidoyent Siléne monté,
100   Portant les loix de sa feste,
    Et sa teste
Qui luy panchoit d'un costé.

Abel le suit à la trace,
    Qui ramasse
Ses flaccons tombez à bas,
Et les fleurs que son oreille
    Qui sommeille
Laisse choir à chaque paz.

Ores cet Abel le touche,
110   Or la bouche
Il luy ouvre, ore dedans
Met ses doigtz, puis les retire,
    Et pour rire
Ilz se rechignent des dentz.

Iö, voyci Harteloyre,
    Dont la gloyre
Monte au Ciel d'un royde vol:
Et Latan qui l'accompaigne,
    Mais qui daigne
120   Contrefaire un jour le fol.

Des Mireurs seul nous regarde,
    Et prend garde
D'un œil experimenté,
Que tel desbaux ne nous trompe,
    Et ne rompe
L'accord de nostre santé.

Voyci Ligneri qui pousse
    De son poulce,
Les nerfz du luth immortel:
130   Et Capel qui ne peult plaire
    Au vulgaire,
Ny le vulgaire à Capel.

Iö iö, troppe chere,
    Quelle chere
Ce jour ameine pour nous:
Parton donq or que l'Aurore
    Est encore
Dans les braz de son espoux.

Ore donque que l'Aurore
  Est encore   *140*
Dans les braz de son espoux,
Parton ains qu'elle flamboye,
  Et qu'on voye
Son grand flambeau dessus nous.

S'il nous voit parmy la plaine,
  A grand'peine
Les champs plaisants nous seront,
Tant l'ardente Canicule
  Luy rebrusle
Les raiz epars de son front.   *150*

Laisson au logis ces femmes,
  Par les flammes
La Cyprienne eviton:
Ensemble la Paphienne
  Et la chienne
Nous envoyroyent chez Pluton.

Mais animon ces bouteilles,
  Ces corbeilles
Achernon de jambons graz,
De pastez, de pains d'espices,   *160*
  De saussisses,
De boudins, de cervelaz.

Chacun pregne son espée
  Equippée
Pour se revenger le doz,
De peur qu'une fiere audace
  Ne nous face
Les coulpables de Minos.

Gardon amis, qu'on ne tumbe
  Dans la tumbe,   *170*
Sejour aveugle & reclus,
Depuis qu'une fois la vie
  Est ravie,
Les Sœurs ne la fillent plus.

Iö comme ces saulayes,
  Et ces hayes,
Sentent l'humide fraischeur,
Et ces herbes, & ces plaines
  Toutes pleines
De rousoyante blancheur.   *180*

Que ces rives escumeuses
     Sont fumeuses,
Au premier trait de Phebus!
Et ces fontainieres prées,
     Diaprées
De mille tapis herbus.

Iö que je voy de roses
     Ja descloses
Dans l'Orient flamboyant:
190   A voyr des nüës diverses
     Les traverses
Voyci le jour ondoyant.

Voyci l'Aube safranée,
     Qui ja née
Couvre d'œilletz & de fleurs
Le ciel, qui le jour desserre,
     Et la terre
De rosées & de pleurs.

Debout donq Aube sacrée,
200   Et recrée
De ton beau front ce trouppeau,
Qui pour toy pend à la gaule
     De ce saule
D'un coq ayme-jour la peau.

Tire Nymphe vagabonde,
     Hors de l'onde
Un Soleil qui ne soyt pas
Perruqué d'un feu qui jette
     Sa sagette
210   Trop ardentement à bas.

Ainsi Cephale amyable,
     Pitoyable
Soit tousjours à ton desir:
Ainsi puisses tu sans cesse
     Ma Déesse
Nüe entre ses braz gesir.

Quoy! flamboyante courriere,
     Ma priere
Tu metz donques à mespris,
220   Aymer puisses tu sans cesse
     Tromperesse
De Tithon les cheveux gris.

Vous qui avez la chair tendre,
    Il fault prendre,
Pour garder vostre teint mol,
Un mouchoyr picqué d'ouvrage,
    Que la rage
Du chault n'arde vostre col.

Armez de fueilles voz testes
    En cent crestes,   *230*
Et de peur d'empeschement,
Avallez bas la botine
    Marroquine,
Pour aller plus fraischement.

Eüoé Pere, il me semble
    Que tout tremble
D'un branlement nompareil,
Et que je voy d'un œil trouble,
    Le ciel double
Doubler un autre Soleil.   *240*

Eüoé donteur des Indes,
    Que tu guindes
Mon cuœur bien hault, Eldean!
Tu luy dis quel sacrifice
    Est propice
A ton autel Lenean.

Advienne qu'orné de vigne
    Je trepigne
Tousjours villant Eüoé,
Et que je dance sans cesse   *250*
    Par ta presse,
Au son du cor enroüé.

Tes coulevres innoçentes
    Sont glissantes
Sus mon chef plein de leurs neudz,
Et ton Thyrse, lance forte,
    Gay je porte
Par tes Thiases vineux.

Parmy la barbare Thrace,
    A la trace   *260*
Je suy tes paz desrobez,
Le long des secretz rivages
    Touts sauvages
De lierres recourbez.

Je voy Silene qui entre
　　Dans un antre,
J'oy les boys esmerveillez,
Je le voy sus l'herbe fraische
　　Comme il presche
270　Les Satyres oreillez.

Eüoé, Denys, tempere,
　　Thebain pere,
Tempere un peu mon erreur,
Tempere un peu ma pensée
　　Insensée
Du plaisir de ta fureur.

Ce n'est pas moy qui te taxe,
　　Roy de Naxe,
D'esjarter le Thracien,
280　Ny d'avoyr au chef la mitre,
　　Ny le titre
Du Triompheur Indien.

Mais bien c'est moy qui te loüe,
　　Et t'avoüe
Pour un Dieu, d'avoyr planté
L'heureuse vigne feconde,
　　Dont le monde
Est si doulcement tenté,

Qui, comme un aspre guerriere,
290　　En arriere
Chasse des hommes bien loing,
Non l'Amour doulcement veine,
　　Mais la peine,
Mais le travail & le soing.

Je voy cent bestes nouvelles
　　Pleines d'ailes
Sus noz testes revoler,
Et la main espovantée
　　De Penthée
300　Qui en vain les suit par l'air.

Evan, que ta doulceur folle
　　Me raffolle
De vineux estourbillons!
Je ne voy point d'autres bestes
　　Sur noz testes
Qu'un scadron de papillons.

Leurs ailes de couleurs maintes
  Sont depeintes,
Leur front en deux traitz se fend,
Et leur bouche bien petite   *310*
  Contr' imite
Le muffle d'un Elephant.

Sus amis, par ceste rive
  Que lon suyve
L'ombre des aisléz trouppeaux,
Qu'estourdis on les atterre
  Contre terre,
A petitz coups de chapeaux.

Lequel aura la victoyre,
  Et la gloyre   *320*
D'avoyr conquis le plus beau,
Qui tout doré sert de guide
  Par le vuide,
A cest escadron nouveau?

Lequel pendra de la beste
  La conqueste,
Pour trophée de bon heur?
Celuy vrayment sera digne
  Qu'un bel hynne
Dorat chante à son honneur.   *330*

Iö, comm' il prend la fuite,
  Nostre suite
Ne le scauroit offencer,
Si le plus gay de la troppe
  Ne galope
Plus tost pour le devancer.

Ha, je l'avoy sans sa voye,
  Qui ondoye
D'un voler bien peu certain,
Et sans l'erreur de son onde   *340*
  Vagabonde,
Qui se moquoyt de ma main.

Et sans une vigne entorse
  Qui la force
A soutraite de mes paz,
Et m'a fait prendre bedaine
  Sur la plaine
Adenté tout plat à bas.

Teleph' sentit en la sorte,
      La main forte
350   Du Grec qui le combatit,
Quand au meillieu de la guerre,
      Contre terre
Un cep tortu l'abbatit.

Iö regardez derriere
      La poudriere
Que Berger escarte au vent,
Tant il court à toute haleine,
      Mettant peine
360   De l'affronter par devant.

Mais mais voyez voyez comme
      Il l'assomme,
Mort sur la rive estandu,
Et comme l'aisle et la teste
      De la beste,
Dans un saule il a pendu!

Ja la despouille captive,
      Ceste rive
Honore, & ces saules verdz,
370   Et ja leur escorce verte
      Est couverte
Du long cerne de telz vers,

JE BERGER PLEIN DE VITESSE,
      PAR HUMBLESSE
AUX DIEUX CHEVREPIEDZ J'APPENS
CESTE DESPOUILLE CONQUISE,
      PAR MOY PRISE
EN L'AGE DE CINQUANT' ANS.

Pere, que ta verve doulce
380   Me repousse
En un doux affollement:
Plus fort que devant, ta rage
      Le courage
Me chatouille doulcement.

De ces chesnes goute à goute
      Bas degoute,
Ce me semble, le miel roux,
Et ces beaux ruisseaux qui roullent
      Toutz pleins coulent
390   De Nectar & de vin doulx.

Amis, qu'à teste panchée,
    Estanchée
Soit nostre soyf là dedans,
Il fault que leur vin appaize
    Ceste braise
Qui cuit noz gousiers ardans.

Boyvon leurs ondes sucrées
    Consacrées
Au Dieu qui nous poingt le cuœur,
Sondon leurs vagues profondes   *400*
    Toutes blondes
D'une vineuse liqueur.

Que chascun de nous y entre
    Jusqu'au ventre,
Jusqu'au dos, jusques au front.
Que chascun sonde et resonde
    La doulce onde
Qui bat le plus creux du fond.

Voyez Urvoy qui s'eslance
    Sur la pance   *410*
Tout vestu dans le ruisseau,
Et voyez comme il barbouille
    En grenouille
Dessoubz les vagues de l'eau!

Suivon le sainct trac humide
    De ce guide,
Elançon nous comme luy,
Et lavon dans ceste rive,
    En l'eau vive
Pour tout jamais nostre ennuy.   *420*

Que l'homme est heureux de vivre
    S'il veut suyvre
Ta folie, ô Cuissené,
Qui tes temples environnes
    Pour couronnes,
D'un verd pampre raisiné.

Sans toy je ne voudroys estre
    Dieu, ne maistre
Des Indiens, ne sans toy
De Thebes Ogygienne   *430*
    Terre tienne
Je ne voudrois estre Roy.

Sans toy, di-je, race belle
De Semele,
Sans toy, di-je, Nyséan,
Sans toy qui noz soingz effaces
De tes tasses,
Pere Evien, Lyéan.

Mais laisson trouppe gaillarde
440   L'eau mignarde,
Haston plus menu le pas,
Ceste chaleur aspre & grande
Nous commande
De ne nous arrester pas.

Sus, conduisez d'une aubade
La brigade
O vous chantres honorez,
Qui tenez en ce bas estre
Vostre naistre
450   D'Apollin aux crins dorez.

Mon dieu, que ceste musique
Angelique
Fiche mes espritz béants,
Et ces menestriers qui sonent,
Et entonnent
Les saintz cornetz Idéans!

Que ces flustes qui doulx chantent
Me contentent
De leurs accordz discordants!
460   Certes la musique doulce
Seule poulce
De noz cuœurs les soingz mordans.

Iö je voy la valée,
Avalée
Entre deux tertres bossus,
Et le double arc qui emmure
Le murmure
De deux ruyseletz moussus.

C'est toy Hercueil, qui encores
470   Portes ores
D'Hercule l'antique nom,
Qui consacra la memoyre
De ta gloyre,
Aux labeurs de son renom.

Je saluë tes Dryades,
  Tes Nayades,
Et leurs beaux antres cogneuz,
Et de tes Satyres peres,
  Les repaires,
Et tes Faunes front-cornus.   *480*

Chacun ait la main armée
  De ramée,
Chacun d'une gaye voix
Assourdisse les campaignes,
  Les montaignes,
Les eaux, les prez, & les boyz.

Ja la cuisine allumée,
  Sa fumée
Fait tressauter jusque aux cieux,
Et ja les tables dressées   *490*
  Sont pressées
De repas delicieux.

Cela vrayment nous invite
  D'aller viste,
Pour appaiser un petit
La furie vehemente
  Qui tourmente
Nostre aboyant appetit.

Dessus nous pleuve une nuë
  D'eau menuë   *500*
Pleine de liz & de fleurs,
Qu'un lict de roses on face
  Par la place,
Bigarré de cent couleurs.

Qu'on prodigue, qu'on repande
  La viande
D'une liberale main,
Et les pastz dont l'ancienne
  Memphienne
Festia le mol Rommain.   *510*

Doulce rosée divine,
  Angevinne,
Bacchus sauve ta liqueur,
L'amitié que je te porte
  Est tant forte,
Que je l'ay tousjours au cuœur.

Je veux que la tasse pleine
　　Se promeine
Tout au tour de poing en poing,
520　Et veux qu'au fond d'elle on plonge
　　Ce qui ronge
Noz cerveaux d'un traistre soing.

Ores amis, qu'on n'oublie
　　De l'amie
Le nom qui voz cuœurs lia,
Qu'on vuide autant ceste couppe
　　Chere trouppe,
Que de lettres il y a.

Neuf fois au nom de Cassandre
530　　Je vois prendre
Neuf fois du vin du flaccon,
Affin de neuf fois le boire
　　En memoyre
Des neuf lettres de son nom.

Iö qu'on boyve, qu'on chante,
　　Qu'on enchante
La dent des souciz felons:
La Vieillesse larronnesse
　　Ja nous presse
540　Le derriere des talons.

Iö, Garçon verse encore,
　　Que j'honore
D'un sacrifice joyeux,
Ceste belle onde verrée,
　　Consacrée
Au plus gay de toutz les Dieux.

Que l'on charge toute pleine
　　La fontaine
De groz flaccons surnouantz,
550　Qu'en l'honneur de luy maint verre
　　My-plein erre,
Sus les vagues se rouantz.

Evan, ta force divine
　　Ne domine
Les hommes tant seulement,
Elle estraint de toutes bestes
　　Toutes testes
D'un effort egallement.

Voyez vous cette grenouille,
  Qui gazouille   *560*
Yvre sus le hault de l'eau,
Tant l'odeur d'une bouteille
  (Grand'merveille)
Luy enchante le cerveau!

Comm' elle du vin surprise,
  Est assise
Sur noz flaccons entr'ouvertz,
Comme sur l'un & sur l'autre
  Elle veautre
Son corpz flottant à l'envers!   *570*

Mais tandis que ceste beste
  Nous arreste,
Iö compains, n'oyez vous
De Dorat la voix sucrée,
  Qui recrée
Tout le Ciel d'un chant si doulx?

Iö iö qu'on s'avance,
  Il commence
Encor à former ses chantz,
Celebrant en voix Rommaine   *580*
  La fontaine,
Et toutz les Dieux de ces champs.

Preston donq à ses merveilles
  Noz oreilles:
L'entusiasme Limousin
Ne luy permet rien de dire
  Sur sa lyre
Qui ne soit divin divin.

Iö iö quel doulx style
  Se distile   *590*
Parmy ses nombres divers,
Nul miel tant ne me recrée,
  Que m'agrée
Le doulx nectar de ses vers.

Quand je l'entens, il me semble
  Que l'on m'emble
Mon esprit d'un rapt soubdain,
Et que loing du peuple j'erre
  Soubz la terre,
Avec l'ame du Thebain: *600*

Avecque l'ame d'Horace,
　　Telle grace
Se distile de son miel,
Et de sa voix Limousine,
　　Vrayment digne
D'estre Serene du Cièl.

Ha Vesper, brunette estoyle,
　　Qui d'un voyle
Par tout embrunis les cieulx,
610　Las, en ma faveur encore
　　Ne decore
Ta grand vouste de ses yeulx:

Tarde un peu noyre courriere
　　Ta lumiere,
Pour ouyr plus longuement,
La doulceur de sa parolle
　　Qui m'affole
D'un si gay chatouillement.

Quoy des astres la compaigne!
620　　Tu dedaigne'
Mon prier, & sans sejour
Devant l'heure tu flamboyes,
　　Et envoyes
Soubz les ondes nostre jour.

Va va jalouse, chemine,
　　Tu n'es digne,
Ny tes estoilles, d'ouyr
Une chanson si parfaicte
　　Qui n'est faite
630　Que pour les Dieux esjouir.

Donque, puis que la nuict sombre,
　　Pleine d'ombre,
Vient les montaignes saisir,
Retournon trouppe gentille
　　Dans la ville
Demysoulez de plaisir.

Jamais l'homme tant qu'il meure,
　　Ne demeure
Fortuné parfaictement,
640　Tousjours avec la lyesse,
　　La tristesse
Se mesle segrettement.

13   ELEGIE DU VERRE

A JAN BRINON

Ceus que la Muse aimera plus que moi,
Sans te flatter, d'un vers dine de toi
Feront savoir aus nations étranges
Combien d'honneur meritent tes louanges.
Quand est de moy je n'oseroi, Brinon,
Come trop foible élever ton renom
Pour en semer de tous cotés la terre:
Il me sufist si l'honneur d'un seul verre,
Lequel tu m'as pour estraines donné,
Est dînement en mes vers blasonné.   *10*
    O joly verre, oseroi-je bien dire
Combien je t'ayme, & combien je t'admire?
Tu es heureux, & plus heureux celui
Qui t'inventa pour noyer nostre ennuy.
Ceux qui jadis les canons inventerent,
Et qui d'Enfer le fer nous aporterent
Meritoient bien que là bas Rhadamant
Les fist punir d'un juste chatiment,
Mais cestuy là, qui d'un esprit agile
Te façonna, fûce le grand Vergile,   *20*
Ou les nochers qui firent sans landiers
Cuire leur rost sur les bors mariniers,
Meritoient bien de bailler en la place
De Ganimede à Jupiter la tasse,
Et que leur verre inventé de nouveau
Alast au ciel, & fait un astre beau
Favorisast de sa flame etherée
Tous biberons à la gorge alterée
Devers la part où le poisson du Nort
Avale l'eau qui de la Cruche sort.   *30*
    Non, ce n'est moi qui blasme Promethée
D'avoir au ciel la flame derobée:
Il fist tresbien: sans le larcin du feu,
Verre joly, jamais on ne t'eust veu.
Et sans profit eussent creu les fougeres
Parmi les bois pour nos seules sorcieres.
Aussi, vraiement, c'estoit bien la raison
Qu'un feu, venant de si bonne maison
Comme est le ciel, fust la cause premiere,
Verre joly, de te mettre en lumiere,   *40*
Toi retenant comme celestiel
Le rond, le creux, & la couleur du ciel.

Toi, di-je, toi, toi joyau delectable
Qui sers les Dieus & les rois à la table,
Qui aymes mieus en pieces t'en aller,
Qu'à ton seigneur la poison receler.
Toi compagnon de Venus la joyeuse,
Toi qui garis la tristesse epineuse,
Toi de Bacus & des Graces le soin,
50 Toi qui l'ami ne laisses au besoin:
Toi qui dans l'œil nous fais couler le somme,
Toi qui fais naistre à la teste de l'homme
Un front cornu, toi qui nous changes, toi
Qui fais au soir d'un crocheteur un roy.
Aus cœurs chetifs tu remets l'esperance,
La verité tu mets en evidence,
Le laboureur songe par toi de nuit
Que de ses chams de fin or est le fruit,
Et le pêcheur qui ne dort qu'à grand peine
60 Songe par toi que sa nacelle est pleine
De poissons d'or, & le dur bucheron
Ses fagots d'or, son plant le vigneron.
    Mais contemplons de combien tu surpasses,
Verre joly, ces monstrueuses taces,
Et fûçe celle horrible masse d'or
Que le vieillard Gerinean Nestor
Boivoit d'un trait, & que nul de la bande
N'eust sceu lever, tant sa pance estoit grande.
Premierement d'avant que les tirer
70 Hors de leur mine, il faut plus dessirer
L'antique mere, & cent fois en une heure
Creindre le bond d'une voute mal seure:
Puis quand cet or par fonte & par marteaus,
Laborieus, s'arrondist en vaisseaus,
Tout ciselé de fables poëtiques,
Ou buriné de medailles antiques,
O seigneur dieu! quel plesir ou quel fruit
Peut-il donner? sinon faire de nuit
Couper la gorge à ceus qui le possedent,
80 Ou d'irriter, quand les peres decedent,
Les heritiers à cent mille proces,
Ou bien à table, apres dix mile exces,
Lors que le vin sans raison nous delaisse,
Faire casser par sa grosseur epaisse
Le chef de ceux qui nagueres amis
Entre les pots deviennent ennemis:
Come jadis apres trop boire firent
Les Lapithois, qui les monstres defirent

Demi-chevaus. Mais toi, verre joly,
Loin de tout meurtre, en te voiant poli,   *90*
Net, beau, luisant, tu es plus agreable
Qu'un vesseau d'or, lourd fardeau de la table.
Et si un peu tu n'estois si commun
Come tu es, par miracle un chacun
T'estimeroit de plus grande valüe
Qu'un diamant, ou qu'une perle elüe.
    C'est un plesir que de voir renfrongné
Un grand Cyclope à l'œuvre enbesongné,
Qui te parfait des cendres de fougere,
Et du seul vent de son aleine ouvriere.   *100*
Come l'esprit enclos dans l'univers
Engendre seul mile genres divers,
Et seul en tout mile especes diverses,
Au ciel, en terre, & dans les ondes perses:
Ainsi le vent duquel tu es formé,
De l'artizan en la bouche enfermé,
Large, petit, creux, ou grand, te façonne
Selon l'esprit & le feu qu'il te donne.
Que diray plus? par espreuve je croi
Que Bacus fut jadis lavé dans toi,   *110*
Lors que sa mere atteinte de la foudre,
En avorta, plein de sang & de poudre:
Et que des lors quelque reste du feu
Te demoura, car quiconques a beu
Un coup dans toi, tout le tems de sa vie
Plus y reboit plus a de boire envie,
Et de Bacus toujours le feu cruel
Art son gozier d'un chaut continuel.
    Je te salüe, heureus verre propice
Pour l'amitié, & pour le sacrifice.   *120*
Quiconque soit l'heritier qui t'aura
Quand je mourray, jamais il ne voira
Son vin ne gras, ne poussé, dans ses tonnes
Et tous les ans aura de bons Autonnes.

L'HINNE DE BACUS

A JAN BRINON

Que sauroi-je mieus faire en ce tems de vandanges,
Apres avoir chanté d'un verre les louanges,
Sinon loüer Bacus & ses festes, afin
De celebrer le Dieu des verres & du vin,

Qui changea le premier (ô change heureus) l'usage
De l'onde Acheloée en plus heureus bruvage?
Mais quoi? je suis confus, car je ne sai comment,
Ne moins de quel païs je dois premierement
Chanter d'où est Bacus: sa race est en querelle,
10   Thebes dit d'une part qu'il sortit de chés elle,
Et Nyse d'auture part que d'elle il est sorty.
Pere, lequel des deux en ta race a menty?
Selon le vieil proverbe, & trop sotte & trop lourde
Thebe a toujours esté pour trouver une bourde,
Et sien ne t'avoüroit si le sien tu n'estois,
Mais Nyse est menteresse & les peuples Indois.
      Il est bien vrai qu'apres que Junon, anragée
De voir ta mere grosse, eut sa forme changée
En la vieille Berӧe, & que par son moien
20   Le plus gratieus feu du grand Saturnien
Fist ta mere avorter, & que parmy la foudre
Non encores formé, tu sortis noir de poudre
Hors du ventre brulé, que ton pere marri
A Nyse t'envoia pour y estre nourri
Des mains d'Ippe, & d'Inon, d'Athame & Melicharse.
Mais non si tost apres que ta mere fut arse:
Car soudain que Semele en brulant te lacha
De membres non parfait, ton pere te cacha
Dedans sa cuisse ouverte, à fin que là tu prisses
30   Ta forme, & que tes mois comme au ventre acomplisses:
Puis, si tost que sa cuisse eut parfaict justement
Le terme où s'espanist un vray enfantement,
Il vint en Arabie, & come une acouchée
Qui sent avec douleur une longue tranchée,
Rompit pour t'enfanter le bien germeux lien
De sa cuisse feconde, au bord Sagarien.
      L'Arabie pour lors n'estoit encore heureuse,
Et Sagar n'avoit point encores odoreuse
Sa rive come il a, Jupiter! quand tu fis
40   (Afin de parfumer les couches de ton fils)
Produire de ton sang en la terre le Basme,
Et la Casse, & l'Encens, la Smyrne, & la Calâme.
Puis si tost qu'il fut né tu lui cousis la peau
D'un petit cerf au dos, & mis dans un berceau
Tu le baillas de nuit aus Ninfes Sagriennes,
Pour le porter nourir és grottes Nyseannes,
Et pource qu'au berceau il y fut amené
Nyse se vente à tort que chés elle il est né.
      Incontinent Junion s'aluma de colere
50   D'avoir veu son mari estre devenu mere,

Et soudain envoya pour espier l'enfant
L'oyseau qui va de nuit: l'oysel adonques fend
Le ciel vague, & si bien parfist son entreprise
Qu'il l'entrouit vagir dedans l'antre de Nyse:
Come il estoit leger au ciel s'en revola,
Et raporte à Junon que l'enfant estoit là.
   Junon n'atendit point, tant elle fut irée,
Que sa charette à Paons par le ciel fust tirée,
Ains faisant le plongeon se laissa toute aller
A l'abandon du vent, qui la guidoit par l'æ̈r   *60*
Toujours fondant en bas sur la terre Indienne:
Beante à ses talons la suivoit une chienne,
Qu'expres elle amenoit, à fin de se venger
Et faire ce bastard à sa chienne manger.
   Mais Inon qui previt par augures l'ambuche,
Pour tromper la deesse, Athamante elle huche,
Et lui conta comment Junon venoit charcher
L'anfançon pour le faire en pieces detrancher:
Athamante soudain le tapit contre terre,
Et couvrit le berceau de fueilles de lhierre,   *70*
De creinte que Junon en charchant ne le vist,
Et qu'englotir tout vif à son chien ne le fist
Ou de peur qu'autrement ne lui fist quelque offence:
Et depuis ce tems là Bacus pour recompense,
A bon droit sur tout arbre a pour le sien eleu
(Come l'ayant sauvé) le lhierre fueillu.
   Lors Junon qui se vit fraudée de sa queste
Une horrible fureur envoya dans la teste
De la nourice Inon, qui si fort la poursuit
Qu'au plus haut d'un escueil, mourable la conduit: *80*
Et là, tenant son fils Melicert, l'incensée,
Pour garir sa fureur en la mer s'est lancée.
   Evan, Iach, Evoé, tu n'as guieres esté
Depuis qu'elle mourut dans le bers alaité:
Soudain tu devins grand, & donnas cognoissance
En peu d'ans de quel Dieu tu avois pris naissance.
Et certes je ne puis m'emerveiller assés
De ceus qui t'ont portrait és vieus siecles passés
Gras, douillet, poupellé, la face efeminée,
Et de barbe ne t'ont la bouche couronnée,   *90*
Car tu devins barbu, & soudain tu fus fait
D'un jeune enfant qui tette un juvenceau parfait.
   Mais plus je m'ebaïs de la gorge inocente
Du Bouc, qui tes autels à ta feste ensanglante,
Car sans le Bouc cornu tu n'eusses point treuvé
Le vin, par qui tu as tout le monde abbreuvé.

Tu avisas un jour par l'epais d'un bocage
Un grand bouc qui broutoit la lambrunche sauvage,
Et soudain qu'il eut bien de la vigne brouté,
100   Tu le vis chanceller, come yvre, d'un côté.
A l'heure tu pensas qu'une force divine
Estoit en cette plante, & bechant sa racine
Songneusement tu fis ses sauvages raisins
En l'an suivant d'apres adoucir en bons vins.

Apres ayant pitié de nostre race humaine
Qui pour lors ne boivoit qu'eau pure de fonteine,
Tu voulus tournoyer toute la terre, afin
D'enseigner aus humains l'usaige de ton vin.
Tu montas sus un char que deux lynces farouches
110   Traynoient d'un col felon, machantes en leurs bouches
Un frain d'or ecumeus, leur regard estoit feu,
Pareil aus yeus de ceus qui de nuit ont trop beu.
Un manteau Tyrian s'ecouloit sur tes hanches,
Un chapelet de liz mellés de roses franches,
Et de feuille de vigne, et de lhierre espars,
Voltigeant, umbrageoit ton chef de toutes pars.
Davant ton char pompeux marchoient l'Ire & la Creinte,
Les peu sobres Propos, & la Colere teinte
D'un vermillon flambant, le Vice, & la Vertu,
120   Le Somme, & le Discord de maille revestu.
Son asne tallonnoit le bon vieillard Silene,
Portant le van mystiq sus une lance pleine
De pampre, & publioit d'une tramblante vois
De son jeune enfançon les festes & les lois.
A son cri sautelloient le troupeau des Menades,
Des Pans & des Sylvans, des Lenes, & Thyades,
Et menans un grand bruit de cors & de tabours
Faisoient trembler d'effroy les villes & les bours
Par où le char passoit: leurs tresses secoüées
130   A l'abandon du vent erroient entrenoüées
De longs serpens privés, & leur main brandissoit
Un dart, qu'un cep de vigne alentour tapissoit.

Que tu prenois, Bacus, en ton cœur de liesse,
De voir sauter de nuit une hurlante presse,
Qui couverte de peaux par les antres aloient,
Quand les trois ans passés tes festes apeloient!
Et quel plesir de voir les vierges Lydiennes,
Ou celles de Phrygie, ou les Meoniennes
Dans les prets Asians, carollant à l'entour
140   Du bord Meandrien, contre-imiter son tour!
Elles en ton honneur d'une boucle asurée
Graffoient sur les genoux leur cotte figurée,

Et trepignans en rond, ainsi que petis Fans
En ballant sautelloient: de tous côtés les vens
Amoureux de leur sein, par soüeves remises
S'entonnoient doucement és plis de leurs chemises,
Tout le ciel respondant sous le bruit enroüé
Des baleurs qui chantoient Evan, Iach, Evoé.

    Bien qu'ayme-vers tu sois devalé sous la terre,
Avec l'abit d'Hercule, afin d'y aller querre   *150*
Euripide, ou Eschil, les poetes ont esté
Toujours à tort ingras envers ta majesté:
Lesquels jadis ont feint, quand les Geans doublerent
Les monts contre les Dieus, que vif te demembrerent,
T'enfuiant du combat, & que ta sœur Pallas
Te ramassa le cœur qui tramblotoit à bas:
Mais ils en ont menti, car quand tu vis la race
Des Geans, qui gagnoient par armes au ciel place,
Les Dieus tournans le dos, valeureux tu t'armas
Des dens d'un grand lion, en qui tu te formas,   *160*
Et d'un coup de machoire, au meilleu de la guerre
Tu culbutas du ciel Myme, & Gyge par terre,
Et sur le haut d'Olympe en trofée tu mis
Les corselets sanglans de ces deux ennemis.

    Pere, un chacun te nomme Erraphiot, Triete,
Nysean, Indien, Thebain, Bassar, Phanete,
Bref, en cent mile lieux mile noms tu reçois,
Mais je te nomme à droit Bacus le Vendomois:
Car lors que tu courois vagabond par le monde,
Tu vins camper ton ost au bord gauche de l'onde   *170*
De mon Loir, qui pour lors de ses coutaux voisins
Ne voyoit remirer en ses eaux les raisins:
Mais, Pere, tout soudain que la terre nouvelle
Sentit tes pieds divins qui marchoient dessus elle,
(Miracle) tout soudain fertille, elle produit
La vigne herissée en fueilles & en fruit,
Et là ta main proigna une haute coutiere
Qui de ton nom Denis eut nom la Denisiere.

    Pere, où me traines-tu, que veux-tu plus de moy?
Et, Pere, n'ai-je pas asséz chanté de toi?   *180*
Evöé je forcene, ah je sens ma poitrine
Pleine plus que davant de ta fureur divine,
Ah, Bassar, je te voi, & tes yeux rougissans,
Et flottant sur ton col tes cheveux blondissans.
O Cuisse-né je perds mon vagabond courage
Qui suit ton saint orgye envolé de ta rage,
Je sen mon cœur trambler, tant il est agité
Des poignans aiguillons de ta divinité.

Donnés moi d'une part ces Cors & ces Clochettes,
190   Ces tabours d'autre part, de l'autre ces Sonnettes,
Qu'un beguin couleuvré me serre les cheveux,
Herissés de lhierre entrefrisé de neuds,
Et que l'esprit d'Eole en souflant les tourmante,
Come la fueille esparse és arbres d'Erymante.
Il me semble desja que de pieds mal certains,
Sans mesure & sans art matassinant des mains,
Dancent autour de moy les folles Edonides,
Par les desers negeux des rivages Ebrides,
Urlans en voix aiguë, & par force joignans
200   Leurs chefs ecervelés sous les tyrses poignans.
Et moi vague d'esprit souflant à grosse halene,
Conduit de trop de vin, je cours parmy la plene
(Au moins il le me semble) alant chantre davant
Ton orgie sacré, qui mes pas va suivant,
Orgie ton mystere aus peuples admirable,
Caché, segret au fond d'un panier venerable
Que porte une Menade, & sur lequel en vain
Un homme lay mettroit pour le prendre la main,
Avant qu'il soit lavé, par cinq ou sept serées,
210   Aus Muses sur Parnase és fontaines sacrées.
Ja la terre fremit sous les piedz furieus,
Ja la nüe poudreuse oste le jour aus yeus,
Tant les camps sont foulés des troupeaux des Evantes,
Qui vont jusques au Ciel les poudres elevantes.
A leur fol ariver les oyseaux parmi l'air
Tant ils sont estonnés cessent de plus voller,
Et se perchent és bois, & les Feres troublées
De peur se vont cacher dans le fond des valées.
Et les fleuves poureux, du bruit emerveillés,
220   Appellent sous les eaus leurs peuples écaillés.
La Jeunesse, & l'Amour, & les Graces te suivent,
Sans ta douce fureur les voluptés ne vivent:
Le Jeu, la bonne chere, & la dance te suit,
Quelque part où tu sois le deplesir s'enfuit,
Le chagrin & l'ennuy, plus soudain que la nüe
Ne fuit du vent Boré la contraire venüe.
Que dirai plus de toi? d'un neud impatient
Tu vas homes & Dieux sous ton Tyrse liant.
Alme pere Denys, tu es beaucoup à creindre,
230   Qui contrains un chacun, & nul te peut contraindre.
O Cuisse-né Bacus, Mystiq, Hymenean,
Carpime, Evaste, Agnien, Manique, Linean,
Evie, Euboulien, Baladin, Solitere,
Vengeur, Satyre, Roi, germe des Dieus & pere,

Martial, Nomian, Cornu, Vieillard, Enfant,
Paian, Nyctelian: Gange veit trionfant
Ton char enorguilli de ta dextre fameuse,
Qui avoit tout conquis jusqu'à la mer gemmeuse.
Les Geants terrenés ont senti ton pouvoir,
Tu fis une mort dure à Penthé recevoir,   *240*
Par les mains de sa mere, & transformas la taille
Des avares nochers en poissonneuse écaille,
D'homes faits des Dauphins, & as encore fait
A Lycurgue ennemi confesser son mefait.
   Rechanterai-je encor ces trois filles Thebeines,
Qui meprisans tes lois virent leurs toiles pleines
De pampre survenu, & fuiantes de nuit
Aus coins de leur maison, getant un petit bruit,
Se virent tout soudain de leurs cors denuées,
Et en chauves souris etrangement muées?   *250*
Il vaut mieux les chanter, que chanter le peché
Du Satyre, qui vit tout son dos ecorché,
Et le deu chatiment du prince de Mysie,
Et la punition du mechant Acrisie,
Qui se vit, bien que tard, assez recompensé
Au depens de sa peau de t'avoir offencé.
   Toi grand, toi saint, toi Dieu, tu flechis les rivieres,
Tu apaises les mers, quand plus elles sont fieres,
Tu fis rouler le vin d'un gros rocher crevé,
Et par toi le dous miel és chênes fut trouvé.   *260*
La musique te doit: les peuples & leurs viles
Te doivent leur defence, & leurs regles civiles:
La liberté te doit, qui ayme mieus s'ofrir
A la mort, que se voir sous un tyran soufrir.
La vérité, la force, & te doivent encore
Toutes religions dont les Dieux on adore.
Tu rends l'home vaillant, tu marie au conseil
De celuy qui te croit un pouvoir non pareil.
Par toy les devineurs troublez dans leurs poitrines
Fremissent sous le joug de tes fureurs divines.   *270*
Tu fais germer la terre, & d'estranges couleurs
Tu revests les vers prés orguillis de leurs fleurs,
Tu dedaignes l'enfer, tu restaures le monde
De ta longue jeunesse, & la machine ronde
Tu poises justement, & moderes le bal
(Toy balant le premier) de ce grand animal.
   Par toi, Pere, chargés de ta douce ambrosie,
Nous elevons au ciel l'humaine fantasie,
Portés dedans ton char, & d'homes vicieux,
Purgés de ta liqueur osons monter aus cieus,   *280*

Et du grand Jupiter nous assoir à la table.
 Je te salüe à droit le Lychnite admirable
Des homes & des Dieus, je te salüe encor
En faveur de Brinon, qui d'une tace d'or
Pleine de Malvoisie en sa maison t'apelle
Avec ton vieil Silene, & ta mere Semele.

15   Ma douce jouvance est passée,
Ma premiere force est cassée,
J'ai la dent noire, & le chef blanc,
Mes nerfs sont dissous, & mes venes,
Tant j'ai le cors froid, ne sont plenes
Que d'une eau rousse, en lieu de sang.
  Adieu ma Lyre, adieu fillettes,
Jadis mes douces amourettes,
Adieu, je sen venir ma fin,
Nul passetans de ma jeunesse   *10*
Ne m'acompagne en la vieillesse,
Que le feu, le lit, & le vin.
  J'ai la teste toute élourdie
De trop d'ans, & de maladie,
De tous costés le soin me mord:
Et soit que j'aille ou que je tarde
Toujours derriere moi regarde
Si je verrai venir la mort,
  Qui doit, ce me semble, à toute heure
Me mener là bas où demeure   *20*
Je ne sçai quel Pluton, qui tient
Ouvert à tous venans un antre
Où bien facilement on entre,
Mais d'où jamais on ne revient.

16 HYMNE DE LA JUSTICE

A TRESILLUSTRE ET REVERENDISSIME PRINCE,
CHARLES CARDINAL DE LORRAINE

Vers heroiques

Un plus sçavant que moy, & plus chery des Cieux,
Chantera les combatz de tes nobles Ayeux,
Dira de Godeffroy la merveilleuse armée,
Et la palme conquise en la terre Idumée,
Et les eaux du Jourdain, qui fut si plain de mortz
Que le sang infidele oultre-couloit ses bords:
Chantera de Damas la muraille forcée,
Et de Hierusalem, d'Antioche & Nicée
Les assaux, & la prise, & comme Godefroy
10   De Tyr, & de Sidon finablement fut Roy,
Et de la Cesarée, & de Hierosolyme,
Et des peuples subjectz au sceptre de Solyme.
Apres, en ramenant tes Ayeux d'outre mer,
Les fera, pour la gloire, aux batailles armer
Pres la grande Hesperie, & vaincre cette terre
Qui d'une grand' montaigne un grand Geant enserre,
Lequel luy fut jadis par les Dieux envoyé
Quand il tomba du Ciel à-demy foudroyé.
Puis leur fera planter l'Escusson de Lorraine
20   Sur le fameux tombeau de l'antique Serene,
Conquis par leur proüesse, où le sceptre puissant
Des Lorrains fut long temps richement fleurissant,
Comme proches parens des nobles Roys de France,
Et vrays seigneurs d'Anjou, du Maine, & de Provence.
Apres il chantera les magnanimes faitz
Que ton grand Frere, ainçois que tes Freres ont faitz,
Donnant de leurs vertus à tout le monde exemple,
Si bien que le Soleil qui tout voit & contemple,
Lors qu'il tire ou qu'il plonge en l'Ocean ses yeux,
30   Ne void point icy bas Princes plus vaillans qu'eux,
Soit pour donner conseil, soit pour donner bataille,
Soit pour prendre, ou garder, les fortz d'une muraille.
    Mais moy, divin Prelat, qui ne puis entonner
Si hautement l'ærain pour leurs gloires sonner,
Je me contenteray en cest Hymne de dire
L'une de tes vertus dessus ma basse lyre.
Une seule & non plus: car, quand j'entreprendrois
De toutes les chanter, grandement je faudrois,

Comme chose trop haute, & m'eust fait la Nature
Plus que bronze ou metal la langue & la voix dure: 40
Si est-ce que le Ciel n'a ton corps revestu,
Ny ton esprit avec, d'une seule vertu
Qui ne soit à la fin au jour manifestée,
Et de tous à-l'envy à qui mieux mieux chantée:
L'un disant celle là, & l'autre cette-cy,
Et moy, pour commencer, je chante des-icy
La vertu la plus tienne, & qui plus est propice
Aux Princes, comme toy, la vertu de JUSTICE.
  DIEU transmist la JUSTICE en l'âge d'or ça bas
Quand le peuple innocent encor' ne vivoit pas   50
Comme il fait en peché, & quand le Vice encore
N'avoit franchy les bords de la boette à Pandore:
Quand ces mots, *Tien & Mien,* en usage n'estoient,
Et quand les laboureurs du soc ne tormentoient
Par sillons incongneuz les entrailles encloses
Des champs, qui produisoient, de leur gré, toutes choses,
Et quand les mariniers ne pallissoient encor'
Sur le dos de Tethis, pour amasser de l'or.
Cette JUSTICE adonc, bien qu'elle fust Deesse,
S'apparoissoit au peuple, & ne fuiant la presse   60
Des hommes de jadis, les assembloit de jour
Dedans une grand rue, ou dans un carrefour,
Les preschant & priant d'eviter la malice,
Et de garder entre eux une saincte pollice,
Füir Proces, Debatz, Querelle, Inimitié,
Et d'aymer Charité, Paix, Concorde, & Pitié.
La Loy n'estoit encor en ærain engravée,
Et le Juge n'avoit sa chaire encor levée
Haute dans un Palais, & debout au Parquet
Encores ne vendoit l'Advocat son caquet   70
Pour damner l'innocent, & sauver le coulpable:
Sans plus cette Deesse, au peuple venerable,
Les faisoit gens de bien, & sans aucune peur
Des Loix, leur engravoit l'Equité dans le cœur,
"Qu'ils gardoient de leur gré: mais toute chose passe,
"Et rien ferme ne dure en ceste terre basse.
  Si tost que la Malice eut un peu commencé
Son trac, & que ja l'or se montroit effacé,
Pallissant en argent sa teinture premiere:
Plus JUSTICE n'estoit aux hommes familiere,   80
Comme elle souloit estre, & ne vouloit hanter
Le peuple, qui desja tendoit à se gaster,
Et plus visiblement de jour parmy la rue
Les hommes ne preschoit, mais vestant une nue,

D

Et jettant un grand cry, des villes s'en vola,
Et seule dans les bois loing de gens s'en alla:
Car elle dedaignoit de plus hanter personne,
Regrettant des premiers la vie saincte & bonne.
    Aussi tost que la nuict les ombres amenoit,
90 Elle quittoit les boys, & pleurante venoit
Crier sur le sommet des villes les plus hautes,
Pour effroyer le peuple, & reprendre ses fautes,
Tousjours le menaçant qu'il ne la voiroit plus,
Et qu'elle s'en iroit à son Pere lassus.
    "L'œil de DIEU, ce disoit, toutes choses regarde,
"Il voit tout, il sçait tout, & sur tout il prend garde,
"Il se couroussera dequoy vous me chassez:
"Pource, repentez-vous de vos pechez passez,
"Il vous pardonnera: car il est debonnaire,
100 "Et comme les humains ne tient pas sa colere:
"Si-non, de pis-en-pis au feste parviendrez
"De tout vice execrable, & puis vous apprendrez,
"Apres le chastîment de vos vies meschantes,
"Combien les mains de DIEU sont dures & pesantes.
    Ainsi, toute la nuict la JUSTICE crioit
Sur le haut des Citez, qui le peuple effraïoit,
Et leur faisoit trambler le cœur en la poitrine,
Craingnant de leurs pechez la Vengeance divine:
Mais ce peuple mourut: & apres luy nasquit
110 Un autre de son sang, qui plus meschant vesquit:
Lors le siecle de fer regna par tout le monde,
Et l'Orque depiteux de sa fosse profonde
Icy haut envoya les Furies, à fin
De pressurer au cœur des hommes leur venin.
Adoncq Fraude & Proces envahirent la terre,
Poison, Rancœur, Debat, & l'homicide Guerre,
Qui faisant craqueter le fer dedans ses mains
Marchoit pesantement sur le chef des humains,
Et violoit par tout de sa hache meurtriere
120 Des vieux siecles passez la concorde premiere.
Ce que voyant JUSTICE, ardante de fureur
Contre le meschant peuple empoisonné d'erreur,
Qui, pour suyvre Discord, rompoit ses loix tranquilles,
Vint encore de nuict se planter sur les villes,
Où plus, comme devant, le peuple ne pria,
Mais d'une horrible voix, hurlante, s'écria
Si effroïablement, que les murs & les places
Et les maisons trambloient de peur de ses menasses.
    Lasche peuple, meschant, disoit-elle, esse ainsi
130 Qu'à moy, fille de DIEU, tu rends un grand-mercy

De t'avoir si long temps couvé dessous mes ailles
Te nourrissant du laict de mes propres mamelles,
Comme mes chers enfans? Or' je te dys à-dieu
Pour la derniere fois, & t'asseure que DIEU
Vengera mon depart d'une horrible tempeste,
Que ja desja son bras elance sur ta teste.
Las! où tu soulois vivre en repos bien heureux,
Tu vivras desormais en travail langoureux,
Il faudra que les bœufz aux champs tu aiguillonnes,
Et que du soc aigu la terre tu seillonnes,   *140*
Et que soir & matin le labeur de ta main
Nourrisse pour jamais ta miserable fain:
Car en punition de tes fautes malines,
Les champs ne produiront que ronces & qu'espines.
Le printemps, qui souloit te rire tous les jours,
Pour ta mechanceté perdra son premier cours,
Et sera departy en vapeurs chaleureuses,
Qui halleront ton corps de flammes douloureuses,
En frimatz, & en pluye, & en glace, qui doit
Faire transir bientost ton pauvre corps de froid: *150*
Ton chef deviendra blanc en la fleur de jeunesse,
Et jamais n'ateindras les bornes de vieillesse,
Comme ne meritant, pour ton faict vicieux,
De joüir longuement de la clarté des cieux:
Si peu que tu vivras, tu vivras en moleste,
Et tousjours une fievre, un caterre, une peste
Te suyvront, sans parler, venant tous à la fois,
Car le grand DIEU du Ciel leur ostera la voix,
A fin que, sans mot dire, ilz te hapent à l'heure
Que tu estimeras ta vie estre plus seure.   *160*
Qui pis est, Indigence & la Famine aussi,
Hostes de ta maison, te donneront soucy
Tousjours sans te lâcher, & les femmes muables
N'enfanteront des filz à leurs peres semblables,
Tout sera corrompu, & les races seront
Meslées d'autre genre, & s'abastardiront.
DIEU te fera mourir au milieu des batailles,
Accablé l'un sur l'autre, & fera les murailles
De tes grandes Citez pierre à pierre enflammer,
Et sa foudre perdra tes navires en mer,   *170*
Exerçant de sa main la flamme courroussée
Sur toy, mechant, qui m'as à si grand tort laissée.
Si tu n'eusses voulu me chasser d'avec toy,
DIEU ne t'eust point hay, qui pour l'amour de moy
Ne t'envoiroit jamais ny bataille, ny foudre,
Et jamais tes Cités ne reduiroit en poudre:

Mais tousjours au contraire il eust nourry la Paix,
Fleurissant' au millieu des citoyens espaix
Non en guerre tuez, qui sans dueil & sans peine
180   Eussent heureusement passé la vie humaine,
Et fussent morts ainsi que ceux à qui les yeux
S'endorment dans le lict d'un sommeil gracieux:
Mais tu vivras tousjours en douleur asservie,
Fraudé des passetemps que t'eust donné la vie:
Puis, à la fin, la Mort en torment & en dueil
Dans un lict angoisseux te viendra fermer l'œil:
Qui plus est, ce grand DIEU qui des hommes a cure
Envoira ses Daimons couvers de nue obscure
Par le monde espier les vicieux, à fin
190   De les faire mourir d'une mauvaise fin,
Ou par guerre, ou par peste, ou par longue famine:
Et lors un vain regret rongera ta poitrine,
De quoy tu m'as chassée en lieu de me cherir.
Qui te soulois, ingrat, si cherement nourrir.
      Ainsi pleuroit JUSTICE, & d'une robe blanche
Se voilant tout le chef jusque au bas de la hanche,
Avec toutes ses Sœurs, quittant ce val mondain,
Au ciel s'en retourna d'un vol prompt & soudain,
Comme on voit quelques fois singler à-tire-d'ailles
200   En un temps orageux cinq ou six colombelles,
Qui de peur de la gresle au logis s'en revont
Et vistes parmy l'air volent toutes d'un front.
Si tost que la JUSTICE au Ciel fut survenüe,
Long temps devant le trosne à-genoux s'est tenüe
De son Pere divin, puis d'un œil depité
Luy a, de point en point, tout le fait recité.
      Pere, t'esbahys-tu de quoy je suis tramblante,
De quoy j'ay de frayeur la poitrine haletante,
Quand là bas à grand peine ay-je peu garentir
210   De mort ma pauvre vie, avant que de partir:
Ce peuple malheureux, auquel j'estois allée
Par ton commandement, n'a sans plus violée
La reverence deüe à ta grand' Majesté,
Mais il a, qui plus est, dans son cœur projetté
(Tant il est arrogant) de te faire la guerre,
Et ravir de tes mains ton sceptre, & ton tonnerre.
Celluy qui maintenant vit le plus entaché
De meurtre, de poison, & bref de tout peché,
Est le plus vertueux: ilz pillent, ilz blasphement,
220   Et rien que fraude, & noise, & mechancetez n'ayment:
Ilz dedaignent tes loix, & n'ont plus en soucy
Ny toy, ny ton sainct Nom, ny tes temples aussi,

Et tant en leur audace & malice se fient,
Qu'en se moquant de toy ta puissance defient:
Pource, si quelque soing de ton honneur te tient,
Et si jusques au cœur ma priere te vient,
Et si d'une fureur justement tu t'irrites,
Rens leur le chastîment selon leurs demerites,
Et n'endure, Seigneur, que l'on vienne outrager
Si miserablement ton nom, sans le venger.   *230*
    A tant se teut JUSTICE, & pour faire congnoistre
Que son Pere l'aymoit, s'alla seoir à la dextre
De son trosne divin, d'où la Terre & les Cieux
Gisants dessous ses piedz regarde de ses yeux.
    Jupiter, irrité des larmes de sa Fille,
Des Dieux incontinent assembla le Concile,
Lesquelz obeissans à son commandement,
Logez en divers lieux vindrent soudainement:
Ceux du Ciel, du haut bout les chaires ont tenües,
Les marins le millieu, & les tourbes menües   *240*
Des petits demi-dieux confusément se sont
Plantez de çà de là tout-debout en un rond:
Puis quand chacun eut pris en son ordre sa place,
Il prononça telz motz tous remplis de menace:
Une flamme de feu de ses yeux s'ecartoit,
Et un glaive tranchant de sa bouche sortoit.
    Ce qui me meut jadis de verser toute l'onde
De la mer sur la terre, & noyer tout le Monde,
Ne fut que pour punir les faitz malicieux
Que commettent là bas les hommes vicieux,   *250*
Lesquelz si obstinez en leur malice furent,
Que jamais, tant soit peu, changer ne se voulurent,
Ne me crier pardon, bien que souventesfois
Averty je les eusse en songes, & par voix:
Pource, je les noyé et delaché les brides
De mes pluyes du Ciel & des mers homicides
Par sept jours sur la terre, & ne s'en sauva qu'un,
Que tout ne fust ravy du naufrage commun.
Je pensois ranimer de la terre la face
D'un autre bien plus juste & plus divine race,   *260*
Qui s'abstiendroit du mal, de peur de n'encourir
Le pareil chastîment du quel je fis mourir
Ses ayeux obstinez, qui m'oserent desplaire:
Mais il en est allé, ô Dieux! tout au contraire.
Car ce peuple nouveau commet plus de forfait
En un jour, qu'en cent ans le premier n'avoit fait:
Pource, je veux d'un feu luy consommer la vie,
Des grans jusque aux petis, & que nul ne me prie

Ainsi que l'autre fois de luy faire pardon,
270   Je ne le feray pas, car un seul ne vit bon.
Par trois jours tous entiers je ruray mon tonnerre
Pluvant flammes du Ciel dessus toute la terre,
Et feray sans pitié tous les corps enflammer
Qui vivent sur les champs, par l'air, & dans la mer,
Pour leur mechanceté, & la terre bruslée
Ne sera (je le veux) jamais renouvelée
D'un autre genre humain: car qui le referoit
D'âge en âge suyvant, tousjours pire seroit.
Est-il pas bien ingrat? il sçait que toutes choses
280   Qui sont dedans le rond de mon grand Ciel encloses
Sont faictes pour luy seul, & qu'à luy j'ay permis
Que tous les animaux soubz ses piedz seroient mis,
Ceux des champs, & ceux-là qui dedans la mer noüent,
Et ceux qui parmy l'air de leurs ailles se joüent:
Le malheureux sçait bien que ma main l'a fait tel
Que rien ne lui deffaut, que le poinct d'immortel.
Car il est, quant au reste, aussi noble qu'un Ange,
Tant je l'ay couronné de gloire & de loüange.
J'ay fait pour luy du Ciel le grand Tour nompareil,
290   Les Estoilles, le Jour, la Lune, & le Soleil
Pour luy donner clarté: car je n'en ay que faire,
Sans le secours du jour ma face est assez claire:
Les rayons du Soleil & des Astres des Cieux
Viennent de ma Lumiere, & non la mienne d'eux:
Pour luy, je rens de fruitz la Terre toute plaine,
Car ce n'est pas pour moy que son fruit elle amene,
Ny la Mer ses poissons, je ne mange ne boy,
Vivant je me soutiens par la vertu de moy,
J'ay tout creé pour luy, lequel en recompense
300   De mes biens est ingrat, & forcené ne pense
Que je note ses faitz, mais en lieu d'invoquer
Mon Nom, hoche la teste, & s'en oze moquer:
Pource, je le veux perdre, & luy faire cognoistre
Que son vice me fache & que je suis son Maistre.
      Ainsi dit le grand DIEU, qui, si fier assembla
Ses sourcis, que le Ciel, & la Terre en trembla:
Desja dedans ses mains tenoit l'ardante foudre,
Et n'eust fait de la Terre & du Ciel qu'une poudre,
Sans sa fille Clemence, à l'œil paisible, & doux,
310   Qui ses genoux luy baize, & retient son couroux.
      Pere, puis qu'il t'a pleu entre tes Noms de mettre
Le nom de tresbenin, il faut aussi permettre
A ta rigueur d'user des effectz de ce Nom,
Autrement tu serois en vain appellé bon.

Je sçay bien, si tu veux tout ce Monde deffaire
En moins d'un seul clin d'œil, que tu le pourras faire,
Ce qu'il ne faut, Seigneur, car la destruction
N'est pas seante à DIEU, mais generation:
Pource, il te pleut jadis bastir tout ce grand Monde,
Et peupler d'animaux toute la terre ronde,   *320*
A fin que de ton trosne en voyant les humains
Prinses quelque plaisir aux œuvres de tes mains:
Mais ores un chacun blasmera ta Puissance,
Et seras en mespris, comme un Dieu d'inconstance,
Qui nagueres voulus tout le Monde noyer,
Et maintenant le veux encore foudroyer.
Si tu destruis le Monde, il fauldra qu'il retienne
De son premier Chaos la figure ancienne,
Et si tout est confus, qui adoncques dira
Les Hymnes de ta gloire, & ton nom benira?   *330*
Qui lors racontera tes merveilles si grandes?
Qui devot chargera tes sainctz autels d'offrandes?
Qui la flamme immortelle aux temples gardera?
Qui d'encens Arabicq' ton trosne enfumera?
Il vaut, certes, trop mieux que tu les espovantes
Par songes, par Daimons, par Cometes sanglantes,
Que les tüer du tout: car telz qu'ilz sont, Seigneur,
Bons ou mauvais, ilz sont creés à ton honneur.
Si tu frapes leur cœur, ilz te voudront entendre,
Car il n'est pas de roche, il est humain & tendre,   *340*
Lequel sera tantost, bien qu'il soit endurcy,
Châtié de son vice, & te crîra mercy.
    A-tant se teut Clemence, & ja de sa parolle
Avoit du Pere sien faite l'ire plus molle,
Quand Themis la devine au bas du trosne alla
De DIEU presque appaisé, auquel ainsi parla.
    O souverain Seigneur, roy des dieux, & des hommes,
Par qui tous nous vivons, & par qui tous nous sommes,
Qui regis tout en tout, & n'es regy d'aucun,
Qui as (comme il t'a pleu) departy à chacun   *350*
Des le commencement un naturel office,
Et un propre mestier pour te faire service,
Donnant au puissant Mars la force & le pouvoir,
A Phebus la musique, à Pallas le sçavoir,
A moy l'autorité sur toutes Destinées,
Que ta bouche fatalle a jadis terminées,
Escrites en ærain, qui ne se peut casser,
Et que mesmes le Temps ne sçauroit effacer:
Car tout ce que tu dis est chose trescertaine,
Et ce que l'homme dit n'est rien que chose vaine.   *360*

Or' doncques, pour ouvrir les secretz du Destin,
Le Monde ne doit pas encore prendre fin,
Embrazé de ta flamme: il faut que mainte espace
De maints siecles futurs aye devant eu place:
Pource, apaise ton ire, & veuilles secourir
La gent que tu voulois si tost faire mourir.
Il faut pour la sauver que, de grace, illumines
De ton esprit les cœurs des Sybilles devines,
Des Prophetes aussi, qui seront tes prescheurs,
370   Et sans egard d'aucun, blasmeront les pecheurs,
Pour reprendre en ton Nom de tous hommes le vice
Attendant le retour de ta fille JUSTICE,
Laquelle doibt encore icy haut sejourner
Longue espace de jours avant que retourner.
    Au temps que le Destin en Gaulle fera naistre
HENRY second du nom, des autres Roys le maistre,
Que les Cieux à-l'envy s'efforceront d'orner,
JUSTICE avec ses Sœurs là-bas doit retourner.
Ce grand Roy cherira un Prince de sa race,
380   Qui d'Honneur, de Vertu, de Sçavoir, et de Grace,
Entre tous les humains n'aura point son pareil,
Et sa bonté luira comme luit le Soleil:
Il aura sur le front telle Majesté peinte
Que du premier abort le Vice en aura crainte,
S'enfuiant devant luy, apres l'avoir congnu
Prince si jeune d'ans, & de meurs si chenu,
Celuy sera nommé le Prelat de Lorraine,
Charles, dedans lequel ta fille souveraine
Miraculeusement tu feras transformer,
390   Pour les faictz vicieux des humains reformer:
Elle prendra son corps, car sa face celeste
Comme elle fut jadis ne sera manifeste
Aux hommes de là-bas, se souvenant encor
Qu'ilz l'ont d'entre eux chassée apres le siecle d'or.
    Ainsi parla Themis en parolles profettes,
Qui furent puis-apres en temps & lieu parfaictes:
Car si tost que le Ciel eut du prince HENRY
En la terre amené le beau regne, chery
Des hommes & des Dieux, & que toute la France
400   Portoit à ce prelat honneur & reverence
Pour les nobles vertus desquelles il est plain:
DIEU print incontinent JUSTICE par la main,
Et luy dit: Mon enfant, il ne faut contredire
Aux severes decretz du Destin, qui te tire
Une autre fois au monde, il est temps de partir:
Quand tu seras là-bas, il te faudra vestir

Du corps de ce prelat, que Themis, qui preside
A mes dessains futurs, t'a baillé pour ton guide.
   Comme il disoit telz motz, de JUSTICE entourna
Les yeux d'un bandeau noir, & puis il luy donna   *410*
Une balance d'or dedans la main senestre,
Et un glaive tranchant au millieu de la dextre:
Le glaive, pour punir ceux qui seront mauvais,
La balance, à poiser egalement les faictz
Des grands & des petits, comme Equité l'ordonne,
Le bandeau, pour ne voir en jugement personne.
   En ce point equipée, elle revint ça bas,
Mais avant que partir, elle n'oblia pas
La troupe de ses Sœurs, les guidant la premiere:
Nemesis d'assez loin les suyvoit par derriere,   *420*
Ayant le pied boiteux, & ne pouvant en l'air
De ses ailles, si tost que les autres, voler.
   Si tost que la JUSTICE en terre fut venüe,
Dessus la Court du Roy longuement s'est tenüe,
Puis, ainsi qu'un rayon du Soleil qui descend
Contre un verre & le perce, & si point ne le fend,
Tant sa claire vertu subtilement est forte,
Comme venant du Ciel: en la semblable sorte
Justice tout d'un coup vivement s'eslança
Dedans ton corps, Prelat, & point ne l'offensa,   *430*
Comme chose celeste: y logeant avec elle
De ses divines Sœurs la troupe non-mortelle,
Qui ne fut pas si tost entrée dedans toy,
Que tu vins de telz motz aborder nostre Roy.
   Prince, dont la grandeur en Majesté surpasse
Tous les Roys, tant soyent grands, de cette terre basse,
Ce n'est le tout que d'estre aux armes furieux,
Adroit, vaillant, & fort, il fault bien avoir mieux:
Il fault apres la guerre, ainsi qu'un sage Prince,
Gouverner par Justice & par Loix ta province,   *440*
A fin que tes subjects vivent en equité,
Et que ton ennemy par ta lance donté
Te recongnoisse autant justicier equitable
En paix, comme aux combatz t'a congnu redoutable.
   La nature a donné aux animaux des bois,
Aux oyseaux, aux poissons, des reigles & des loix
Qu'ilz n'outrepassent point: au monde on ne voit chose
Qu'un tresfidelle accord ne gouverne & dispose:
La Mer, le Ciel, la Terre, & chacun Element
Garde une loy constante inviolablement: *450*
On ne voit que le jour devienne la nuict brune,
Que le Soleil ardant se transforme en la Lune,

Ou le Ciel en la Mer, & jamais on n'a veu
L'Air devenir la Terre, & la Terre le Feu.
Nature venerable en qui prudence abonde
A fait telle ordonnance en l'Ame de ce Monde,
Qui ne se change point, & ne se changera,
Tant que le Ciel vouté la Terre logera:
Et pource, du nom Grec ce grand Monde s'appelle,
460   D'autant que l'ordonnance en est plaisante & belle:
Mais celuy qui nous feit immortelz les espritz
Comme à ses chers Enfans, & ses plus favoris,
Que trop plus que le Ciel ny que la Terre il ayme,
Nous a donné ses loix de sa propre main mesme.
    MOISE premierement aprist les loix de DIEU,
Pour les graver au cœur du populaire Hebrieu,
Minos a des Cretois les villes gouvernées
Des loix que Jupiter luy avoit ordonnées,
Solon par celles-là que Pallas luy donna
470   Regit l'Athenien, Lycurgue gouverna
Par celles d'Appollon la ville de Lacene:
"Et bref, des loix de DIEU toute la terre est pleine.
Car Jupiter, Pallas, Apollon, sont les noms
Que le seul DIEU reçoit en meintes nations
Pour ses divers effectz que l'on ne peut comprendre,
Si par mille surnoms on ne les fait entendre.
    Ce DIEU, ce Tout-puissant, qui tout voit & regist,
DIEU, en qui nostre vie, en qui nostre mort gist,
Ne nous a rien donné, apres l'Ame immortelle,
480   Si grand que la JUSTICE: on ne sçauroit sans elle
Vivre une heure en repos, & tousjours nostre cœur
En tramblant fremiroit d'une douteuse peur
Qu'on ne pillast noz biens, ou que bien tost ravie
Par feu, ou par poison, ne nous fust nostre vie:
Car sans elle le peuple effrenément vivroit,
Comme un navire en mer, qui en poupe n'auroit
Un pillote ruzé, pour ses voyes conduire:
Car cela de quoy sert un pillote au navire,
La Loy sert aux Citez & au peuple qui est
490   Inconstant en pensée, & n'a jamais d'arrest:
Il auroit aujourdhuy une opinion folle,
Le l'endemain une autre, & comme un vent qui volle
Çà & là voleroient les espritz des humains,
Et jamais ne seroient en un propos certains,
Sans la divine Loy, qui leurs volontez bride,
Et, maugré leur desir, à bon chemin les guide,
Ne voulant point souffrir qu'un homme vicieux,
Sans purger son peché, vienne devant ses yeux.

   Elle fait que le Roy sur le peuple a puissance,
"Et que le peuple serf luy rend obeissance,   *500*
"Elle nous a montré comme il fault adorer
"Le seul DIEU eternel, comme il fault honorer
"Pere, mere, parens, & quelle reverence
"On doibt aux mortz, de peur de troubler leur silence.
"DIEU, qui le Ciel habite, a toujours en soucy
"Ceux qui ayment JUSTICE, & qui la font aussi:
"De ceux le bien est ferme, & comme une planette
"De tous costez reluit la vie belle & nette,
"Et tousjours en honneur fleurissent leurs enfans,
"Et ne meurent jamais qu'assoupis de vieux ans.   *510*
"Mais ce DIEU toutpuissant jamais son cœur n'apaise
"Contre celluy qui fait la JUSTICE mauvaise,
"Qui par argent la vend, & qui corrompt, malin,
"Le bon droict de la vefve, ou du pauvre orphelin:
Il luy garde tousjours une dure vengence
Qui lente pas-à-pas tallonne son offense,
Luy envoyant Até deesse de Mechef,
Qui de ses piez de fer écarbouille son chef:
"Car DIEU sur les Palais s'assiet pour le refuge
"Des pauvres, d'où son œil remerque le bon Juge   *520*
"Pour le recompenser selon qu'il a bien fait,
"Et le faux Juge, à fin de punir son mesfait.
"Doncque, Roy, si tu veux que ton regne prospere,
"Il te faut craindre DIEU: le Prince qui revere
"DIEU, Justice & la Loy, vit tousjours fleurissant,
"Et tousjours void soubz luy son peuple obeissant,
"Son ennemy le craint, & s'il leve une armée,
"Tousjours sera veinqueur, & la Fame emplumée
"Vivant bruira son nom, & le peuple en tout lieu,
"Apres qu'il sera mort, l'avoûra pour un Dieu.   *530*
   Ainsi dis-tu, Prelat, & le Roy de sa teste
En l'abaissant un peu accorda ta requeste:
Et lors le siecle d'or en France retourna,
Qui sans se transformer depuis y sejourna,
Faisant fleurir le Droict soubz nostre Prince juste,
Soubz HENRY, dont le bras equitable & robuste
Trancha par ton moyen la teste, avec ses loix,
Du Proces, qui estoit le Monstre des François.
   Je te salüe, ô saincte & divine JUSTICE,
Et toy, grand Cardinal, auteur de sa pollice: *540*
Puissent toujours mes vers, maugré le cours des ans,
Aux siecles aparoistre & doctes & plaisans,
Pour leur montrer combien ce me fut douce peine
De celebrer l'honneur du Prelat de Lorraine.

17   # HYMNE DE LA PHILOSOPHIE

A TRESILLUSTRE ET REVERENDISSIME
CARDINAL DE CHASTILLON

Vers communs

Si quelquefois Cleio m'a decouvert
Son cabinet, à peu de gens ouvert,
Pour y choisir un present d'excellence,
Present, qui fust la digne recompense
D'avoir servy la troupe de ses Sœurs
Depuis huict ans, par cent mille labeurs:
C'est maintenant que je doy de mon coffre
Le retirer, pour en faire un bel offre
A la grandeur d'ODET, à qui ne faut
10   Rien presenter, si le present n'est haut,
De bonne estoffe, & de valeur semblable
A la valeur de sa Vertu loüable:
Aussi ne veux-je offrir à sa grandeur
Un don qui soit de petite valeur:
Mais un present admirable à l'Envie,
Orné du loz de la PHILOSOPHIE,
Laquelle doit entre les bons espritz
Sur tous les ars avoir le premier prix,
D'autant que c'est la science premiere
20   De qui toute autre emprunte sa lumiere.
    Elle, voyant qu'à l'homme estoit nyé
D'aller au Ciel, disposte, a delié
Loing, hors du corps, nostre Ame emprisonnée,
Et par esprit aux astres l'a menée,
Car en dressant de nostre Ame les yeux,
Haute, s'attache aux merveilles des Cieux,
Vaguant par tout, & sans estre lassée
Tout l'Univers discourt en sa pensée,
Et seulle peut des astres s'alïer
30   Osant de DIEU la nature espïer.
    Elle congnoist des Anges les essences,
Leur hierarchie, & toutes les puissances
Des grands Daimons, & des Herôs, plus bas
Que les Daimons, le siege & les estats,
Et comme DIEU, par eux nous admonneste,
Et comme promptz ilz portent la requeste
De l'homme au Ciel, eux habitans le lieu
De l'air, qui est des hommes & de DIEU

Egual-distant, & comme tous les songes
Se font par eux vrais, ou plains de mensonges,   *40*
Car elle sçait les bons & les mauvais,
Leurs qualitez, leur forme, & leurs effectz,
Et leur mystere, & ce qu'on leur doit faire
Pour les facher, ou bien pour leur complaire:
Et pourquoy c'est qu'ilz sont tant desireux
De la matiere, & couhards, & poureux,
Craignant le coup d'une tranchante espée,
Et par quel art leur nature est trompée
Des enchanteurs, qui les tiennent serrez
Estroitement dans des anneaux ferrez,   *50*
Ensorcelez, ou par une figure,
Ou par le bruit d'un magique murmure,
D'espritz divins se rendans serviteurs
(Tant ilz sont sotz) des humains enchanteurs.
   Non seulement elle entend les pratiques
Et les vertus des sept feux erratiques,
Mais d'un clin d'œil, habile, elle comprend
Tout à la fois le Ciel, tant soit-il grand:
Et comme on voit la sorciere importune
Tirer du Ciel par ses charmes la Lune,   *60*
Elle, sans plus, la Lune ou le Soleil
N'atire à bas par son art nompareil,
Mais tout le Ciel fait devaller en terre,
Et sa grandeur en une sphere enserre
(Miracle grand) qui tant d'astres contrains,
Comme un joüet, nous met entre les mains.
   Donc, à bon droit cette PHILOSOPHIE
D'un Jupiter les menaces defie,
Qui, plein d'orgueil, se vante que les Dieux
Ne le sçauroient à bas tirer des Cieux,   *70*
Tirassent ilz d'une main conjurée
Le bout pendant de la cheine ferrée,
Et que luy seul, quand bon luy semblera,
Tous de sa cheîne au Ciel les tirera.
Mais les effors d'une telle science
Tire les Dieux, & la mesme puissance
De Jupiter, & comme tous charmez
Dedans du bois les detient enfermez.
   Elle premiere a trouvé l'ouverture
Par long travail des secretz de Nature,   *80*
A sçeu de quoy les tonnerres se font,
Pourquoy la Lune a maintenant le front
Mousse, ou cornu, & pourquoy toute ronde
Ou demi-ronde elle apparoist au Monde,

A sçeu pourquoy le Soleil perd couleur,
Que c'est qu'il est, ou lumiere ou chaleur,
A sçeu comment tout le firmament dance,
Et comme DIEU le guide à la cadance,
A sçeu les corps de ce grand Univers,
90   Qui vont dançant de droit, ou de travers,
Ceux qui vont tost au son de l'harmonie,
Ceux qui vont tard apres leur compagnie,
Comme Saturne aggravé de trop d'ans
Qui suit le bal à pas mornes & lens.
Elle congnoist comme se faict la gresle,
Comme se faict la neige, & la niele,
Les tourbillons, &, curieuse, sçait
Comme sous nous le tremblement se faict.
Bref, elle sçait les ventz, & les orages,
100   Et d'où se font en l'air ces longs images
Qui nous troubloient d'époventementz vains,
Et la premiere asseura les humains,
Les guarissant du mal de l'Ignorance,
Et de vertu leur donnant congnoissance,
Pour les apprendre à congnoistre le bien,
Fuïr le vice, & ne douter de rien.
    Puis, tout ainsi que s'elle avoit les æłles
Du filz de Maie à l'entour des esselles,
Vole aux Enfers, & recongnoist là bas
110   Ce qui est vray, & ce qui ne l'est pas,
Elle congnoist Eaque, & Rhadamante,
Leur sort, leur cruche, & leur loy violente,
Elle congnoist la Roüe, & les Vautours,
Et du Rocher les tours & les retours,
Elle congnoist le grand Chien à trois testes,
Et les Fureurs, & les horribles Bestes
Qui font leur giste au portal de Pluton:
Elle congnoist Cocyte, & Phlegeton,
Styx, & Charon, & des Ames prisées
120   Les beaux sejours aux plaines Elysées,
Et les plaisirs, & les tourmentz souffers
Que gravement les Juges des Enfers
Dedans leur chaire ordonnent sans envie
A ceux, jadis qui furent bons de vie,
Ou entachez de vicieux defaut.
    Puis, de là bas revolant icy haut,
Vient mesurer les grands mers fluctueuses,
Baille des noms aux troupes monstrueuses
Du vieil Prothée, & par mille façons
130   Le naturel recongnoist des poissons,

Des beaux Dauphins, des Thyns & des Murenes,
Et de tous ceux qui par les eaux Tyrrenes,
Et par l'Egée en grands escadrons vont,
Des flotz salés sondant le plus profond.
Elle congnoist les Tritons & Neptune,
Et pourquoy c'est que l'inconstante Lune
Regist la mer: elle sçait les saisons
De son train double, & par quelles raisons
De l'Univers les grans Espritz qui ventent
Jusques au fond sans cesse la tormentent,   *140*
Et pourquoy c'est que le siecle ancien
Nomma jadis le vielliard Ocean
Pere de tout, & non-seulement pere,
Mais nourricier, & donnant comme mere
A ses enfans la mamelle, à cell' fin
Que sans humeur ce grand Tout ne prist fin:
Car il nourrist ses troupes ondoyantes,
Et les oyseaux, qui de plumes pendantes
Battent le Ciel, les hommes, & les roys,
Et toute beste habitant dans les bois.   *150*
    Et d'avantage, à fin qu'il n'y ait chose
Qu'elle ne sache en tout ce Monde enclose,
La terre arpente, & du rivage ardent,
De l'Orient jusques à l'Occident,
Et de la part de l'Ourse Boreale
Sçait la longueur, la largeur, l'intervalle:
Il n'y a bois, mont, fleuve, ne cité
Qu'en un papier elle n'ait limité,
Et, sans que l'homme avecques danger erre
Vingt ou trente ans, ne luy monstre la terre   *160*
D'un seul regard: ceux qui touchent noz bords,
Et ceux qui froidz sont écartez du corps
De nostre monde, & les gens qui defrichent
L'Isle, où les bledz deux fois l'an se herissent
D'espics crestés, & ceux que le Soleil
Void, se couchant, & void à son reveil.
    Puis elle vint revisiter les Villes,
Et leur donna des polices civiles,
Pour les regir par Justice, & par Loix:
Car pour neant on eust quitté les bois,   *170*
Et les desers, où le peuple sauvage
Vivoit jadis, si l'on eust d'avantage
Qu'entre les bois trouvé dans les citez
Plus de pechez par faute d'equitez,
Et de statuz à faire la Justice
Pour vivre en paix, loing de meurdre, & de vice.

Que diray plus? le poëte luy doit,
Le medecin, & cetuy-là qui voit
De son timon les estoilles glissantes,
180   Et le charmeur ses figures puissantes:
Car toute, en tout elle a voulu trouver
Tout art, à fin de le faire éprouver,
Pour ne souffrir qu'un trop engourdy somme,
Sans faire rien, rouillast le cœur de l'homme.
    Apres avoir d'un jugement divers
En tous endroitz pratiqué l'Univers,
Et clairement aux hommes fait entendre
Ce qu'ilz pouvoient, sans estre Dieux, comprendre,
Pour mieux se faire, avec peine, chercher,
190   S'alla loger sur le haut d'un Rocher.
    Dans une plaine, est une haute Roche
D'où, nul vivant, sans grand travail, n'aproche:
Car le sentier en est facheux, & droit,
Dur, rabboteux, espineux, & estroit,
Tout à-l'entour s'y asproye l'hortye,
Et le chardon, & la ronce sortye
D'entre les rocz, & les halliers mordans,
Qui font seigner les mains des abordans.
Au bas du Roc est un creux precipice
200   Qui faict horreur à l'homme plain de vice
Qui veut monter avant qu'estre purgé
De son peché, dont il estoit chargé.
Tout au plus haut, cette Roche deserte
Est d'amaranthe, & de roses couverte,
D'œilletz, de lyz, & tousjours les ruisseaux
Herbes & fleurs animent de leurs eaux.
Jamais l'orage & la fiere tempeste,
En s'eclattant, ne luy noircist la teste,
Mais le Soleil gracieux en tout temps
210   Y faict germer les boutons du Printemps.
    Là, sur le Roc cette PHILOSOPHIE
Pour tout jamais son palais edifie
A murs d'erain, loing des ennuiz mondains,
Et des souciz, dont les hommes sont plains,
Qui, comme porcz, vivent dedans la fange,
Peu curieux d'immortelle loüenge.
    Là, font la garde au tour de sa maison
Ainsi qu'archers, Jugement, & Raison,
Et la Suëur, qui se tient à la porte,
220   Et dans ses mains une couronne porte
De verd Laurier, pour le digne loyer
De qui se veut aux Vertuz emploïer.

Là, sans repos, la Verité travaille.
Et, bien-armée à toute heure bataille
Contre Ignorance, & contre Vanité,
Contre Paresse, & contre Volupté
Pour leur defendre obstinément l'approche
Et le moyen de monter sur la Roche.
  Au bas du Roc, un long peuple se suit
Comme les flotz enroüez d'un grand bruit,   230
Qui de la main font signe, & de la teste
Vouloir monter dispostement au feste
Du roc facheux, & bien semble à les voir
Que de monter ilz feront leur devoir.
Les uns ne sont qu'acheminez à-peine,
Les autres sont au meillieu de la plaine,
Les uns desja sont au pied du rocher,
Les autres sont ja voisins d'approcher
Du haut sommet: mais quand leur main est preste
De la toucher, une horrible tempeste   240
D'Ambicions, d'Envie, & de Plaisirs,
De Voluptez, & de mondains Desirs,
Les font broncher, d'une longue traverse
Cul par sus teste à bas, à la renverse
Dans un torrent: car, certes, il ne faut
"Penser gravir legerement en haut
"Où la Vertu en son Temple repose,
"Sans decharger son cœur de toute chose
"Qui soit mondaine: ainsi que tu as faict,
"Divin PRELAT, qui t'es rendu parfaict   250
Pour estre mys au plus haut de son Temple,
D'où, maintenant, asseuré tu contemple'
D'un œil constant les longues passions
Du mauvais peuple, & les conditions
De son estat: car bien qu'il soit en vie,
Il souffre autant icy de tyrannie
Que font là bas de peine & de tourment
Les Mortz punis du cruel Rhadamant'.
Qu'esse le Roc promené de Sisyphe,
Et les pommons empietez de la griffe   260
Du grand Vautour? & qu'esse le Rocher
Qui fait semblant de vouloir trebucher
Sur Phlegias? & la Roüe meurdriere?
Et de Tantal' la soif en la riviere?
"Si non le soing qui jamais ne s'enfuit
"De nostre cœur, & qui de jour & nuict
"Comme un Vautour l'egratigne & le blesse
"Pour amasser une brefve richesse?

"Ou pour avoir par extreme labeur
270   "Entre les Roys je ne sçay quel honneur,
"Ou pour l'orgueil de se faire apparoistre
"Entre le peuple, & d'estre nommé Maistre?
     Mais toy, qui as hors de ton cœur bien loing
Tousjours chassé ce miserable soing,
Tu as gaigné le haut de la Montaigne,
D'où ta pitié maintenant nous enseigne,
Ainsi que toy, d'ensuyvre la Vertu,
Non par le trac du grand chemin batu
Du peuple sot, ains par l'estroite voye
280   Qui l'homme sage à la Vertu convoye.
     Mais sçauroit-on en ce monde trouver
Homme qui fust plus digne d'elever
Sa face au Temple où la Vertu demeure,
Que toy, PRELAT, qui combas à toute heure
Contre le Vice, &, sage, ne veux pas
Estre trompé de ses flatteurs apas?
Toy, mon PRELAT, qui as l'intelligence
De la Vertu, par longue experience,
Voire qui dois, à bon droit, recevoir
290   Sur tous sçavans le prix, pour ton sçavoir,
Qui te congnois, & qui, roy, te commandes,
Qui as le cœur digne des choses grandes,
Prompt à sçavoir la nature eplucher,
Et jusque au Ciel la Verité chercher:
Qui es accort, toutefois debonnaire,
Ayant pitié de la triste misere
D'un affligé: car si quelcun accourt
A ton secours, au prochaz de la Court,
Tu le reçois d'une main favorable,
300   Et luy defens de n'estre miserable,
Et sans tromper (ainsi qu'un Courtizan)
A tes tallons tu ne le pends un an:
Mais tout soudain, quand l'heure est oportune,
Tu fais sçavoir aux Princes sa Fortune:
C'est pour cela que tu es en tout lieu
Aymé du Roy, de son peuple, & de DIEU,
Et que Vertu, qui tes bonnes meurs prise,
Dedans son Temple a ton image assise,
Pour voir d'en haut, en toute seureté,
310   Le mechant peuple, aux vices arresté,
Qui, tout aveugle, & d'yeux, & de courage
Se va noyant dans le mondain naufrage:
Ainsi que fait cettuy-là qui du port
Voit enfondrer en mer, bien loing du bord,

Quelque navire, il se resjouist d'aise,
Non, pour autant que la vague mauvaise
La fait perir, mais pour autant qu'il est
Loing du danger, qui de la nef est prest:
Ainsi voyant de la Roche plus haute
Le peuple en bas, aveuglé de sa faute   *320*
Tu t'esjoüis, d'autant que tu n'es pas
Le compaignon de ces vices à-bas.

Je te salue ô grand PHILOSOPHIE:
Quiconque soit cettuy-là qui se fie
En tes propos, d'un courage constant,
Vivra tousjours bien-heureux & content,
Sans craindre rien, comme celuy qui pense
Que de nul mal la Vertu ne s'offence.

18   LES DAIMONS

A LANCELOT CARLE,
EVESQUE DE RHIEZ

Vers heroiques

Quand de jour et de nuict je repense à par moy
Les honnestes faveurs que j'ay reçeu de toy,
CARLE, docte Prelat, & qu'encore ma Muse
Ne t'a remercié, coulpable je m'accuse
De quoy si longuement sous silence j'ay teu
L'obligation deüe à ta rare Vertu:
Je me hay, si despit, que je ne fais plus conte
De mes vers, ny de moy, & si n'ose, de honte,
Lever les yeux en haut, de peur que tous les Dieux,
La Lune, le Soleil, les Astres, & les Cieux   *10*
Ne m'appellent ingrat, & ne frappent ma teste,
Pour mon peché commis, d'une juste tempeste:
Mais quand je pense apres que trop foible est mon dos
Pour porter aux François la charge de ton loz,
Et qu'en lieu d'illustrer ta vertu apparente,
Je l'eusse peu souiller de ma plume ignorante:
En ne m'accusant plus, je flatte mes espritz
De n'avoir à bon droict si grand œuvre entrepris:
Car, où est cestuy-là qui puisse bien descrire
L'honneur & la vertu dont la France t'admire?   *20*
Les faveurs que les Roys, & les Princes te font?

Et le port non fardé qui se sied sur ton front?
Qui pourroit racompter de combien de loüenges
Tu te veis honoré par les païs estranges,
Discourant l'Italie & l'Angleterre, à fin
De te faire un Ulysse accort, prudent, & fin?
Qui pourroit bien narrer ta divine eloquence
Toute pleine de miel, qui a tant de puissance
Qu'elle ravist le cœur de l'homme, qui ne peut
30   Fuïr, qu'il ne la suyve, en la part qu'elle veut?
Mais qui pourroit compter de quelle poësie
Tu retiens des oyans l'ardante fantasie,
Soit qu'en nombres Latins il te plaise inventer
Je ne sçay quoy de grand, soit que faces chanter
Homere en nostre ryme, & ramenes Ulysse
Voir sa femme & son filz, son pere & sa nourrice,
Saulvé de Calypson, qui vouloit le tenir
Chez elle, pour le faire immortel devenir,
Sauvé de Scylle, & Circe, & du borgne Cyclope,
40   Et des fiers Lestrigons, abominable trope?
Bref, qui pourroit compter ta grave humanité,
Ta douceur, ta candeur, & ta benignité,
Et de ton noble esprit les forces & les graces,
Dont, à mon jugement, les Courtisans surpasses?
Car, à la verité, tu ne te veux vestir
D'habit dissimulé, pour tromper ne mentir:
Tu es rond en besongne, & dans la Court royale
Je n'ay veu (sans flater) personne qui t'egalle,
Excepté mon ODET, mon Prelat, mon Seigneur,
50   Qui doit par sa bonté sur tous avoir l'honneur.
    Or' parlon' d'autre chose, il est temps que j'envoye
Ma Muse dedans l'air par une estroicte voye,
Qui de noz peres mortz aux vieux temps ne fut pas
(Tant elle est incongneüe) empreinte de leurs pas,
Afin d'estre promeüe au mystere admirable
Des DAIMONS, pour t'en faire un present venerable:
L'argument est fort haut, mais un esprit ne peut
Trouver rien de facheux, si la Muse le veut.
    Quand l'ETERNEL bastit la grand'maison du monde,
60   Il peupla de poissons les abysmes de l'Onde,
D'hommes la Terre, & l'air de Daimons, & les Cieux
D'Anges, à celle-fin qu'il n'y eut point de lieux
Vagues dans l'Univers, &, selon leurs natures,
Qu'ilz fussent tous remplys de propres creatures.
Il meit aupres de luy (car ainsi le voulut)
L'escadron precieux des Anges, qu'il eleut
Pour citoyens du Ciel, qui sans corps y demeurent,

Et, francz de passions, non plus que luy ne meurent:
Car ilz ne sont qu'Espris divins, parfaictz & purs,
Qui congnoissent les ans tant passez, que futurs,   70
Et tout l'estat mondain, comme voyant les choses
De pres, au seing de DIEU, où elles sont encloses.
   Plus bas qu'eux, dedans l'air dessoubz la Lune espars,
Air gros, espaix, brouillé, qui est de toutes pars
Tousjours remply de ventz, de fouldres & d'orages,
Habitent les DAIMONS au millieu des nuages,
Qui vont par cy par là, ayans un corps leger:
L'un de feu, l'autre d'air, à fin de voyager
Aisement par le vague, & ne tomber en terre,
Et, pesant quelque peu, à fin que leur corps n'erre   80
Trop haut jusques au Ciel, habandonnant le lieu
Qui leur est destiné par le vouloir de DIEU.
Ne plus ne moins qu'on voit l'exercite des nües,
En un temps orageux egalement pendües
D'un juste poix en l'air, marcher ainsi qu'il faut,
Ny descendant trop bas, ny s'eslevant trop haut:
Et tout ainsi qu'on voit qu'elles mesmes se forment
En cent diversitez, dont les vents les transforment
En Centaures, Serpens, Oiseaux, Hommes, Poissons,
Et d'une forme en l'autre errent en cent façons: 90
Tout ainsi les DAIMONS qui ont le corps habile,
Aisé, souple, dispost, à se muer facile,
Changent bien tost de forme, & leur corps agile est
Transformé tout soudain en tout ce que leur plaist:
Ores en un tonneau grossement s'eslargissent,
Or' en un peloton rondement s'etressissent,
Ores en un chévron les voiriez allonger,
Ores mouvoir les piedz, & ores ne bouger.
Bien souvent on les voit, se transformer en beste,
Tronqués par la moytié: l'une n'a que la teste,   100
L'autre n'a que les yeux, l'autre n'a que les bras,
Et l'autre que les piedz tous veluz par-à-bas.
   Les autres sont entiers, & à ceuz qu'ilz rencontrent
En forme de serpens, & de dragons se monstrent,
D'orfrayes, de choüans, de hupes, de corbeaux,
De boucz, de chiens, de chatz, de loups & de taureaux,
Et prennent les couleurs à telz corps convenables,
Pour mieux representer leurs feintes vrai-semblables
Comme on voit bien souvent Iris se figurer
Des rayons du Soleil qui la vient peincturer   110
En cent couleurs, pourveu que l'opposée nüe,
Où l'image se faict, soit concave & menüe:
Autrement l'Arc au Ciel n'auroit impression:

Mais le Daimon la prend de sa propre action,
Et de sa volunté, en la maniere mesme
Que soudain nostre jouë en craingnant devient blesme,
De son propre vouloir, & toute rouge, alors
Que la honte luy painct la peau par le dehors:
En ce poinct les DAIMONS masquez de vaines feintes
120　Donnent aux cœurs humains de merveilleuses craintes:
Car ainsi que l'Air prend & reçoit à-lentour
Toute forme & couleur, ce pendant qu'il est jour,
Puis les rebaille à ceux qui de nature peuvent
En eux les reçevoir, & qui propres se treuvent:
Tout ainsi les Daimons font leurs masqueures voir
A nostre fantasie, apte à les reçevoir:
Puis nostre fantasie à l'Esprit les r'apporte
De la mesme façon & de la mesme sorte
Qu'elle les imagine, ou dormant, ou veillant:
130　Et lors une grand'peur va noz cœurs assaillant,
Le poil nous dresse au chef, & du front goutte-à-goutte
Jusques à noz talons la sueur nous degoutte.
　　Si nous sommes au lict, n'osons lever les bras,
Ny tant soit peu tourner le corps entre les draps:
Adoncq' nous est advis que nous voyons noz peres
Morts dedans un linçueil, & noz defunctes meres
Parler à nous la nuict, & que voyons dans l'eau
Quelcun de noz amys perir dans un bateau:
Il semble qu'un grand ours tout affamé nous mange,
140　Ou que seuls nous errons dans un desert estrange
Au meillieu des lyons, ou qu'au bois un volleur
Nous met, pour nostre argent, la dague dans le cœur:
Souvent à-l'improveu on les voit apparoistre
Tellement qu'on les peut bien aisément congnoistre,
Comme Achille congneut Minerve, qui le print
Par les cheveux derriere, & son courroux retint:
Mais eux, bien peu de temps de leur forme jouïssent,
Et tout soudain en rien elles s'evanoüissent,
Comme si de couleurs les Ondes on taignoit,
150　Ou si l'Air & le Vent de couleurs on paignoit,
Car leur corps n'est solide, & apte de nature
A retenir long temps une prise figure.
　　Les uns vivent en l'air de respirations,
Les autres plus grossiers d'evaporations,
Qui suçent, comme l'huistre: aussi le sacrifice
Du sang des animaux leur est doux & propice.
Ilz sont participans de DIEU, & des humains:
De DIEU, comme immortelz, & de nous, comme pleins
De toutes passions: ilz desirent, ilz craignent,

Ilz veulent conçevoir, ilz ayment & dedaignent, 160
Et n'ont rien propre à eux que le corps seulement
Faict d'air, corps non commun à DIEU totalement:
Car DIEU n'est qu'unité, & qu'une simple essence,
Et les corps des humains de terre ont pris naissance.
  Grande est certainement la contrarieté
De ceux qui ont parlé de leur diversité:
Les uns (s'il est croyable) en leurs livres asseurent
Que les Anges des Cieux autrefois les conçeurent
Dans les ventres charnelz de noz femmes, épris
De leur grande beauté qui deçeut leurs espritz: 170
Voyez quelle puissance a la beauté des femmes!
Lors DIEU, pour les punir de leurs vices infames,
Aux enfers les chassa, mais leurs filz innocens,
Qui coulpables n'estoient du faict de leurs parens,
Tenant plus de la part du pere que de mere,
S'en vollerent en l'air, comme chose legere.
Les autres ont pensé qu'apres que Lucifer
Fut banny, pour sa faulte, en l'abysme d'Enfer,
Que les Anges mutins, qui ses compagnons furent,
Les uns en l'air, en l'eau, & sur la terre cheurent, 180
Et selon le forfaict de leurs commis pechez
Se veirent, loing du Ciel, dans des corps attachez,
Qui servent de prisons à leur coulpe ancienne,
Jusques à-tant que DIEU juger le Monde vienne.
  Ceux qui ont un corps d'air, ont craincte de se voir
Rendre un terrestre corps, les terrestres de cheoir
Là-bas dans les Enfers, où le feu les consomme,
Quand pour punition ilz deçoivent un homme:
Car sans la peur qu'ilz ont, jamais ilz ne feroient
Que nous tenter l'esprit, & nous abuseroient. 190
  D'aultres ont estimé qu'il n'y avoit Planette
Qui n'en eust dessouz elle une bande subjette,
Car qui sont les mortelz en vivant gouvernez,
Selon l'Astre du Ciel soubz lequel ilz sont nez:
Ceux de Saturne font l'homme melancholique,
Ceux de Mars, bon guerrier, ceux de Venus, lubrique,
Ceux de la Lune, prompt: cault, les Mercuriens,
Ceux du Soleil, aymé: heureux les Joviens:
L'un bon, l'autre est mauvais, le bon nous pousse à faire
Tout acte vertueux, le mauvais, au contraire. 200
  Or' deux extremitez ne sont point sans meillieu,
Et deux extremitez sont les hommes & DIEU.
DIEU, qui est tout puissant, de nature eternelle,
Les hommes, impuissans, de nature mortelle:
Des hommes & de DIEU, les DAIMONS aërins

Sont communs en nature, habitans les confins
De la Terre & du Ciel, & dans l'air se delectent,
Et sont bons ou mauvais tout ainsi qu'ilz s'affectent.
Les bons viennent de l'air jusques en ces bas lieux,
210   Pour nous faire sçavoir la volonté des Dieux,
Puis r'emportent à DIEU noz faictz & nos prieres,
Et detachent du corps noz ames prisonnieres
Pour les mener là-haut, à fin d'imaginer
Ce qui se doit sçavoir pour nous endoctriner.
Ilz nous monstrent de nuict par songes admirables
De noz biens & noz maux les signes veritables,
D'eux vient la prophetie, & l'art qui est obscur
De sçavoir par oyseaux augurer le futur.
Hannibal sçeut par eux d'un de ses yeux la perte,
220   Tullin se veit par eux la perruque couverte
D'un feu presagieux: par eux l'Aigle se meit
Sur le chef de Tarquin, qui grand Roy le predit.
Les mauvais, au contraire, apportent sur la Terre
Pestes, fiebvres, langueurs, orages & tonnerre.
Ilz font des sons en l'air pour nous espovanter,
Ilz font aux yeux humains deux Soleilz presenter,
Ilz font noircir la Lune horriblement hydeuse,
Et font pleurer le Ciel d'une pluye saigneuse:
Bref, tout ce qu'il se faict en l'air de monstrueux,
230   Et en terre ça bas, ne se faict que par eux.
    Les uns vont habitant les maisons ruinées,
Ou des grandes citez les places detournées
En quelque coing à-part, & hurlent toute nuict
Acompaignez de chiens, d'un effroyable bruict.
Vous diriez que des fers ilz trainent par la rue,
Esclattant une voix en complainctes aigue,
Qui reveillent les cœurs des hommes sommeillantz,
Et donnent grand frayeur à ceux qui sont veillantz.
    Les autres sont nommez par divers noms, Incubes,
240   Larves, Lares, Lemurs, Penates, & Sucubes,
Empouzes, Lamïens, qui ne vaguent pas tant
Comme les aërins: sans plus vont habitant
Autour de noz maisons, & de travers se couchent
Dessus nostre estomacq, & nous tâtent & touchent,
Ilz remuent de nuict bancz, tables, & treteaux,
Clefz, huys, portes, buffetz, litz, chaires, escabeaux,
Ou comptent noz tresors, ou gectent contre terre
Maintenant une espée, & maintenant un verre:
Toutesfois au matin on ne voit rien cassé,
250   Ny meuble qui ne soit en sa place agencé.
    On dict qu'en Norouegue ilz se loüent à-gaiges,

Et font, comme valetz, des maisons les mesnages,
Ilz pensent les chevaux, ilz vont tirer du vin,
Ilz font cuire le rost, ilz serençent le lin,
Ilz ferrent la fillace, & les robbes nettoyent
Au lever de leur maistre, & les places balloyent.
Or' qui voudroit narrer les contes qu'on faict d'eux
De tristes, de gaillardz, d'horribles, de piteux,
On n'auroit jamais faict, car homme ne se treuve
Qui tousjours n'en raconte une merveille neuve.   260
   Les autres moins terrains, sont à-part habitans
Torrens, fleuves, ruisseaux, les lacz & les estangs,
Les marrais endormis, & les fonteines vives,
Or' paroissant sur l'eau, & ores sur les rives:
Tant que les aërins ilz n'ont d'affections,
Aussi leur corps ne prend tant de mutations,
Ilz n'ayment qu'une forme & voluntiers icelle
Est du nombril en haut d'une jeune pucelle
Qui a les cheveux longs, & les yeux vertz & beaux,
Contre-imitans l'azur de leurs propres ruisseaux.   270
Pource, ilz se font nommer Naiades, Nereïdes,
Les filles de Thetis, les cinquante Phorcydes,
Qui errent dans la mer sur le doz des Dauphins,
Bridants les eturbotz, les fouches, & les thyns,
Aucunesfois vagant tout-au-sommet des Ondes,
Aucunesfois au bas des abysmes profondes.
Ilz sont ne plus ne moins que les autres DAIMONS,
Les uns pernicieux, les autres doux & bons.
Ilz font faire à la mer en un jour deux voiages,
Ilz appaisent les flotz, ilz mouvent les orages,   280
Ilz sauvent les basteaux, ou font contre un rocher
Perir, quand il leur plaist, la nef, & le nocher.
   Neptune, le Daimon, voulut noyer Ulysse,
Leucothoé luy fut en son danger propice,
L'Egyptien Prothée, attaché d'un lyen,
Par sa fille trahy, enseigna le moyen
Au chetif Menelas de retourner en Grece,
Qui tout desesperé se rongeoit de tristesse.
Ilz se changent souvent en grans flambeaux ardans
Pendus dessus un' eau, pour conduire dedans   290
Quelque pauvre passant trompé de leur lumiere,
Qui le mene noyer dedans l'onde meurdriere.
Les uns ayans pitié des gens, & des basteaux,
S'assoyent sur le mast, comme deux feuz jumeaux,
Et tirent la navire & les hommes de peine,
Nommez le feu sainct Herme, ou les freres d'Helene.
   Les autres moins subtilz, chargez d'un corps plus gras,

Et plus materiel, habitent les lieux bas,
Et ne changent jamais de la forme qu'ilz tiennent,
300   Car point d'affections de changer ne leur viennent:
Non plus qu'à la souriz qui dans un trou se tient,
Et rien en souvenir que manger ne luy vient:
Si sont ilz toutefois de meschante nature,
Car si quelcun devalle en un puys d'aventure,
Ou va par avarice aux minieres de fer,
D'or, de cuivre, ou d'argent, ilz viennent l'estouffer,
Et miserablement sans haleine le tuent:
Aucunesfois soubz terre ilz renversent & ruent
Les peupleuses citez tout soudain tresbuchans:
310   Ilz font trembler la terre, ilz crevacent les champs,
Et d'un grand feu puisé au profond de Tartare,
Allument le mont d'Ethne, & Vesuve & Lipare.
Aucunesfois transis de trop grande froideur,
Laissent les lieux terrains pour chercher la chaleur,
Non celle du Soleil, car elle est trop ardante,
Mais le sang temperé d'une beste vivante:
Et entrent dans les porcz, dans les chiens, dans les loups,
Et les font sauteller sur l'herbe, comme foulz.
    Les autres plus gaillardz habitent les montaignes,
320   Les tailliz, les forestz, les vaux, & les campaignes,
Les tertres, & les montz, & souvent dans un bois,
Ou dans le creux d'un roc, d'une douteuse voix
Annoncent le futur: non qu'au parfaict congneües
Toutes choses leur soyent, ains que d'estre venües:
Mais eux, qui de long temps experimentez sont,
Comme ne mourans point, & qui plus que nous ont
L'esprit subtil & fin, plustost que nous avisent
(Nous, qui mourons trop tost) le futur qu'ilz predisent:
"Toutefois la prudence & l'advis peut donner
330   "Aux hommes craignans DIEU povoir de deviner.
    Les uns aucunesfois se transforment en Fées,
En Dryades des bois, en Nymphes, & Napées,
En Faunes bien souvent, en Satyres, & Pans,
Qui ont le corps pelu, marqueté comme fans,
Ilz ont l'orteil de bouc, & d'un chevreil l'oreille,
La corne d'un chamois, & la face vermeille,
Comme un rouge croissant: & dançent toute nuict
Dedans un carrefour, ou pres d'une eau qui bruict:
Ilz craingnent tous du feu la lumiere tresbelle,
340   Et pource, Pythagore ordonna que sans elle
On ne priast les Dieux: mais plus que les flambeaux,
Ny que les vers charmez, ilz craignent les cousteaux,
Et s'enfuïent bien tost s'ilz voyent une espée

De peur de ne sentir leur liaison coupée.
Ce que souventefois j'ay de nuict esprouvé,
Et rien de si certain, contre eux, je n'ay trouvé.
   Un soir, vers la minuict, guidé de la jeunesse
Qui commande aux amans, j'allois voir ma maistresse
Tout seul, outre le Loir, & passant un destour
Joignant une grand croix, dedans un carrefour,   *350*
J'oüy, ce me sembloit, une aboyante chasse
De chiens qui me suyvoit pas-à-pas à la trace:
Je vy aupres de moy sur un grand cheval noir
Un homme qui n'avoit que les ôs, à le voir,
Me tendant une main pour me monter en crope:
J'advisay tout-au-tour une effroyable trope
De picqueurs, qui couroient un Ombre, qui bien fort
Sembloit un usurier qui naguiere estoit mort,
Que le peuple pensoit, pour sa vie meschante,
Estre puny là-bas des mains de Rhadamante.   *360*
Une tremblante peur me courut par les ôs,
Bien que j'eusse vestu la maille sur le dôs,
Et pris tout ce que prent un amant, que la Lune
Conduict tout seul de nuict, pour chercher sa fortune,
Dague, espée, & bouclier, & par sur tout un cœur
Qui naturellement n'est sujet à la peur:
Si fussé-je estouffé d'une crainte pressée
Sans DIEU, qui promptement, me meit en la pensée
De tirer mon espée, & de couper menu
L'air tout-au-tour de moy, avecques le fer nu: *370*
   Ce que je feis soudain, & si tost ilz n'ouyrent
Siffler l'espée en l'air, que tous s'evanouyrent,
Et plus ne les ouy, ny bruyre, ny marcher,
Craignant paoureusement de se sentir hacher,
Et trançonner le corps, car bien qu'ilz n'ayent veines
Ny arteres, ny nerfz, comme noz chairs humaines,
Toutesfois comme nous ilz ont un sentiment,
Car le nerf ne sent rien, c'est l'esprit seulement.
   D'un poinct nous differons, quand le fer nous incise,
Nostre chair est longtemps avant qu'estre reprise,   *380*
Les DAIMONS, à-l'instant, tout ainsi qui fendroit
L'air ou le vent, ou l'eau, qui tost se reprendroit.
   Que diray plus? ilz sont plains d'arts & de science,
Quant au reste, impudens, & plains d'outrecuidance,
Sans aucun jugement, ilz sont folletz, menteurs
Volages, inconstans, traistres, & decepteurs,
Mutins, impaciens, qui jamais n'apparoissent
A ceux qui leur nature, & leurs abus congnoissent:
Mais s'ilz voyent quelcun abandonné d'espoir,

390   Errer seul dans un bois, le viendront deçevoir,
        Ou tromperont les cœurs des simplettes bergeres
        Qui gardent les brebis, & les feront sorcieres.
           Aussi tost qu'elles ont les cœurs deçeus & pris
        Par les illusions de ces meschantz Espritz,
        Elles font de grans cas, ell' arrestent les nües,
        Et les rivieres sont par elles retenües,
        Elles tirent la Lune, & les espicz crestez
        Sont par elles d'un champ dans un autre arrestez,
        Et par elles souvent la foudre est retardée:
400   Telles furent jadis Circe, Thrace, Medée,
        Urgande, Melusine, & mille dont le nom
        Par effectz merveilleux s'est aquis du renom.
        Ilz sont si fatz, & sotz, & si badins qu'ilz craignent
        Les charmeurs importuns, qui maistres les contraignent
        De leur faire service, & les tiennent fermez,
        Ou dedans des mirouers, ou des anneaux charmez,
        Et n'en osent sortir, enchantez d'un murmure,
        Ou d'une voix barbare, ou de quelque figure.
           Aucunesfois, malings, entrent dedans noz corps,
410   Et en nous tourmentant, nous laissent presque mortz,
        Ou nous meuvent la fiebvre, ou troublans noz courages,
        Font noz langues parler de dix mille langages.
        Mais si quelcun les tente au nom du TRESPUISSANT,
        Ilz vont hurlant, criant, tremblant, & fremissant,
        Et forcez, sont contrainctz d'abandonner la place:
        Tant le sainct nom de DIEU leur est grande menace.
        Auquel nom seulement les Anges ne sont pas
        Flechissans les genoux, mais nous, & ceux d'embas:
        Toute essence immortelle, & tout ce qu'on voit naistre,
420   Comme au nom du Seigneur, de toute chose maistre.
           O SEIGNEUR eternel, en qui seul gist ma foy,
        Pour l'honneur de ton nom, de grace, donne moy,
        Donne moy que jamais je ne trouve en ma voye
        Ces paniques terreurs, mais, ô SEIGNEUR, envoye
        Loing de la Chrestienté, dans le païs des Turcz,
        Ces Larves, ces Daimons, ces Lares & Lemurs,
        Ou sur le chef de ceux qui oseront mesdire
        De l'honneur de mon CARLE, ou des chantz de ma Lyre.

19   HYMNE DE L'ÉTERNITÉ

A MADAME MARGARITE,
SEUR UNICQUE DU ROY

Remply d'un feu divin qui m'a l'ame eschauffée,
Je veux mieux que jamais, suivant les pas d'Orphée,
Decouvrir les secretz de Nature & des Cieux,
Recherchez d'un esprit qui n'est poinct ocieux:
Je veux, s'il m'est possible, attaindre à la louange
De celle qui jamais pour les ans ne se change,
Mais bien qui faict changer les siecles & les temps,
Les moys, & les saisons & les jours inconstans,
Sans jamais se muer, pour n'estre poinct sujecte,
Comme Royne & maistresse, à la loy qu'ell' a faicte.   *10*
L'œuvre est grand & fascheux, mais le desir que j'ay
D'attenter un grand faict, m'en convye à l'essay:
Puis je le veux donner à une qui merite,
Qu'avec l'Eternité sa gloire soit escrite.
  Donne moy donc de grace, immense Eternité,
Pouvoir de raconter ta grande deité,
Donne l'archet d'airain, & la lyre ferrée,
D'acier donne la corde, & la voix acérée,
Afin que ma chanson dure aussy longuement
Que tu dures au Ciel perpetuellement: *20*
Toy la Royne des ans, des siecles, & de l'aage,
Qui as eu pour ton lot tout le Ciel en partage,
La premiere des Dieux, où bien loing du soucy,
Et de l'humain travail qui nous tourmente icy,
Par toy mesme contente, & par toy bien heureuse,
Sans rien faire tu vis en tous biens plantureuse.
  Tout au plus hault du Ciel dans un throsne doré,
Tu te siedz en l'abit d'un manteau coloré
De pourpre rayé d'or, duquel la borderie
De tous costez s'esclatte en riche pierrerie.   *30*
Et là, tenant au poing un grand sceptre aimantin,
Tu ordonnes tes loix au severe Destin,
Qu'il n'ose oultrepasser, & que luy mesme engrave
Fermes au front du Ciel, ainsi qu'à toy esclave,
Faisant tourner soubz toy les neuf temples voultez,
Qui dedans & dehors cernent de tous costez,
Sans rien laisser ailleurs, tous les membres du monde,
Qui gist dessoubz tes piedz comme une boulle ronde.
  A ton dextre costé la Jeunesse se tient,
Jeunesse au chef crespu, dont la tresse luy vient   *40*

Flottant jusqu'aux talons par ondes non tondue,
Qui luy frappe le doz en filz d'or estendue;
Cette Jeunesse ayant le teint de roses franc,
D'une boucle d'azur ceinte de sur le flanc,
Dans un vase doré te donne de la dextre
A boire du nectar, afin de te faire estre
Tousjours saine & disposte, & afin que ton front
Ne soit jamais ridé comme les nostres sont.
De l'aultre main senestre, avec grande rudesse
50   Repoulse l'estomac de la triste Vieillesse,
Et la chasse du Ciel à coups de poing, afin
Que le Ciel ne vieillisse, & qu'il ne prenne fin.
A ton aultre costé la Puissance eternelle
Se tient debout plantée, armée à la mammelle
D'un corselet gravé qui luy couvre le sein,
Branlant de nuict & jour une espée en la main,
Pour tenir en seurté les bordz de ton empire,
Ton regne & ta richesse, afin qu'elle n'empire
Par la fuitte des ans, & pour donner la mort
60   A quiconque vouldroit favoriser Discord,
Discord ton ennemy, qui ses forces assemble
Pour faire mutiner les Elementz ensemble
A la perte du Monde, & de ton doulx repos,
Et vouldroit, s'il pouvoit, rengendrer le cahos.
Mais tout incontinent que cet ennemy brasse
Trahison contre toy, la Vertu le menasse,
Et l'envoye là bas aux abysmes d'Enfer,
Garroté piedz & mains de cent liens de fer.
     Bien loing derriere toy, mais bien loing par derriere,
70   La Nature te suit, Nature bonne mere,
D'un baston appuyée, à qui mesmes les Dieux
Font honneur du genoil quand elle vient aux Cieux.
     Saturne apres la suict, le vieillard venerable,
Marchant tardivement, dont la main honorable,
Bien que vieille & ridée, eleve une grand faulx
Où les Heures vont d'ordre à grandz pas tous egaulx,
Et l'An qui tant de fois tourne, passe & repasse,
Glissant d'un pied certain par une mesme trace.
     O grande Eternité, merveilleux sont tes faictz!
80   Tu nourris l'univers en eternelle paix,
D'un lien aimantin les siecles tu attaches,
Et dessoubz ton grand sein tout ce monde tu caches,
Luy donnant vie & force, aultrement il n'auroit
Membres, ame, ne vie, & confuz periroit:
Mais ta vive vertu le conserve en son estre
Tousjours entier & sain sans amoindrir ne croistre.

Tu n'as pas les humains favorisez ainsy,
Que tu as heritez de peine & de soucy,
De vieillesse & de mort, qui est leur vray partage,
Faisant bien peu de cas de tout nostre lignage,   *90*
Qui ne peult conserver sa generation
Sinon par le succés de reparation,
A laquelle Venus incite la Nature
Par plaisir mutuel de chaque creature
A garder son espece, & tousjours restàurer
Sa race qui ne peut eternelle durer:
Mais toy sans restaurer ton estre & ton essence,
Vivant tu te soustiens de ta propre puissance,
Sans rien craindre la mort, car le cruel trespas
Ne regne point au Ciel comme il regne icy bas,   *100*
Le lieu de son empire, où maling il exerce
Par mille estranges mortz sa malice diverse,
N'ayant non plus d'esgard aux Princes qu'aux Bouviers,
Pesle mesle egallant les sceptres aux leviers.
     Le grand trouppe des Dieux qui là hault environne
Tes flancz, comme une belle & plaisante couronne,
Quand elle parle à toy ne dict point il sera,
Il fut, ou telle chose ou telle se fera,
C'est à faire aux humains à dire telle chose:
Sans plus le temps present devant toy se repose   *110*
Et se sied à tes piedz: car tout le temps passé
Et celluy qui n'est pas encores advancé
Sont presens à ton œil, qui d'un seul clin regarde
Le passé, le present, & cestuy là qui tarde
A venir quant à nous, & non pas quant à toy,
Ny à ton œil qui voit tous les temps davant soy.
     Nous aultres journalliers, nous perdons la memoire
Des temps qui sont passez, & si ne pouvons croire
Ceux qui sont à venir, comme estans imperfaictz,
Et d'une masse brute inutilement faictz,   *120*
Aveuglez & perclus de la saincte lumiere,
Que le peché perdit en nostre premier pere:
Mais ferme tu retiens dedans ton souvenir
Tout ce qui est passé, & ce qui doibt venir,
Comme haulte Deesse eternelle, & perfaicte,
Et non ainsy que nous de masse impure faicte.
     Tu es toute dans toy, ta partie, & ton tout,
Sans nul commencement, sans meillieu, ne sans bout,
Invincible, immuable, entiere, & toute ronde,
N'ayant partie en toy, qui dans toy ne responde,   *130*
Toute commencement, toute fin, tout meillieu,
Sans tenir aucun lieu, de toutes choses lieu,

Qui fais ta deité du tout par tout estandre,
Qu'on imagine bien, & qu'on ne peult comprendre.
   Je te salu' Deesse au grand œil tout-voyant,
Mere du grand Olympe au grand tour flamboyant,
Grande mere des Dieux, grande Royne & Princesse:
(Si je l'ay merité) concede moy, Deesse,
Concede moy ce don, c'est qu'apres mon trespas
140   (Ayant laissé pourrir ma depouille çà bas)
Je puisse voyr au ciel la belle Margarite,
Pour qui j'ay ta louange en cet hymne descrite.

20 CHANT PASTORAL

LES PASTEURS,
BELLOT, PEROT, ET MICHAU

Un pasteur Angevin & l'autre Vandomois,
Bien congnus des rochers, des fleuves, & des bois,
Tous deux d'age pareilz, d'habit, & de houlette,
L'un bon joüeur de flute, & l'autre de musette,
L'un gardeur de brebis, & l'autre de chevreaux,
S'escarterent un jour d'entre les pastoureaux.
 Pendant que leur bestail paissoit parmy la pleine,
Un peu desoubz Meudon au rivage de Seine,
Ils laisserent leurs chiens pour la crainte des loups,
Bien armez de colliers, tous herissez de clous: *10*
Et montant contremont d'une colline droitte,
Au travers d'une vigne, en une sente estroitte,
Gangnerent pas à pas la Grotte de Meudon,
La Grotte que Charlot (Charlot de qui le nom
Est sainct par les forests) a fait creuser si belle
Pour estre des neuf Seurs la demeure eternelle:
Qui pour l'honneur de luy ont meprisé les eaux
D'Eurote, & de Permesse, & les Tertres jumeaux
D'Helicon, & d'Olympe, & la fameuse source
Qui du Cheval volant print son nom & sa course, *20*
Pour venir habiter son bel Antre emaillé,
Dans le creux de la terre en un roc entaillé.
Si tost que ces pasteurs, du meillieu de la rotte,
Aperceurent le front de la divine Grotte,
S'enclinerent à terre, & creintifs honoroyent
De bien loing le rocher où les Seurs demeuroyent.
Apres l'oraison faitte, arivent à l'entrée
(Nudz de teste & de pieds) de la Grotte sacrée:
Car ilz avoient tous deux & sabotz & chapeaux,
Pour creinte du sainct lieu, pendus à des rameaux. *30*
 Apres qu'ilz eurent fait aux deux coings de la porte
Le devoir à Pallas qui la Gorgonne porte,
Et à Baccus aussi, qui dans ses doigs marbrins
Laisse pendre un rameau tout chargé de raisins:
Ilz se lavent trois fois de l'eau de la fonteine,
Se serrent par trois fois de trois plis de vervene,
Trois fois entournent l'Antre, & d'une basse voix
Appellent de Meudon les Nymphes par trois fois,
Les Faunes, les Sylvains, & tous les Dieux sauvages
Des prochaines forests, des mons, & des bocages, *40*

Puis prenant hardiesse, ilz entrerent dedans
Le sainct horreur de l'Antre, & comme tous ardans
De trop de Deité, sentirent leur pensée
De nouvelle fureur saintement insensée.

   Ilz furent esbahis de voir le partiment,
En un lieu si desert, d'un si beau bastiment:
Le plan, le frontispice, & les pilliers rustiques,
Qui effacent l'honneur des colonnes antiques,
De voir que la nature avoit portrait les murs
50   De crotesque si belle en des rochers si durs,
De voir les cabinets, les chambres, & les salles,
Les terrasses, festons, gillochis & ovales,
Et l'esmail bigarré, qui resemble aux couleurs
Des préz, quand la saison les diapre de fleurs,
Ou comme l'arc-en-ciel qui peint à sa venue
De cent mille couleurs le dessus de la nue.

   Lors Bellot & Perot (de tels noms s'appelloyent
Les pasteurs qui par l'Antre en reverence alloyent)
Ne se peurent garder de rompre le silence,
60   Et le premier des deux Bellot ainsi commence.
B.   Printemps, naissez bientost, & faites naistre aussi
Aveq vous la rosée, & les herbes d'icy,
Afin que de cent fleurs diverses je façonne
Pour le front de Charlot une belle couronne,
Pasteurs, puisque Charlot nous daigne regarder,
Comme nous soulions faire il ne faut plus garder,
Pour la creinte des loups, nos brebis camusettes,
Qui sans creinte paistront au bruit de nos musettes,
Nos chevres sans danger les saules brouteront,
70   Et nos toreaux soubs l'ombre assis remacheront
L'herbe que leur gosier deux fois pousse & retire,
Et nous autres bergers ne ferons plus que rire,
Que joüer, que fluter, que chanter & dançer,
Comme si l'age d'or vouloit recommençer
A regner desoubs luy, comme il regnoit à l'heure
Que Saturne faisoit en terre sa demeure.

   Nous luy ferons sur l'herbe un autel comme à Pan,
Nous chomerons sa feste, & au retour de l'an,
Tout ainsi qu'à Pales, ou à Ceres la grande
80   Trois plains vaisseaux de laict il aura pour ofrande:
En invoquant son nom, & tournant à l'entour
De l'autel, nous ferons un banquet tout le jour,
Où Janot Limosin pendra la chalemie
A tous pasteurs venant pour l'amour de s'amie:
Car c'est un Demidieu, à qui plaisent nos sons,
Qui fait cas des pasteurs, qui ayme leurs chansons,

Qui garde leurs brebis de chaut & de froidure,
Et en toutes saisons les fournist de pasture.
  Quelque part que tu sois, Charlot, pour ta vertu,
En tes levres tousjours savourer puisses-tu   *90*
Le doux sucre & la manne, & manger tout ensemble
Le miel, qui en douceur à tes propos ressemble,
Et tousjours quelque part que tu voudras aller,
Puissent desoubs tes pieds les fontaines couller
De vin & de nectar, & loing de ton herbage
Le ciel puisse ruer sa foudre & son orage:
Les cornes de tes beufs se puissent jaunir d'or,
D'or le poil de tes boucs, & la toison encor
De tes brebis soit d'or, & les peaux, qui herissent
De tes chevres le dos, de fin or se jaunissent: *100*
Pan le Dieu chevre-pied, des pasteurs gouverneur,
Augmente ta maison, tes biens, & ton honneur:
Tousjours puisse d'agneaux peupler ta bergerie,
De ruisseaux bien moussuz arroser ta prerie,
Et tousjours d'herbe espaisse amplisse tes herbis,
De toreaux ton estable, & ton parc de brebis,
Puisque tu es si bon, & que tu daignes prendre
Quelque soing des pasteurs & leurs flutes entendre.
  A tant se teut Bellot, & à peine avoit dit
Qu'en pareille chanson Perot luy respondit.   *110*
P.   Nymphes filles des eaux, des Muses les compagnes,
Qui habitez les bois, les mons, & les compagnes,
Permettez moy chanter cet Antre de Meudon,
Que des mains de Charlot vous receustes en don.
Comme Amphion tira les gros cartiers de pierre
Pour emmurer sa ville au bruit de sa guiterre,
Ainsi ce beau sejour Charlot vous a construit,
De rochers qui suivoyent de ses flutes le bruit.
Ceux qui viendront icy boire de la fonteine
Ou s'endormir aupres, ilz auront l'ame pleine   *120*
De toute poësie, & leurs vers quelques fois
Pouront bien resjouir les aureilles des Rois.
  Icy, comme jadis en ces vieux tabernacles
De Delphe & de Delos, se rendront les oracles:
Et à ceux qui voudront à la Grotte venir,
Phebus leur aprendra les choses avenir.
  Charlot, je te suply de n'avoir point de honte
De nous simples bergers faire un petit de conte:
Apollon fut berger, & le Troyen Paris:
Et le jeune amoureux de Venus, Adonis,   *130*
Ainsi que toy porta au flanc la panetiere,
Et par les bois sonna l'amour d'une bergere.

Mais nul des pastoureaux en l'antique saison
Comme toy n'a basty des Muses la maison.
   Tousjours tout à l'entour la tendre mousse y croisse,
Le poliot fleury en tout temps y paroisse,
Le lhierre tortu recourbé de meint tour
Puisse de sus le front grimper tout à l'entour,
Et la belle lambrunche ensemble entortillée
140 Laisse espandre ses bras tout du long de l'allée:
L'avette au lieu de ruche ordonne dans les trous
Des rustiques piliers sa cire & son miel doux,
Et le freslon armé, qui les raisins moissonne,
De son bruit enroüé par l'Antre ne bourdonne,
Mais les beaux gresillons, qui de leurs cris tranchans
Saluront les pasteurs en retournant des champs.
   Meinte gentille Nymphe, & meinte belle Fée,
L'une aux cheveux pliez, & l'autre decoifée,
Avecques les Sylvains y puissent toute nuict
150 Fouller l'herbe des piedz au son de l'eau qui bruit.
Tousjours cette maison puisse avoir arousée
La plante d'une source, & le chef de rousée:
Tousjours soit aux pasteurs son taillis ombrageux,
Sans crainte ny de feu, ny de fer outrageux:
Et jamais au somet, quand la nuit est obscure,
Les choüans ennonceurs de mauvaise aventure
Ne s'y viennent percher, mais les roussignoletz,
Voulant chanter plus haut que tous noz flageoletz,
Y degoisent tousjours par la verte ramée
160 Du maistre de ce lieu la belle renommée:
Afin que tous les vens l'emportent jusqu'aux cieux,
Et du ciel puisse aller aux oreilles des Dieux.
   Ainsi finit Perot, & l'un & l'autre ensemble
(A qui tout le pied droit par bon augure tremble)
Sortent hors de la Grotte, & à fin de pouvoir
Mieux chanter à loisir, s'en allerent assoir
L'un de sur un gason, l'autre sur une souche:
Et lors de tels propos Bellot ouvrit sa bouche.
B.   Perot, tous les pasteurs ne te font que loüer,
170 Te ventent le premier, soit pour scavoir joüer
De flageol ou de flute, & la musette tienne,
Tant ilz sont abusez, comparent à la mienne:
Je voulois des long temps seul à seul te trouver
Loing de noz compagnons, à fin de t'esprouver,
Et pour te faire voir que d'autant je te passe
Qu'une haute montagne une colline basse.
P.   Mon Bellot, il est vray que les pasteurs d'icy
M'estiment bon poëte, & je le suis aussi,

Mais non tel qu'est Michau, ou Lancelot, qui sonne
Si bien de la musette aux rives de Garonne,   *180*
Et mon chant au prix d'eux est pareil au pinson
Qui veut d'un roussignol imiter la chanson:
Toutesfois, mon Bellot, je ne te veux dedire,
Si tu es bon Thyrsis, je seray bon Tityre,
Et tu ne trouveras en moy le cœur failli,
Bien que si hardiment tu m'ayes assailli.
    Il fault pour le vainqueur que nous metions un gage:
Quant à moy, pour le prix je te mets une cage
Que je fis l'autre jour voyant paistre mes beufs,
En parlant à Thony, qui s'egalle à nous deux: *190*
Les barreaux sont de til & la perchette blanche
Qui traverse la cage est d'une coudre franche:
De pellures de jonc j'ay tissu tout le bas:
A l'un des quatre coings la coque d'un limas
A un crin de cheval se pend de telle sorte,
Qu'on diroit à la voir qu'elle mesme se porte.
    J'ay creusé d'un sureau l'auge bien proprement,
Et les quatre pilliers du petit batiment
Sont d'une grosse ronce en quatre pars fendue:
Et le cordon tressé duquel elle est pendue   *200*
Bellin me l'a donné, houpé tout à l'entour
Des couleurs qu'il gangna de Thoinon l'autre jour.
    J'ay dedans prisonniere une jeune aloüette,
Qui degoyse si bien, qu'hier ma Cassandrette,
Que j'ayme plus que moy, m'en ofrit un veau gras,
Avecques un chevreau, voire & si ne l'eut pas:
Toutesfois tu l'auras si tu me gangnes ores,
Mais je t'assure bien que tu ne l'as encores.
B.   Pour la cage & l'oyseau, je veux mettre un panier,
Gentement enlassé de vergettes d'ozier,   *210*
Fort large par le haut, qui tousjours diminue
En tirant vers le bas d'une pointe menue:
L'anse est faicte d'un houx qu'à force j'ay courbé:
En voulant l'atenuir le doigt je me coupé
Avecque ma serpette: encores de la playe
Je me deuls, quand du doigt mon flageolet j'essaye.
Tout ce gentil panier est pourtraict par dessus,
De Mercure, & d'Iö, & des cent yeux d'Argus:
Iö est peinte en vache, & Argus en vacher,
Mercure est tout aupres, qui du haut d'un rocher   *220*
Roulle à bas cet Argus, apres avoir coupée
Sa teste cautement du fil de son espée:
De son sang naist un paon, qui ses aisles ouvrant
Va deçà & delà tout le panier couvrant.

Il me sert à serrer des fraises & des roses,
Il me sert à porter au marché toutes choses:
Mon Olive, mon cœur, desire de le voir,
Elle me veut donner son mâtin pour l'avoir,
Et si ne l'aura pas: je te le mets en gage,
230   Il vaut mieux ny que toy, ton oyseau, ny ta cage.
       Mais qui nous jugera? qui en prendra le soing?
Vois tu ce bon vieillard qui vient à nous de loing,
A luy voir au menton, la barbe venerable,
Le chef demi couvert d'un poil gris honnorable,
La houlette en la main, d'un noüailleux cormier,
Le hoqueton d'un dain, c'est Michau, le premier
Des pasteurs en sçavoir, auquel font reverence,
Quand il vient dans noz parcs, tous les bergers de France.
P.   Je le congnois, Bellot, je l'ay ouy chanter!
240   Autant comme tu fais, je le puis bien vanter,
Car il a quelque fois daigné prendre la peine
De loüer mes chansons à Charlot de Lorraine.
M.   Que dictes vous, enfans, des Muses le soucy?
Icy le bois est vert, l'herbe fleurist icy,
Icy les petis mons les campagnes emmurent,
Icy de toutes pars les ruisselets murmurent:
Ne soyez point oysifs, enfans, chantez tousjours,
Mais comme au paravant ne chantez plus d'amours,
Elevez vos esprits aux choses bien plus belles,
250   Qui puissent apres vous demeurer immortelles,
       N'avez vous entendu comme Pan le grand Dieu,
Le grand Dieu qui preside aux pasteurs de ce lieu,
Par mariage assemble à sa fille Claudine
Le beau pasteur Lorrain, de telle fille digne?
C'est le jeune Charlot, tige de sa maison,
Parent de ces pasteurs qui portent la toison,
Et cousin de Charlot, le bon hoste des Muses,
Duquel tousjours le nom enfle voz cornemuses,
Et de ce grand Francin, qui à coup de leviers,
260   De fondes, & de dars a chassé les bouviers
Qui venoyent d'outre mer manger noz pasturages,
Et menoyent maugré nous leurs beufs en noz rivages.
       Là ne se fera point quelque petit festin:
Depuis le soir bien tard jusques au plus matin
La feste durera, & les belles Nayades,
Les Faunes, les Sylvains, Dryades, Oreades,
Les Satyres, les Pans tout le jour balleront
Et de leurs pieds fourchus l'herbette fouleront.
De ce beau mariage entonnez voz musettes,
270   Montrez vous aujourdhuy tels sonneurs que vous estes,

Chantez cette alliance, & ce bon heur sacré:
Les deux freres Lorrains vous en sçauront bon gré.
　Pan y tiendra sa court en magesté royalle,
Aupres de luy sera son espouse loyalle,
Et son filz desja Roy, & sa divine Sœur
Qui passe de son nom & la perle & la fleur.
　Sus donc chante, Bellot, commence quelque chouse.
Tu diras l'espousé, Perot dira l'espouse:
Car il vaut mieux, enfans, celebrer ce beau jour
Qu'user voz chalumeaux à chanter de l'amour.　　　　*280*
B.　O Dieu qui prens le soing des nopces, Hymenée,
Laisse pendre à ton dos ta chape ensafranée,
Ton pied soit enlacé d'un beau brodequin bleu,
Et portes en ta main un clair flambeau de feu,
Esternue trois fois, & trois fois de la teste
Fay signe ains que venir à la divine feste
De Claudine & Charlot, à fin que desormais
Le mariage soit heureus pour tout jamais.
　Ameine avecques toy la Cyprienne saincte,
De sa belle ceinture au travers du corps ceinte,　　　*290*
Et son fils Cupidon avec l'arc en la main,
Pour se cacher es yeux du jeune enfant Lorrain:
Ce n'est pas un pasteur qui dans un bois champestre
Meine tant seulement deux ou trois chevres paistre,
Mais à qui cent troupeaux de vaches & de beufs,
Et autant de brebis, paissent les prez herbeux
De Moselle & de Meuse, & tous ceux qui la plaine
Broutent aupres de Bar, & les mons de Lorraine:
Il a tant de bestail qu'il n'a jamais esté
En hyver sans du laict, sans formage en esté,　　　　*300*
Et ses panniers d'eclisse & ses vertes jonchées
De caillotes de creme en tout temps sont chargées.
　Il s'eleve en beauté sur tous les pastoureaux
Comme un jeune toreau sur les menus troupeaux,
Ou comme un grand cyprés sur un menu bocage,
Ou comme un gresle jonc sur l'herbe du rivage.
　Un poil crespé de soye au menton luy paroist,
Qui blond & delié entre les roses croist
De sa face Adonine, ainsi comme se couvre
De duvet un oiseau qui de la coque s'ouvre.　　　　　*310*
D'une belle couleur & d'œilletz & de lis
Ses membres sont partout frechement embellis,
Et en mille façons parmi la couleur vive
De sa beauté reluist une grace nayve:
Son front est de l'aurore, & comme astres des cieux
Soubs une nuict brunette esclairent ses beaux yeux.

Autant comme en beauté en adresse il abonde,
Soit à getter le dart, ou à ruer la fonde,
A sauter, à luter ou à force de coups
320   Regangner un chevreau de la gueule des loups.
    Comme l'herbe est l'honneur d'une verte prerie,
Des herbettes les fleurs, & d'une bergerie
Un toreau qui du pied pousse l'arene au vent,
D'une fresche ramée un ombrage mouvant,
Les roses d'un bouquet, les liz d'une girlande,
Ainsi tu es l'honeur de toute nostre bande.
    La chevre suit le thin, le loup la chevre suit,
Le lion suit le loup, l'herbe l'onde qui bruit,
La mouche à miel les fleurs, & l'estrangere grue
330   Suit au printemps nouveau le train de la charrue:
Mais nous autres pasteurs qui par les champs vivons
De mesme affection par tout nous te suivons.
    Bergers, faictes ombrage aux fonteines sacrées,
Semez par les chemins les fleurettes pourprées,
Despandez la musette, & de branles divers
Chantez à ce Charlot des chansons & des vers:
Qu'il te tarde beaucoup que Vesper ne t'ameine
La nuict, où tu mettras quelque fin à ta peine!
Soleil, haste ton char, acoursy ton sejour,
340   Charlot a plus de soing de la nuict que du jour.
    L'amitié, la beauté, la grace, & la jeunesse
Apresteront ton lict, & par grande largesse
Une pluie d'œilletz dessus y semeront,
Et d'ambre bien sentant les draps parfumeront:
Mille petis amours ayant petites aisles
Volleront sur le lict, comme es branches nouvelles
Des arbres au printemps revollent les oyseaux,
Qui se vont esgayant de rameaux en rameaux.
Comme un lhierre espars pendra ta mariée
350   A l'entour de ton col estroitement liée,
Qui d'un baiser permis ta bouche embasmera,
Et d'un autre plaisir ton cœur alumera:
C'est une jeune fleur encores toute tendre,
Helas! garde toy bien brusquement de la prendre,
Il la faut laisser croistre, & ne faut simplement
Que tenter cette nuict le plaisir seulement:
Comme tes ans croistront les siens prendront croissance,
Lors d'elle à plain souhait tu auras jouissance,
Et trouveras meilleur mille fois le plaisir,
360   Car l'attente d'un bien augmente le desir.
    Or' le soir est venu, entrez en vostre couche,
Dormez bras contre bras, & bouche contre bouche:

La concorde à jamais habite en vostre lict,
Chagrin, dissention, jalousie, & despit
Ne vous trouble jamais, ains d'un tel mariage
Puisse naistre bien tost un genereux lignage,
Meslé du sang Lorrain, & du sang de Valois,
Qui Parthenope encor remette soubs ses loix,
Et puisse couronner ses royalles armées,
Sur le bord du Jourdain, de palmes Idumées.   370
   Atant se teut Bellot, & Perot tout gaillard
Enflant son chalumeau luy respond d'autre part.
P.   O Lucine Junon, qui aux nopces presides,
Et de paons acouplez ta belle coche guides
Aussi tost que les vents, là où tu veux aller,
Soit sur mer, ou sur terre, au ciel, ou dedans l'air,
Vien avecques ta fille, amyable & benigne,
Favoriser le jour des nopces de Claudine.
Comme une belle rose est l'honneur du jardin,
Qui aux rais du Soleil s'est esclose au matin,   380
Ainsi Claudine l'est de toutes les bergeres,
Et les passe d'autant qu'un pin fait les fougeres.
Nulle ne l'a gangnée à sçavoir façonner
Un chapelet de fleurs pour son chef couronner,
Nulle ne sçait mieux joindre au lis la fresche rose,
Nulle mieux sur la gaze un dessain ne compose
De fil d'or & de soye, & nulle ne sçait mieux
L'aiguille demener d'un pouce ingenieux.
   Comme parmy ces bois volent deux tourterelles
Que je voy tous les jours se caresser des aisles,   390
Se baiser l'une l'autre, & ne s'entre-eslongner,
Mais constantes de foy tousjours s'acompagner,
Qui de leur naturel jusqu'à la mort n'oublient
Les premieres amours qui doucement les lient:
Ainsi puisses-tu vivre en amoureux repous,
Jusqu'à la mort, Claudine, avecque ton espoux.
   Je m'en vois sur le bord des rives plus segrettes
Cuillir dans mon panier un monceau de fleurettes
Afin de les semer sur ton lit genial,
Et chanter alentour ce beau chant nuptial.   400
   D'une si belle fille est heureuse la mere,
Son pere est bien heureux, & bien heureux son frere
Mais plus heureus cent fois & cent encor sera,
Qui, en lieu d'une fille, enceinte la fera.
Heureux sera celuy qui aura toute pleine
Sa bouche de son ris, & de sa douce haleine,
Et de ses doux baisers qui passent en odeur,
Des prez les myeux fleuris, la plus gentille fleur.

Heureux qui dans ses bras pressera toute nue
410   Cette Nymphe aux beaux yeux du sang des Dieux venue,
Qui hardi tatera ses tetins verdelets,
Qui semblent deux boutons encore nouvelets:
Heureux qui pres la sienne alongera sa hanche,
Qui baisera son front, & sa belle main blanche,
Et qui demeslera fil à fil ses cheveux,
Follatrant toutte nuict, & faisant mille jeux:
Il prira que la nuict dure cent nuits encore,
Ou bien que de cent jours ne s'eveille l'Aurore,
Afin que paresseux long temps puisse couver
420   Ses amours dans le lict, & point ne se lever.
Mais le soir est venu, & Vesper la fourriere
Des ombres, a desja respandu sa lumiere:
Il faut s'aller coucher. Quoy? tu trembles du cueur,
Ainsi qu'un petit fan qui tremble tout de peur,
Quand il a veu le loup, ou quand loing de sa mere
Il s'efroye du bruit d'une fueille legere:
Il ne sera cruel, car une cruaulté
Ne sçauroit demeurer avec telle beaulté.
Demain, apres avoir son amitié congnue,
430   Tu voudrois mille fois que la nuict fust venue
Pour retourner encor aux amoureux combats,
Et pour te r'endormir encore entre ses bras.
Sus, desabille toy, & comme une pucelle
Qui de bien loing sa mere à son secours apelle
N'apelle point la tienne, & vien pour te coucher
Pres du feu qui te doit tes larmes desecher.
Comme une tendre vigne à l'ormeau se marie,
Et de meinte embrassée autour de luy se plye,
Tout ainsi de ton bras en cent façons plié
440   Serre le tendre col de ton beau marié.
Celuy puisse conter le nombre des arenes,
Les estoilles des cieux, & les herbes des pleines,
Qui contera les jeux de voz combats si doux,
Desquels pour une nuict vous ne serez pas souls.
Or esbatez-vous doncq, & en toute liesse
Prenez les passetemps de la douce jeunesse,
Qui bien tost s'enfuira, & au nombre des ans
Qui vous suivront tous deux egallez voz enfans:
Ton ventre desormais si fertille puisse estre,
450   Que d'un sang si divin il puisse faire naistre
Des filles & des filz, des filz qui porteront
Les vertus de leur pere empreintes sur le front,
Et qui des le berçeau donneront congnoissance
Que d'un pere tresfort ilz auront pris naissance:

Les filles en beauté, en grace & en douceur
Par signes donneront un tesmoignage seur
De la pudicité de leur mere divine,
Qui de nostre grand Pan a pris son origine.
   Ainsi disoit Perot, qui avecque le son
De son pipeau d'avoine acheva sa chanson,   *460*
Echo luy respondant: & les bois qui doublerent
La voix en murmurant jusqu'au ciel la porterent,
   Lors Michau tout gaillard sauta parmy les fleurs,
D'aise qu'il avoit eu d'ouir les deux pasteurs.
M.   Vostre armonie, enfans (disoit-il) est plus douce
Que le bruit d'un ruisseau qui jaze sur la mousse,
Ou que la voix d'un cygne, ou d'un roussignolet
Qui chante au mois d'avril dans un bois nouvelet.
De manne à tout jamais voz deux bouches soyent pleines,
De roses voz chapeaux, voz mains de marjolenes: *470*
Jamais en voz maisons ne vous defaille rien,
Puis que les chalumeaux vous entonnez si bien.
   Que chacun par acord s'entredonne son gage,
Perot, pren son panier, & toy, Bellot, sa cage,
Retournez, mes enfans, conduire voz toreaux,
Et vivez bien heureux entre les pastoureaux.

21 ELEGIE

AU SEIGNEUR L'HUILLIER

Mon l'Huillier, tous les ars qu'on apprend en jeunesse
Servent à l'artizan jusques à la vieillesse,
Et jamais le mestier auquel on est expert,
Abandonnant l'ouvrier par l'age ne se pert:
Bien que le Philosophe ayt la teste chenue,
Son esprit toutesfois se pousse outre la nue,
Et tant plus sa prison est caducque, & tant mieux
Soymesme se desrobe, & vole dans les cieux.
L'Orateur qui le peuple attire par l'oreille,
10   Celuy qui disputant la verité resveille,
Et le vieil Medecin plus il marche en avant,
Plus il a de pratique & plus il est scavant.
    Mais ce bien n'advient pas à nostre Poësie,
Qui ne se void jamais d'une fureur saisie
Qu'au temps de la jeunesse, & n'a poinct de vigueur
Sy le sang jeune & chault n'escume en nostre cueur:
Lequel en bouillonnant agitte la pensée
Par diverses fureurs brusquement eslancée,
Et pousse nostre esprit ore bas ore hault,
20   Selon que nostre sang est genereux & chault,
Qui s'enfle dedans nous, nous trouvant d'avanture
Au mestier d'Apollon preparez de nature.
    Comme on void en septembre, ez tonneaux Angevins,
Bouillir en escumant la jeunesse des vins,
Laquelle en son berceau à toute force gronde,
Et vouldroit tout d'un coup sortir hors de sa bonde,
Ardente, impatiente, & n'a point de repos
De s'enfler, d'escumer, de jaillir à gros flotz,
Tant que le froid yver luy ayt donté sa force,
30   Rembarrant sa puissance es prisons d'une escorce:
Ainsi la poësie en la jeune saison
Bouillonne dans noz cœurs, peu subjecte à raison,
Serve de l'appetit, qui hautement anime
D'un poëte gaillard la fureur magnanime:
Il devient amoureux, il suyt les grandz seigneurs,
Il ayme les faveurs, il cerche les honneurs,
Et, plain de passions, jamais il ne repose
Que de nuict & de jour ardant il ne compose,
Soupçonneux, furieux, superbe & desdaigneux,
40   Et de luy seulement curieux & songneux,
Se faignant quelque Dieu: tant la rage felonne
De son jeune desir son courage esguillonne.

    Mais quand trente cinq ans ou quarante ont perdu
Le sang chault qui estoit dans nos cœurs espandu,
Et que les cheveux blancs de peu à peu s'avancent,
Et que nos genoux froids à tremblotter commencent,
Et que le front se ride en diverses façons,
Lors la Muse s'enfuit, & nos belles chansons,
Pegaze se tarist, & n'y a plus de trasse
Qui nous puisse conduire au sommet de Parnasse,   *50*
Noz lauriers sont sechez, & le train de noz vers
Se represente à nous boyteux & de travers,
Tousjours quelque malheur en marchant les retarde,
Et comme par despit la Muse les regarde.
Car l'ame leur default, la force & la grandeur,
Que produisoit le sang en sa premiere ardeur.
Et pour ce, si quelcun desire estre poëte,
Il fault que sans vieillir estre jeune il souhaite,
Gaillard, brusque, amoureux: car depuis que le temps
Aura dessus sa teste amassé quarante ans,   *60*
Ainsi qu'un rossignol aura la bouche close,
Qui pres de ses petitz sans chanter se repose.
    Au rossignol muet tout semblable je suis,
Qui maintenant un vers degoizer je ne puis,
Et falloit que des Rois la courtoise largesse
(Alors que tout mon cœur bouillonnoit de jeunesse)
Par un riche bienfaict invitast mes escritz,
Sans me laisser vieillir sans honneur & sans pris:
Mais Dieu ne l'a voulu, ne la dure fortune,
Qui les poltrons esleve & les bons importune.   *70*
Entre tous les François j'ay seul le plus escrit,
Et la Muse jamais en un cœur ne se prit
Si ardant que le mien, pour celebrer les gestes
De noz Rois, que j'ay mis au nombre des Celestes:
Et nul n'est aujourd'huy en France grand seigneur
Dont je n'aye chanté & rechanté l'honneur.
Et si, de mes labeurs qui honorent la France,
Je ne remporte rien qu'un rien pour recompense.
    Il me fache de veoir, ore que je suis vieulx,
Un lourd prothenotaire, un muguet envieux,   *80*
Un plaisant courtizeur, un ravaudeur d'histoire,
Un qui pour se vanter nous veult forcer de croyre
Que c'est un Ciceron, advancez devant moy,
Qui puys de tous costez semer l'honneur d'un Roy.
Il faudroit qu'on gardast les vacquans benefices
A ceux qui font aux Rois & aux princes services,
Et non pas les donner aux hommes incongneuz,
Qui, comme potirons, à la court sont venuz,

Vieux corbeaux affamez qui faucement heritent
90 Des biens & des honneurs que les autres meritent.
J'ay praticqué l'advis (comme un bon artizan)
De meint seigneur & prince & de meint courtizan,
Et n'en ay point trouvé qui ait l'ame si plaine
D'excellentes vertus qu'un Charles de Lorreine,
Doux, courtoys, & bening, le Mœcene & l'appuy
Des Muses, & de ceux qui s'approchent de luy.
Sy est-ce toutesfois que sa prudence haulte
Commect sans y penser une moyenne faulte,
C'est de n'advancer poinct (encor qu'ilz soyent absens)
100 Ceux que par leurs escris il a toujours presens,
Et chasser loing de luy ces ventreuses harpies,
Qui n'ont jamais de bien les mains croches remplies,
Et le donner à ceux qui le meritent bien:
Car le bien mal party ne profite de rien,
Et fait perdre courage aux hommes qui s'offensent
Que leurs doctes labeurs si tard se recompensent.
    Je scay bien, mon l'Huillier gaillard & genereux,
Que, sy ces vers traictoyent un subject amoureux,
Tu les liroys en court, & ta parole brave
110 Feroit ce mien labeur apparoistre plus grave.
Les Roynes le verroyent, & ce grand Cardinal
Qui en toute vertu ne trouve son egal:
Mais pource que mes vers traictent de mon affaire,
Il semble que desja muet je te voy taire,
Et, sans avoir de moy ni de mes Muses soing,
Les lire en te cachant à part dedans un coing,
Ou rompre la coppye, ou les cacher derriere,
De peur qu'il ne soyt mis de fortune en lumiere:
Toutesfois, mon L'Huillier, à qui Phœbus depart
120 De ses nobles presens la plus gentile part,
Et qui as la poictrine entierement enflée
De ceste déité que Phœbus t'a souflée,
Je te prye & suply, par l'honneur de tes vers,
Par ton luc, par tes chants, & par tes lauriers vers,
Que Robertet le docte, en son estude, voye
Ce mal plaisant escrit, que faché je t'envoye.

22   ELEGIE

A LOÏS DES MASURES TOURNISIEN

Comme celuy qui voit du haut d'une fenestre
Alentour de ses yeux un paisage champestre,

D'assiette different, de forme & de façon,
Icy une riviere, un rocher, un buisson
Se presente à ses yeux, & là s'y represente
Un tertre, une prerie, un taillis, une sente,
Un verger, une vigne, un jardin bien dressé,
Une ronce, une espine, un chardon herissé:
Et la part que son œil vagabond se transporte,
Il descouvre un païs de differente sorte,   *10*
De bon & de mauvais: Des Masures, ainsi
Celuy qui list les vers que j'ay portraicts icy
Regarde d'un traict d'œil meinte diverse chose,
Qui bonne & mauvaise entre en mon papier enclose.
Dieu seul ne faut jamais, les hommes voluntiers
Sont tousjours de nature imparfaicts & fautiers.

Mon livre est resemblable à ces tables friandes
Qu'un Prince faict charger de diverses viandes:
Le maist qui plaist à l'un, à l'autre est desplaisant,
Ce qui est sucre à l'un, est à l'autre cuisant: *20*
L'un ayme le sallé, l'autre ayme la chair fade,
L'un ayme le routy, l'autre ayme la sallade:
L'un ayme le vin fort, l'autre ayme le vin doux,
Et jamais le bancquet n'est aggreable à tous:
Le Prince toutesfois qui librement festie
Ne s'en offence point, car la plus grand partie
De ceux qui sont assis au festin sont allez
De franche volunté, sans y estre appellez.

Ainsi ny par edict, ny par statut publique
Je ne contraincts personne à mon vers poeticque,   *30*
Le lise qui voudra, l'achette qui voudra:
Celuy qui bien content de mon vers se tiendra
Me fera grand plaisir: s'il advient au contraire,
Masures, c'est tout un! je ne sçaurois qu'y faire.

Je m'estonne de ceulx de la nouvelle foy
Qui pour me hault louer disent tousjours de moy,
Sy Ronsard ne cachoit son talent dedans terre,
Or parlant de l'amour, or parlant de la guerre,
Et qu'il voulust du tout chanter de Jesuchrist,
Il seroit tout parfaict, car il a bon esprit,   *40*
Mais Sathan l'a seduict, le pere des mensonges,
Qui ne luy fait chanter que fables & que songes.

O pauvres abusez! que le cuider sçavoir
Plus que toute l'Eglise, a laissé decevoir:
Tenez vous en vos peaux, & ne jugez personne,
Je suis ce que je suis, ma conscience est bonne,
Et Dieu, à qui le cœur des hommes apparoist,
Sonde ma volunté, & seul il la connoist.

O bien heureux Lorreins, que la secte Calvine,
50 Et l'erreur de la terre à la vostre voisine
Ne deprava jamais: d'où seroit animé
Un poussif Alemant, dans un poesle enfermé,
A bien interpreter les sainctes escriptures,
Entre les gobelets, les vins & les injures?
Y croye qui voudra, Amy, je te promets
Par ton bel Amphion de n'y croire jamais.

    L'autre jour en dormant (comme une vaine idole
Qui deça qui dela au gré du vent s'en volle)
M'aparut du Bellay, non pas tel qu'il estoit
60 Quand son vers doucereux les Princes arrestoit,
Et qu'il faisoit courir la France apres sa lyre,
Qui encore sur tous le pleint & le desire:
Mais have & descharné, planté sur de grands os.
Ses costes, sa carcasse, & l'espine du dos
Estoyent veufves de chair, & sa diserte bouche,
Où jadiz se logeoit la mielliere mouche,
Les Graces & Pithon, fut sans langue & sans dens,
Et ses yeux, qui estoyent si promps & si ardans
A voir dancer le bal des neuf doctes pucelles,
70 Estoyent sans blanc, sans noir, sans clarté ny prunelles,
Et sa teste, qui fut le Caballin coupeau,
Avoit le nez retraict, sans cheveux, & sans peau,
Point de forme d'oreille, & la creuse ouverture
De son ventre n'estoit que vers & pourriture.

    Trois fois je le voulu en songes embrasser,
Et trois fois s'enfuyant ne se voulut laisser
Presser entre mes bras: & son umbre seulette
Volloit de place en place, ainsi qu'une allouette
Volle devant le chien, lequel la va suivant,
80 Et en pensant la prendre, il ne prent que du vent.
A la fin en ouvrant sa bouche morne & palle,
Fist sortir une voix comme d'une cygalle,
D'un petit gresillon, ou d'un petit poullet,
Quand bien loing de sa mere il pepie seullet.

    Et me disoit, Ronsard, que sans tache d'envye
J'aymé, quand je vivois, comme ma propre vie,
Qui premier me poussas & me formas la voix
A celebrer l'honneur du langage François,
Et compaignon d'un art, tu me monstras l'adresse
90 De me laver la bouche es ondes de Permesse:
Puis qu'il a pleu à Dieu me prendre devant toy,
Entends ceste leçon & la retiens de moy.

    Crains Dieu sur toute chose, & jour & nuict medite
En la loy que son filz nous a laissée ecripte:

Ton esperance apres, & de corps & d'esprit,
Soit fermement fichée au sauveur Jesuchrist:
Obeis à ton Prince, & au bras de Justice,
Et fais à tes amis & plaisir & service:
Contente toy du tien, & ne sois desireux
De biens ny de faveurs, & tu seras heureux.   *100*
Quand au monde où tu es, ce n'est qu'une chimere,
Qui te sert de marastre en lieu de douce mere:
Tout y va par fortune & par opinion,
Et rien n'y est durable en parfaicte union.
Dieu ne change jamais: l'homme n'est que fumée
Qu'un petit traict de feu tient un jour allumée.
   Bien heureux est celuy qui n'y vit longuement,
Et celuy qui sans nom vit si obscurement,
Qu'à peine est il congneu de ceux de son vilage,
Celuy, amy Ronsard, celuy est le plus sage.   *110*
   Sy aux esprits des mors tu veux adjouster foy,
Qui ne sont plus menteurs, Ronsard, retires toy,
Vy seul en ta maison, & ja grison delaisse
A suivre plus la court, ta Circe enchanteresse.
   Quand aux champs où je suis, nous sommes tous egaux,
Les Manes des grands Rois & des hommes ruraux,
Des bouviers, des soldans & des princes d'Asie,
Errent egallement selon leur fantaisie,
Qui deça qui dela en plaisir s'esbattant
Va de verger en autre à son gré volletant,   *120*
Simple, gresle & leger, comme on voit les avettes
Voller parmy voz prez sur les jeunes fleurettes.
   Entre Homere & Virgille, ainsi qu'un demy dieu,
Environné d'esprits, j'ay ma place au meillieu,
Et suis en la façon que m'a decrit Masures,
Aux champs Elisians, aymé des ames pures
Des vaillans demy-dieux, & du prince Henry,
Qui se cachant sa playe erre seul & marry,
Dequoy la dure Parque a sans pitié ravie
Tout d'un coup son repos, son plaisir & sa vie.   *130*
   Et j'erre comme luy de tristesse blessé
Qui sans te dire à Dieu si tost je te laissé,
Et sans prendre congé de toute nostre bande,
A qui lcur du Bellay par toy se recommande.
   Ainsi dit ceste idolle, & comme un pront esclair
Dans la nue se pert, se perdit dedans l'air.

REMONSTRANCE

AU PEUPLE DE FRANCE

O Ciel, ô Mer, ô Terre, ô Dieu pere commun
Des Chrestiens, & des Juifs, des Turcs, & d'un chacun:
Qui nourris aussi bien par ta bonté publicque
Ceux du Pole Antarticq', que ceux du Pole Artique:
Qui donnes & raison, & vie, & mouvement,
Sans respect de personne, à tous egallement,
Et fais du ciel là haut sur les testes humaines
Tomber, comme il te plaist, & les biens, & les peines.
   O Seigneur tout puissant, qui as tousjours esté
10   Vers toutes nations plain de toute bonté,
Dequoy te sert là haut la foudre & le tonnerre,
Si d'un esclat de feu tu n'en brusles la terre?
   Es tu dedans un trosne assis sans faire rien?
Il ne faut point douter que tu ne saches bien
Cela que contre toy brassent tes creatures,
Et toutesfois, Seigneur, tu le vois & l'endures!
   Ne vois tu pas du ciel ces petits animaux
Lesquels ne sont vestus que de petites peaux,
Ces petits animaux qu'on appelle les hommes,
20   Et comme bulles d'eaux tu creves & consommes?
Que les doctes Romains, & les doctes Gregois,
Nomment songe, fumée, & fueillage des bois?
Qui n'ont jamais icy la vérité cogneue,
Que je ne sçay comment ou par songe ou par nue?
   Et toutesfois, Seigneur, ils font les empeschez,
Comme si tes segretz ne leur estoient cachez,
Braves entrepreneurs, & discoureurs des choses
Qui aux entendemens de tous hommes sont closes,
Qui par longue dispute & curieux propos
30   Ne te laissent jouyr du bien de ton repos,
Qui de tes sacremens effacent la memoire,
Qui disputent en vain de cela qu'il faut croire,
Qui font trouver ton Fils imposteur & menteur.
Ne les puniras tu, souverain createur?
Tiendras tu leur party? Veux tu que lon t'appelle
Le Seigneur des larrons, & le Dieu de querelle?
Ta nature y repugne, aussi tu as le nom
De doux, de pacifiq', de clement, & de bon,
Et ce monde accordant, ton ouvrage admirable
40   Nous monstre que l'accord t'est tousjours aggreable.
   Mais qui seroit le Turc, le Juif, le Sarrasin,
Qui voyant les erreurs du Chrestien son voisin,

Se voudroit baptiser? le voyant d'heure en heure
Changer d'opinion, qui jamais ne s'asseure?
Le cognoissant leger, mutin, seditieux,
Et trahir en un jour la foy de ses ayeux?
Inconstant, incertain, qui aux propos chancelle
Du premier qui luy chante une chanson nouvelle?
Le voyant Manichée, & tantost Arrien,
Tantost Calvinien, tantost Lutherien,   50
Suivre son propre advis, non celuy de l'Eglise?
Un vrai jong d'un estang, le jouet de la bise,
Ou quelque girouette, inconstante, & suivant
Sur le haut d'une tour la volonté du vent?
Et qui seroit le Turc lequel auroit envye
De se faire Chrestien en voyant telle vye?
    Certes si je n'avois une certaine foy
Que Dieu par son esprit de grace a mise en moy,
Voyant la Chrestienté n'estre plus que risée,
J'aurois honte d'avoir la teste baptisée,   60
Je me repentirois d'avoir esté Chrestien,
Et comme les premiers je deviendrois Payen.
    La nuit j'adorerois les rayons de la Lune,
Au matin le Soleil, la lumiere commune,
L'œil du monde, & si Dieu au chef porte des yeux,
Les rayons du Soleil sont ses yeux radieux,
Qui donnent vie à tous, nous maintiennent & gardent,
Et les faicts des humains en ce monde regardent.
    Je dy ce grand Soleil qui nous fait les saisons
Selon qu'il entre ou sort de ses douze maisons,   70
Qui remplist l'univers de ses vertus cogneues,
Qui d'un trait de ses yeux nous dissipe les nues,
L'esprit, l'ame du monde, ardant & flamboyant,
En la course d'un jour tout le ciel tournoyant,
Plain d'immence grandeur, rond, vagabond, & ferme,
Lequel tient dessoubs luy tout le monde pour terme,
En repos, sans repos, oisif, & sans sejour,
Fils aysné de Nature, & le pere du jour.
    J'adorerois Cerés qui les bleds nous apporte,
Et Bachus qui le cueur des hommes reconforte,   80
Neptune le sejour des vens & des vaisseaux,
Les Faunes, & les Pans, & les Nymphes des eaux,
Et la terre, hospital de toute creature,
Et ces Dieux que lon feinct ministres de Nature.
    Mais l'Evangile sainct du Sauveur Jesuschrist,
M'a fermement gravée une foy dans l'esprit,
Que je ne veux changer pour une autre nouvelle,
Et deussai-je endurer une mort trescruelle.

De tant de nouveautez je ne suis curieux:
90   Il me plaist d'imiter le train de mes ayeux,
Je croy qu'en Paradis ils vivent à leur aise,
Encor qu'ils n'ay'nt suivy ny Calvin ny de Besze.

    Dieu n'est pas un menteur, abuseur, ny trompeur,
De sa saincte promesse il ne faut avoir peur,
Ce n'est que vérité, & sa vive parolle
N'est pas comme la nostre incertaine & frivole.

    L'homme qui croit en moy (dit il) sera sauvé:
Nous croyons tous en toy, nostre chef est lavé
En ton nom, ô Jesus, & des nostre jeunesse
100   Par foy nous esperons en ta saincte promesse.

    Et toutesfois, Seigneur, par un mauvais destin
Je ne sçay quel croté apostat Augustin,
Un Picard usurier, un teneur de racquette,
Un mocqueur, un pipeur, un bon nieur de debte,
Qui vend un benefice & à deux & à trois,
Un paillard, un causeur, un renyé françoys,
Nous presche le contraire, & tellement il ose
Qu'à toy la verité sa mensonge il opose.

    Le soir que tu donnois à ta Suitte ton corps,
110   Personne d'un couteau ne te pressoit alors
Pour te faire mentir, & pour dire au contraire
De ce que tu avois deliberé de faire.

    Tu as dit simplement d'un parler net & franc,
Prenant le pain & vin, *C'est cy mon corps & sang,*
Non signe de mon corps. Toutesfois ces ministres,
Ces nouveaux defroqués, apostats & belistres,
Dementent ton parler, disent que tu resvois,
Et que tu n'entendois cela que tu disois.

    Ils nous veullent monstrer par raison naturelle
120   Que ton corps n'est jamais qu'à la dextre eternelle
De ton pere là haut, & veullent t'atacher
Ainsi que Promethée au feste d'un rocher.

    Ils nous veullent prouver par la Philosophie
Qu'un corps n'est en deux lieux: aussi je ne leur nye,
Car un corps n'a qu'un lieu: mais le tien, ô Seigneur,
Qui n'est que majesté, que puissance, & qu'honneur,
Divin, glorifié, n'est pas comme les nostres:
Celuy à porte close alla voir les Apostres,
Celuy sans rien casser sortit hors du tombeau,
130   Celuy sans pesanteur d'os, de chair ny de peau
Monta dedans le ciel. Si ta vertu feconde
Sans matiere aprestée a basty tout ce monde,
Si tu es tout divin, tout sainct, tout glorieux,
Tu peux communiquer ton corps en divers lieux.

Tu serois impuissant, si tu n'avois puissance
D'accomplir tout cela que ta majesté pense.
　　Mais quel plaisir au ciel prens tu d'ouyr ça bas
Dire que tu y es, & que tu n'y es pas,
D'ouyr ces predicans qui par nouveaux passages
En voulant te prouver, prouvent qu'ils ne sont sages,　*140*
Qui pipent le vulgaire, & disputent de toy,
Et rappellent tousjours en doute nostre foy?
　　Il fait bon disputer des choses naturelles,
Des foudres, & des vens, des neiges, & des gresles,
Et non pas de la foy dont il ne faut douter,
Seullement il faut croire, & non en disputer.
　　Tout homme qui voudra soigneusement s'enquerre
De quoy Dieu fit le ciel, les ondes, & la terre,
Du Serpent qui parla, de la pomme d'Adam,
D'une femme en du sel, de l'asne à Balaam,　　　　　*150*
Des miracles de Moyse, & de toutes les choses
Qui sont dedans la Bible estrangement encloses,
Il y perdra l'esprit: car Dieu, qui est caché,
Ne veut que son segret soit ainsi recherché.
　　Bref nous sommes mortels, & les choses divines
Ne se peuvent loger en nos foibles poictrines
Et de sa prescience en vain nous devisons,
Car il n'est pas suject à nos sottes raisons:
L'entendement humain, tant soit il admirable,
Du moindre fait de Dieu, sans grace, n'est capable.　*160*
　　Comment pourrions nous bien avecq' nos petits yeux
Cognoistre clerement les misteres des cieux?
Quand nous ne sçavons pas regir nos republicques,
Ny mesmes gouverner nos choses domestiques!
Quand nous ne cognoissons la moindre herbe des prez!
Quand nous ne voyons pas ce qui est à nos pieds!
　　Toutesfois les Docteurs de ces sectes nouvelles,
Comme si l'Esprit Sainct avoit usé ses aisles
A s'appuyer sur eux, comme s'ils avoient eu
Du ciel dru & menu mille langues de feu,　　　　　*170*
Et comme s'ils avoient (ainsi que dit la fable
De Minos) banqueté des haults Dieux à la table,
Sans que honte & vergongne en leur cueur trouve lieu,
Parlent profondement des misteres de Dieu,
Ils sont ses conseillers, ils sont ses secretaires,
Ils sçavent ses advis, ils sçavent ses affaires,
Ils ont la clef du Ciel & y entrent tous seuls,
Ou qui veult y entrer, il faut parler à eux.
　　Les autres ne sont rien sinon que grosses bestes,
Gros chapperons fourrez, grasses & lourdes testes:　*180*

S. Ambrois, S. Hierosme, & les autres docteurs,
N'estoient que des resveurs, des fols, & des menteurs:
Avecq' eux seulement le S. Esprit se treuve,
Et du S. Evangille ils ont trouvé la febve.
     O pauvres abusez! mille sont dans Paris,
Lesquels sont des jeunesse aux estudes nourris,
Qui de contre une natte estudiant attachent
Melancolicquement la pituite qu'ils crachent,
190   Desquels vous apprendriez en diverses façons,
Encores dix bons ans mille & mille leçons.
     Il ne faut pas avoir beaucoup d'experience
Pour estre exactement docte en vostre science,
Les barbiers, les maçons en un jour y sont clercs,
Tant vos misteres saincts sont cachez & couvers!
     Il faut tant seulement avecques hardiesse
Detester le Papat, parler contre la messe,
Estre sobre en propos, barbe longue, & le front
De rides labouré, l'œil farouche & profond,
200   Les cheveux mal peignez, un soucy qui s'avalle,
Le maintien renfrongné, le visage tout palle,
Se monstrer rarement, composer maint escrit,
Parler de l'Eternel, du Seigneur, & de Christ,
Avoir d'un reistre long les espaules couvertes,
Bref estre bon brigand & ne jurer que certes.
     Il faut pour rendre aussi les peuples estonnés
Discourir de Jacob & des predestinés,
Avoir S. Paul en bouche, & le prendre à la lettre,
Aux femmes, aux enfans l'Evangille permettre,
Les œuvres mespriser, & haut loüer la foy,
210   Voylà tout le sçavoir de vostre belle loy.
     J'ay autrefois goutté, quand j'estois jeune d'age,
Du miel empoisonné de vostre doux breuvage,
Mais quelque bon Daimon, m'ayant ouy crier,
Avant que l'avaller me l'osta du gosier.
     Non non je ne veux point que ceux qui doibvent naistre
Pour un fol Huguenot me puissent recognoistre:
Je n'aime point ces mots qui sont finis en os,
Ces Gots, ces Austregots, Visgots, & Huguenots:
Ils me sont odieux comme peste, & je pense
220   Qu'ils sont prodigieux au Roy & à la France.
     Vous ne pipés sinon le vulgaire innocent,
Grosse masse de plomb qui ne voit ny ne sent,
Ou le jeune marchant, le bragard gentilhomme,
L'escollier debauché, la simple femme: & somme
Ceux qui sçavent un peu, non les hommes qui sont
D'un jugement rassis, & d'un sçavoir profond:

Amyot & Danés lumieres de nostre aage,
Aux lettres consumés, en donnent tesmoignage,
Qui sans avoir tiré vostre contagion
Sont demeurés entiers en leur religion.   230
   Hommes dignes d'honneur, cheres testes & rares,
Les cieux de leur faveur ne vous soient point avares,
Vivés heureusement, & en toutes saisons
D'honneurs & de vertus soyent pleines vos maisons.
   Perisse mille fois cette tourbe mutine
Qui folle court apres la nouvelle doctrine,
Et par opinion se laisse sottement,
Soubs ombre de piété, gaigner l'entendement.
   O Seigneur, tu devois pour chose necessaire
Mettre l'opinion aux tallons, & la faire   240
Loing du chef demeurer, & non pas l'apposer
Si pres de la raison, à fin de l'abuser,
Comme un mechant voisin qui abuse à toute heure
Celuy qui par fortune aupres de luy demeure.
   Si tost que ce fier monstre est pris, il gaigne apres
La voisine raison, laquelle habite aupres,
Et alors toute chose en l'homme est debordée,
Quand par l'opinion la raison est guidée.
   La seule opinion fait les hommes armer,
Et frere contre frere au combat animer,   250
Perd la religion, renverse les grands villes,
Les couronnes des Roys, les polices civilles,
Et apres que le peuple est soubs elle abbatu,
Lors le vice & l'erreur surmontent la vertu.
   Or cette opinion fille de fantasie
Outre-volle l'Afrique, & l'Europe, & l'Asie,
Sans jamais s'arrester, car d'un vol nompareil
Elle atteinct en un jour la course du Soleil.
   Elle a les pieds de vent, & de sur les aisselles
Comme un monstre emplumé elle porte des aesles,   260
Elle a la bouche grande, & cent langues dedans,
Sa poitrine est de plomb, ses yeux promps & ardans,
Tout son chef est de verre & a pour compagnye
La jeunesse & l'erreur, l'orgueil & la manye.
   De ses tetins ce monstre un Vuiclef aletta,
Et en depit du ciel un Jehan Hus enfanta,
Puis elle se logea sur le haut de la porte
De Luther son enfant, & dit en cette sorte:
   Mon fils, il ne faut plus que tu laisses rouiller
Ton esprit en paresse, il te faut despouiller   270
Cet habit monstrueux, il faut laisser ton cloistre:
Aux Princes & aux Roys je te feray cognoistre,

Et si feray ton nom fameux de tous costez,
Et rendray dessoubs toy les peuples surmontez:
Il faut oser beaucoup: la Fortune demande
Un magnanime cueur qui ose chose grande.
    Ne vois tu que le Pape est trop enflé de biens!
Comme il presse soubs soy les Princes terriens!
Et comme son Eglise est toute depravée
280   D'ambition, de gloire, & d'honneur abreuvée!
Ne vois tu ses suppots paresseux & poussis,
Decouppez, parfumez, delicats & lassis,
Fauconniers & veneurs, qui occupent & tiennent
Les biens qui justement aux pauvres appartiennent!
Sans prescher, sans prier, sans garder le troupeau,
Dont ils tirent la gresse, & dechirent la peau!
    Dieu t'appelle à ce fait! courage je te prie!
Le monde, ensorcelé de vaine piperie,
Ne pourra resister: tout va de pis en pis
290   Et tout est renversé des grands jusqu'aux petits!
    La foy, la verité de la terre est banye,
Et regnent en leur lieu luxure & gloutonnie,
L'exterieur domine en tout ce monde icy,
Et de l'interieur personne n'a soucy.
    Pource je vien du ciel pour te le faire entendre,
Il te faut maintenant en main les armes prendre:
Je fourniray de feu, de mesche, & de fuzil:
Pour mille inventions j'auray l'esprit subtil,
Je marcheray devant & d'un cry vray-semblable
300   J'assembleray pour toy le vulgaire muable,
J'iray le cueur des Rois de ma flamme attiser,
Je feray leurs cités en deux pars diviser,
Et seray pour jamais ta fidelle compagne.
    Tu feras grand plaisir aux princes d'Allemagne,
Qui sont marris de voir (comme estans genereux)
Un Evesque electeur, & dominer sur eux:
S'ils veullent qu'en leur main l'election soit mise
Il faut rompre premier les forces de l'Eglise:
Un moyen plus gaillard ne se treuve sinon
310   Que de monter en chaire, & d'avancer ton nom,
Abominer le Pape, & par mille finesses
Crier contre l'Eglise, & oster ses richesses.
    Ainsi disoit ce Monstre, & arrachant soudain
Un serpent de son dos, le jetta dans le sein
De Luther estonné: le serpent se derobe,
Qui glissant lentement par les plis de sa robbe,
Entre soubs la chemise, & coullant sans toucher
De ce moyne abusé ny la peau ny la chair,

Luy souffle vivement une ame serpentine,
Et son venin mortel luy crache en la poitrine,   *320*
L'enracinant au cueur: puis faisant un grand bruit
D'escailles & de dens, comme un songe s'enfuit.

   Au bruit de ce serpent que les mons redoublerent,
Le Danube & le Rhin en leur course en tremblerent,
L'Allemaigne en eut peur, & l'Espaigne en fremit,
D'un bon somme depuis la France n'en dormit,
L'Itale s'estonna, & les bords d'Angleterre
Tressaillirent d'effroy, comme au bruit d'une guerre.

   Lors Luther, agité des fureurs du Serpent,
Son venin & sa rage en Saxonne respend,   *330*
Et si bien en preschant il supplye & commande,
Qu'à la fin il se void docteur d'une grand bande.

   Depuis les Allemans ne se virent en paix,
La mort, le sang, la guerre, & les meurtres espaix
Ont assiégé leur terre, & cent sortes de vices
Ont sans dessus-dessoubs renversé leurs polices.

   De là sont procedez les maux que nous avons,
De là vient le discord soubs lequel nous vivons,
De là vient que le fils fait la guerre à son pere,
La femme à son mary, & le frere à son frere,   *340*
A l'oncle le nepveu: de là sont renversez
Les Conciles sacrés des vieux siecles passez.

   De là toute heresie au monde prist naissance,
De là vient que l'Eglise a perdu sa puissance,
De là vient que les Roys ont le Sceptre esbranlé,
De là vient que le foyble est du fort violé,
De là sont procedés ces Geants qui eschellent
Le Ciel, & au combat les Dieux mesmes appellent,
De là vient que le monde est plain d'iniquité,
Remply de defiance, & d'infidelité,   *350*
Ayant perdu sa reigle & sa forme ancienne.
   Si la religion, & si la foy Chrestienne
Apportent de tels fruits, j'ayme mieux la quitter
Et bany m'en aller les Indes habiter,
Ou le pole Antartiq' où les sauvages vivent,
Et la loy de nature heureusement ensuivent.

   Mais en bref, ô Seigneur tout puissant & tout fort,
Par ta saincte bonté tu rompras leur effort,
Tu perdras leur conseil, & leur force animée
Contre ta majesté tu mettras en fumée: *360*
Car tu n'es pas l'appuy ny l'amy des larrons:
Et pource soubs ton aesle à seurté nous serons.
   La victoire des camps ne depend de nos armes,
Du nombre des piétons, du nombre des gendarmes,

Elle gist en ta grace, & de là haut aux cieux
Tu fais ceux qu'il te plaist icy victorieux.
　　Nous sçavons bien, Seigneur, que nos fautes sont grandes,
Dignes de chatiment, mais, Seigneur, tu demandes
Pour satisfaction un cueur premierement,
370 Contrit, & penitent, & demis humblement,
Et pource, Seigneur Dieu, ne punis en ton ire
Ton peuple repentant, qui lamente & souspire,
Qui te demande grace, & par triste meschef
Les fautes de ses Roys ne tourne sur son chef.
　　Vous, Princes & vous Roys, la faute avez commise
Pour laquelle aujourd'huy soufre toute l'Eglise,
Bien que de vostre temps vous n'ayez pas cogneu
Ni senty le malheur qui nous est advenu.
　　Vostre facilité qui vendoit les offices,
380 Qui donnoit aux premiers les vaquans benefices,
Qui l'Eglise de Dieu d'ignorans farcissoit,
Qui de larrons privez les Pallais remplissoit,
Est cause de ce mal. Il ne faut qu'un jeune homme
Soit evesque ou abbé, ou cardinal de Romme,
Il faut bien le choisir avant que luy donner
Une mittre, & pasteur des peuples l'ordonner.
　　Il faut certainement qu'il ayt le nom de prebstre,
Prebstre veut dire vieil, c'est à fin qu'il puisse estre
De cent mille pechez tout delivre & tout franc,
390 Que la jeunesse donne en la ferveur du sang.
　　Si Platon prevoyoit par les molles musiques
Le futur changement des grandes republicques,
Et si par l'armonie il jugeoit la cité:
Voyant en nostre Eglise une lascivité,
On pouvoit bien juger qu'elle seroit destruicte,
Puis que jeunes pillots luy servoient de conduicte,
"Tout Sceptre, & tout Empire, & toutes regions
"Fleurissent en grandeur par les religions,
"Et par elle ou en paix ou en guerre nous sommes,
400 "Car c'est le vray ciment qui entretient les hommes.
　　On ne doit en l'Eglise evesque recevoir
S'il n'est vieil, s'il ne presche, & s'il n'est de sçavoir,
Et ne faut eslever par faveur ny richesse
Aux offices publiqs l'inexperte jeunesse
D'un escolier qui vient de Tholose, davant
Que par longue prudence il devienne sçavant.
　　Vous, Royne, en departant les dignitez plus hautes,
Des Roys voz devanciers ne faittes pas les fautes,
Qui sans sçavoir les meurs de celuy qui plus fort
410 Se hastoit de picquer, & d'apporter la mort,

Donnoient le benefice, &, sans sçavoir les charges
Des biens de Jesuschrist, en furent par trop larges,
Lesquels au temps passé ne furent ordonnés
Des premiers fondateurs pour estre ainsi donnés.

    Madame, il faut chasser ces gourmandes Harpyes,
Je dy ces importuns, dont les griffes remplyes
De cent mille morceaux, tendent tousjours la main
Et tant plus ils sont saouls, plus ils meurent de fain,
Esponges de la Court, qui succent & qui tirent,
Et plus sont plaines d'eau & tant plus en desirent.   *420*

    O vous, doctes Prelats, poussés du S. Esprit,
Qui estes assemblés au nom de Jesuschrist,
Et taschés sainctement par une voye utile
De conduire l'Eglise à l'accord d'un Concile,
Vous mesmes les premiers, Prelats, reformés vous,
Et comme vrays pasteurs faittes la guerre aux loups,
Ostés l'ambition, la richesse excessive,
Arrachés de vos cueurs la jeunesse lascive,
Soyés sobres de table, & sobres de propos,
De vos troupeaux commis cerchés moy le repos,   *430*
Non le vostre, Prelats, car vostre vray office
Est de prescher sans cesse & de chasser le vice.

    Vos grandeurs, vos honneurs, vos gloires despouillés,
Soyés moy de vertus non de soye habillés,
Ayés chaste le corps, simple la conscience:
Soit de nuict, soit de jour apprenez la science,
Gardés entre le peuple une humble dignité,
Et joignés la douceur avecq' la gravité.

    Ne vous entremeslés des affaires mondaines,
Fuyés la court des Roys & leurs faveurs soudaines,   *440*
Qui perissent plus tost qu'un brandon allumé
Qu'on voit tantost reluire, & tantost consumé.

    Allés faire la court à vos pauvres oueilles,
Faictes que vostre voix entre par leurs oreilles,
Tenés vous pres du parc, & ne laissés entrer
Les loups en vostre clos, faute de vous monstrer.

    Si de nous reformer vous avés doncq' envye,
Reformés les premiers vos biens & vostre vie,
Et alors le troupeau qui dessous vous vivra,
Reformé comme vous, de bon cueur vous suivra.   *450*

    Vous, Juges des cités, qui d'une main egalle
Devriés administrer la justice royalle,
Cent & cent fois le jour mettés devant vos yeux
Que l'erreur qui pullule en nos seditieux
Est vostre seule faute: & sans vos entreprises
Que nos villes jamais n'eussent esté surprises.

Si vous eussiés puny par le glaive trenchant
Le Huguenot mutin, l'heretique mechant,
Le peuple fust en paix, mais vostre connivence
460   En craignant a perdu les villes & la France.

Il faut sans avoir peur des Princes ny des Roys,
Tenir droit la ballance, & ne trahir les loix
De Dieu, qui sur le fait des justices prend garde,
Et assis aux sommets des cités vous regarde.
Il perse vos maisons de son œil tout voyant,
Et grand juge il cognoist le juge forvoyant
Par present alleché, ou celuy qui par crainte
Corrompt la majesté de la justice saincte.

Et vous, Nobles aussi, mes propos entendez,
470   Qui faucement seduicts, vous estes debandés
Du service de Dieu, vueillés vous recognoistre,
Servés vostre pays, & le Roy vostre maistre,
Posés les armes bas: esperés vous honneur
D'avoir osté le Sceptre au Roy vostre Seigneur?
Et d'avoir derobbé par armes la province
D'un jeune Roy mineur, vostre naturel prince?
Vos peres ont receu de nos Roys ses ayeux
Les honneurs & les biens qui vous font glorieux,
Et d'eux avés receu en tiltre la noblesse,
480   Pour avoir dessoubs eux monstré vostre proesse,
Soit chassant l'Espaignol ou combatant l'Anglois,
Afin de maintenir le Sceptre des François:
Vous mesmes aujourd'huy le voulés vous destruire,
Apres que vostre sang en a fondé l'Empire?

Telle fureur n'est point aux Tygres ny aux Ours,
Qui s'entraiment l'un l'autre, & se donnent secours,
Et pour garder leur race en armes se remuent:
Les François seullement se pillent & se tuent,
Et la terre en leur sang bagnent de tous costés,
490   Afin que d'autre main ils ne soyent surmontés.

La foy (ce dittes vous) nous fait prendre les armes:
Si la religion est cause des alarmes,
Des meurtres & du sang que vous versés icy,
He! qui de telle foy voudroit avoir soucy,
Si par plomb, & par feu, par glaive, & poudre noyre,
Les songes de Calvin nous voulés faire croire?

Si vous eussiés esté simples comme davant,
Sans aller les faveurs des Princes poursuivant,
Si vous n'eussiés parlé que d'amender l'Eglise,
500   Que d'oster les abus de l'avare prestrise,
Je vous eusse suivy, & n'eusse pas esté
Le moindre de ceux là qui vous ont escouté.

Mais voyant vos cousteaux, vos soldars, vos gendarmes,
Voyant que vous plantés vostre foy par les armes,
Et que vous n'avés plus ceste simplicité
Que vous portiés au front en toute humilité,
J'ay pensé que Satan, qui les hommes attise
D'ambition, estoit chef de vostre entreprise.
  L'esperance de mieux, le desir de vous voir
En dignité plus haute, & plus grands en pouvoir,   *510*
Vos haines, vos discords, vos querelles privées,
Sont cause que vos mains sont de sang abreuvées,
Non la religion, qui sans plus ne vous sert
Que de voille soubs qui vostre fard est couvert.
  Et vous Nobles aussi, qui n'avés renoncée
La foy, de pere en fils qui vous est annoncée,
Soutenés vostre Roy, mettés luy derechef
Le Sceptre dans la main, & la couronne au chef,
N'espargnés vostre sang, vos biens ny vostre vie:
Heureux celuy qui meurt pour garder sa patrie.   *520*
  Vous peuple, qui du coultre, & de beufs accouplés
Fendés la terre grasse, & y semés des bleds,
Vous Marchans, qui allés les uns sur la marine,
Les autres sur la terre, & de qui la poitrine
N'a humé de Luther la secte ny la foy,
Monstrés vous à ce coup bons serviteurs du Roy.
  Et vous sacré troupeau, sacrés mignons des Muses,
Qui avés au cerveau les sciences infuses,
Qui faittes en papier luire vos noms icy,
Comme un Soleil d'esté de rayons esclarcy: *530*
De nostre jeune Prince escrivés la querelle
Et armés Apollon & les Muses pour elle.
  Toy Paschal, qui as fait un œuvre si divin,
Ne le veux tu point mettre en evidence, à fin
Que le peuple le voye, & l'appreigne, & le lise,
A l'honneur de ton Prince, & de toute l'Eglise?
Et bien! tu me diras, aussi tost qu'ils verront
Nos escripts imprimés, soudain ils nous tueront:
Car ils ont de fureur l'ame plus animée
Que freslons en un chesne estouffés de fumée.   *540*
  Quand à mourir, Paschal, je suis tout resolu,
Et mourray par leurs mains si le ciel l'a voulu,
Si ne veux je pourtant me retenir d'escrire,
D'aymer la verité, la prescher & la dire.
  Je sçay qu'ils sont cruels & tirans inhumains:
N'agueres le bon Dieu me sauva de leurs mains,
Apres m'avoir tiré cinq coups de harquebuse:
Encor' il n'a voulu perdre ma pauvre muse,

Je vis encor', Paschal, & ce bien je reçoy
550 Par un miracle grand que Dieu fist de sur moy.
  Je meurs quand je les voy ainsi que harengeres
Jetter mille brocars de leurs langues legeres,
Et blasphemer l'honneur des Seigneurs les plus haults,
D'un nom injurieux de Guisars & Papaux.
  Je meurs quand je les voy par troupes incogneues
Marcher aux carrefours ou au milieu des rues,
Et dire que la France est en piteux estat,
Et que les Guisiens auront bien tost le mat.
  Je meurs quand je les voy enflés de vanteries,
560 Semant de toutes pars cent mille menteries,
Et deguiser le vray par telle authorité
Que le faux controuvé semble estre verité,
Puis reserrer l'espaule, & dire qu'ils depleurent
Le malheur de la guerre, & de ceux qui y meurent,
Asseurans pour la fin que le grand Dieu des cieux
Les fera, quoy qu'il tarde, icy victorieux.
  Je suis plain de despit quand les femmes fragilles
Interpretent en vain le sens des Evangilles,
Qui debvroient mesnager & garder leur maison:
570 Je meurs quand les enfans qui n'ont point de raison
Vont disputant de Dieu qu'on ne sçaurait comprendre,
Tant s'en faut qu'un enfant ses secrets puisse entendre.
  Je suis remply d'ennuy, de dueil & de tourment,
Voyant ce peuple icy des presches si gourmand,
Qui laisse son estau, sa boutique, & charrue,
Et comme furieux par les presches se rue
D'un courage si chaud qu'on ne l'en peut tirer,
Voire en mille morceaux le deust on dechirer.
  Ulysse à la parfin chassa ses bandes sottes
580 A grands coups de baston, de la douceur des Lottes,
Qui oublioient leur terre, & au bort estranger
Vouloient vivre & mourir pour les Lottes manger:
Mais ny gleve ny mort ne retient cette bande,
Tant elle est du sermon des ministres friande:
Brief elle veut mourir, apres avoir gousté
D'une si dommageable & folle nouveauté.
  J'ay pitié quand je voy quelque homme de boutique,
Quelque pauvre artizan devenir heretique,
Mais je suys plain d'ennuy & de dueil quand je voy
590 Un homme bien gaillard abandonner sa foy,
Quand un gentil esprit pipé huguenotise,
Et quand jusque à la mort ce venin le maistrise.
  Voyant cette escriture ils diront en courroux,
Et quoy, ce gentil sot escrit doncq' contre nous!

Il flatte les Seigneurs, il fait d'un diable un ange.
Avant qu'il soit long temps on luy rendra son change,
Comme à Villegaignon qui ne s'est bien trouvé,
D'avoir ce grand Calvin au combat éprouvé.
    Quand à moy je suis prest, & ne perdray courage,
Ferme comme un rocher, le rampart d'un rivage,   600
Qui se mocque des vens, & plus est agité
Plus repousse les flots, & jamais n'est donté.
    Au moins concedés nous vos previlleges mesmes!
Puis que vous dechirés les dignités supremes
Des Papes, des Prelats par mots injurieux,
Ne soyés, je vous pry, de sur nous envieux,
Et ne trouvés mauvais, si nos plumes s'aguisent
Contre vos Predicans qui le peuple seduisent:
A la fin vous voyrés, apres avoir osté
Le chaut mal qui vous tient, que je dy verité.   610
    Vous, Prince genereux, race du sang de France,
Dont le tyge royal, de ce Roy print naissance
Qui pour la foy Chrestienne outre la mer passa,
Et sa gloire fameuse aux Barbares laissa,
Si vous n'aviez les yeux aggravez d'un dur somme,
Vous cognoistriez bien tost que la fraude d'un homme
Bany de son pays l'esprit vous a pipé,
Et des liens d'honneur par tout enveloppé.
    Il vous enfle le cueur d'une vaine esperance:
De gaigner nostre Empire il vous donne asseurance,   620
Il vous promet le monde, & vous Prince tresbon,
Né du sang inveincu des Seigneurs de Bourbon,
L'oreille vous tendez à ces promesses vaines,
Qui s'enflent tout ainsi comme les balles plaines,
Mais si d'un coup de pied quelqu'un les va crevant
L'enfleure fait un bruit, & n'en sort que du vent.
    Puis vous qui ne sçaviés (certes dire je l'ose)
Combien le commander est une douce chose,
Vous voyant obey de vingt mille soldars,
Voyant floter pour vous aux champs mille estandars,   630
Voyant tant de Seigneurs qui vous font tant d'homages,
Voyant de tous costés bourgs, cités, & villages
Obeir à vos loix, & vous nommer veinqueur,
Cela, Prince tresbon, vous fait grossir le cueur.
    Ce pendant ils vous font un Roy de tragedie,
Exerceant dessoubs vous leur malice hardye,
Et se couvrant de vous, Seigneur, & de vos bras,
Ils font cent mille maux, & ne le sçavez pas:
Et ce qui plus me deult, c'est qu'encores ils disent,
Que les anges de Dieu par tout les favorisent.   640

De tel arbre tel fruit, ils sont larrons, brigans,
Inventeurs, & menteurs, vanteurs, & arrogans,
Superbes, soupçonneux. Au reste je ne nye
Qu'on ne puisse trouver en leur tourbe infinie
Quelque homme bon & droit, qui garde bien sa foy:
Telle bonté ne vient pour croire en telle loy,
Ains pour estre bien né, car s'il fust d'avanture
Un Turc, il garderoit cette bonne Nature.
     Je cognois un seigneur, las! qui les va suivant,
650   Duquel jusque à la mort je demourray servant,
Je sçay que le Soleil ne voit ça bas personne
Qui ait le cueur si bon, la nature si bonne,
Plus amy de vertu, & tel je l'ay trouvé
L'ayant en mon besoing mille fois esprouvé:
En larmes & soupirs, Seigneur Dieu, je te prie
De conserver son bien, son honneur, & sa vie.
     Rien ne me fache tant que ce peuple batu,
Car bien qu'il soit tousjours par armes combatu,
Froissé, cassé, rompu, il caquette & groumelle
660   Et tousjours va semant quelque fauce nouvelle:
Tantost il a le cueur superbe et glorieux,
Et dict qu'un escadron des Archanges des cieux
Viendra pour son secours, tantost la Germanie
Arme pour sa deffence une grand compagnie,
Et tantost les Anglois le viennent secourir,
Et ne voit ce pendant comme on le faict mourir,
Tué de tous costés: telle fievre maline
Ne se pourroit guarir par nulle medecine.
Il veut tantost la paix, tantost ne la veut pas,
670   Il songe, il fantastique, il n'a point de compas,
Tantost enflé de cueur, tantost bas de courage,
Et sans prevoir le sien predit nostre dommage.
     Au reste de parolle il est fier & hautain,
Il a la bouche chaude, & bien froide la main,
Il presume de soy, mais sa folle pensée
Comme par un Destin est tousjours renversée.
     Que diroit on de Dieu si luy benin & doux
Suyvoit vostre party, & combatoit pour vous?
Voulés vous qu'il soit Dieu des meurtriers de ses Papes,
680   De ces briseurs d'autels, de ces larrons de chapes,
Des volleurs de calice? ha! Prince, je sçay bien
Que la plus grande part des prebstres ne vaut rien,
Mais l'eglise de Dieu est saincte & veritable,
Ses misteres sacrés, & sa voix perdurable.
     Prince, si vous n'aviés vostre rang oublié,
Et si vostre œil estoit tant soit peu delié,

Vous cognoistriés bien tost que les Ministres vostres
Sont (certes je le sçay) plus meschans que les nostres:
Ils sont simples d'habits, d'honneur ambitieux,
Ils sont doux au parler, le cueur est glorieux,   690
Leur front est vergongneux, leurs ames eshontées,
Les uns sont Apostats, les autres sont Athées,
Les autres par sur tous veullent le premier lieu:
Les autres sont jaloux du Paradis de Dieu,
Ils le serrent pour eux, & pour ceux qui les suivent:
Les autres sont menteurs, sophistes qui estrivent
De la parolle saincte, & en mille façons
Tourmentent l'Evangille & en font des chansons.
   Dessillés vous les yeux, Prince tresmagnanime,
Et lors de tels gallans vous ferés peu d'estime,   700
Recherchés leur jeunesse, & comme ils ont vescu,
Et vous ne serés plus de tels hommes veincu.
   Prince tresmagnanime & courtois de nature,
Ne soyés offencé lisant cette escripture,
Je vous honore & prise, & estes le Seigneur
Auquel j'ay desiré plus de biens & d'honneur,
Comme vostre subject, ayant pris ma naissance
Où le Roy vostre frere avoit toute puissance.
Mais l'amour du pays, & de ses loix aussi,
Et de la verité, me fait parler ainsi.   710
   Je veux encor parler à celuy qui exerce
Dessous vostre grandeur la justice perverse.
   Quelle loy te commande, ô barbare incensé,
De punir l'innocent qui n'a point offencé?
Quel Tygre, quel Lyon ne trembleroit de creinte
De condamner à mort une innocence saincte?
Qu'avoit commis Sapin, conseiller d'equité,
Dont l'honneur, la vertu, les meurs, l'integrité,
Fleurissoient au Palais comme parmy le voile
De la nuit tenebreuse une flambante estoille?   720
   Tu diras pour responce, on pend mes compagnons:
De rendre la pareille icy nous enseignons,
Et peu nous soucions de tort ny de droiture,
Pourveu que nous puissions revenger nostre injure.
Ha! responce d'un Scythe, & non pas d'un Chrestien,
Lequel doit pour le mal tousjours rendre le bien,
Par mines seulement Chrestien tu te descueuvres,
Je dy Chrestien de bouche, & Scythe par les œuvres.
   O bien heureux Sapin, vray martyr de la foy,
Tel est au rang des Saincts qui n'est plus Sainct que toy
Les œillets & les liz, comme pour couverture,   731
Puissent tousjours fleurir dessus ta sepulture.

Prince, souvenez vous que vos freres sont mors
Outre le naturel, par violens effors,
Et que vostre maison maintesfois a sentie
La grande main de Dieu sus elle apesantie.
Et pource accordés vous avecques vostre aisné
Charles, à qui le ciel a permis & donné
La vertu de remettre en faveur vostre race,
740   Et luy faire tenir son vray rang & sa place.
    Si vous estiez icy deux moys aupres du Roy,
Vous reprendriés soudain vostre premiere Loy,
Et auriés en horreur ceste tourbe mutine,
Qui vous tient apasté de sa folle doctrine.
    Ha Prince, c'est assés, c'est assés guerroyé,
Vostre frere par vous au sepulchre envoyé,
Les playes dont la France est par vous affligée,
Et les mains des larrons dont elle est saccagée,
Les loix & le pays si riche & si puissant,
750   Depuis douze cens ans aux armes fleurissant,
L'extreme cruauté des meurtres & des flammes,
La mort des jouvenceaux, la complainte des femmes,
Et le cry des vieillards qui tiennent embrassés
En leurs tremblantes mains leurs enfans trespassés,
Et du peuple mangé les souspirs & les larmes,
Vous devroyent emouvoir à mettre bas les armes:
Ou bien s'il ne vous plaist selon droit & raison
Desarmer vostre force, oyés mon oraison.
    Vous Princes conducteurs de nostre saincte armée,
760   Royal sang de Bourbon, de qui la renommée
Se loge dans le ciel: vous freres grands & fors,
Sacré sang Guisian, nos rempars & nos fors,
Sang qui fatallement en la Gaulle te monstres,
Pour domter les mutins comme Hercule les Monstres,
Et vous Montmorency, sage Nestor François,
Fidelle serviteur de quatre ou de cinq Roys,
Qui merités d'avoir en memoire eternelle
Ainsi que du Guesclin une ardante chandelle.
Vous d'Anville son fils, saige vaillant & preux,
770   Vous, Seigneurs, qui portés un cueur chevaleureux,
Que chacun à la mort fortement s'abandonne,
Et de ce jeune Roy redressés la couronne!
Redonnez luy le sceptre, & d'un bras indonté
Combatez pour la France & pour sa liberté,
Et ce pendant qu'aurez le sang & l'ame vive,
Ne souffrez qu'elle tombe en misere captive.
    Souvenez vous, Seigneurs, que vous estes enfans
De ces peres jadis aux guerres triomphans,

Qui pour garder la foy de la terre Françoise
Perdirent l'Albigeoise & la secte Vaudoise,   780
Contemplés moy vos mains, vos muscles & vos bras,
Pareilles mains avoyent vos peres aux combats,
Imités vos ayeux afin que la noblesse
Vous anime le cueur de pareille prouesse.
   Vous Guerriers asseurés, vous Pietons, vous Soldars,
De Bellonne conceus, jeune race de Mars,
Dont les fraiches vertus par la Gaulle fleurissent:
N'ayés peur que les bois leurs fueilles convertissent
En huguenots armés, ou comme les Titans,
Ils naissent de la terre en armes combatans.   790
   Ne craignés point aussi les troupes d'Allemaigne,
Ny ces Reistres mutins qu'un François accompagne,
Ils ne sont point conceus d'un fer ny d'un rocher,
Leur cueur se peut navrer, penetrable est leur chair,
Ils n'ont non plus que vous ny des mains ni des jambes,
Leurs glaives ne sont point acerés dans les flambes
Des eaux de Flegeton, ils sont subjects aux coups,
Des femmes engendrés, & mortels comme nous.
   Ne craignés point aussi, vous bandes martialles,
Les coups effeminés des Ministres si palles,   800
Qui font si triste mine, & qui tournent aux cieux,
En faisant leurs sermons, la prunelle des yeux.
   Mais ayés forte picque, & dure & forte espée,
Bon jacque bien cloué, bonne armeure trempée,
La bonne targue au bras, au corps bons corcellets,
Bonne poudre, bon plomb, bon feu, bons pistollets,
Bon morion en teste, & sur tout une face
Qui du premier regard vostre ennemy déface.
   Vous ne combattés pas (soldars) comme autresfois
Pour borner plus avant l'Empire de vos Roys,   810
C'est pour l'honneur de Dieu, & sa querelle saincte,
Qu'aujourd'huy vous portés l'espée au costé sceinte,
Je dy pour ce grand Dieu qui bastit tout de rien,
Qui jadis affligea le peuple Egyptien,
Et nourrit d'Israel la troupe merveilleuse
Quarente ans aux deserts de Manne savoureuse,
Qui d'un rocher sans eau les eaux fit undoyer,
Fit de nuit la collonne ardante flamboyer
Pour guider ses enfans par mons & par vallées,
Qui noya Pharaon soubs les ondes salées,   820
Et fit passer son peuple (ainsi que par bateaux)
Sans danger, à pied sec par le profond des eaux.
   Pour ce grand Dieu, soldars, les armes avés prises
Qui favorisera vous & vos entreprises,

Comme il fist Josué, par le peuple estranger:
Car Dieu ne laisse point ses amys au danger.
　　Dieu tout grand & tout bon qui habites les nues
Et qui cognois l'autheur des guerres advenues,
Dieu qui regardes tout, qui vois tout & entends,
830　Donne, je te suply, que l'herbe du Printemps
Si tost parmy les champs nouvelle ne fleurisse,
Que l'auteur de ces maux au combat ne perisse,
Ayant le corcelet d'outre en outre enfoncé
D'une picque ou d'un plomb fatallement poussé.
　　Donne que de son sang il enyvre la terre,
Et que ses compaignons au millieu de la guerre
Renversés à ses pieds, haletans & ardans
Mordent de sur le champ la poudre entre leurs dens,
Estendus l'un sur l'autre, & que la multitude
840　Qui s'asseure en ton nom, franche de servitude,
De fleurs bien couronnée, à haute voix, Seigneur,
Tout à l'entour des morts celebre ton honneur,
Et d'un cantique sainct chante de race en race
Aux peuples avenir tes vertus & ta grace.

24   HYMNE DU PRINTEMPS

A FLEURIMONT ROBERTET
SEIGNEUR D'ALUYE

Je chante, Robertet, la saison du Printemps,
Et comme Amour & luy (apres avoir long temps
Combatu le discord de la mace premiere)
De flammes bien armés sortirent en Lumiere:
Tous deux furent Oyseaux en æsles seulement,
L'un vola dans les cueurs, l'autre plus bassement
S'en vola sur la Terre, & pour mieux se conduire,
Envoya davant soy les æsles de Zephyre.
    Zephyre avoit un reth d'aymant laborieux,
Si rare & si subtil qu'il decevoit les yeux,   *10*
Ouvrage de Vulcan, lequel depuis l'Aurore,
Depuis le jour couchant, jusqu'au rivage more,
Il tenoit estendu pour prendre cautement
Flore que le Printemps aymoit ardentement.
    Or cette Flore estoit une Nymphe gentille,
Que la Terre conceut pour sa seconde fille,
Ses cheveux estoient d'or, annelés & tressés,
D'une boucle d'argent ses flancs estoient pressés,
Son sein estoit remply d'aimail & de verdure:
Un crespe delié luy servoit de vesture,   *20*
Et portoit dans la main un cofin plain de fleurs
Qui naquirent jadis du cristal de ses pleurs,
Quand Aquilon voulut la mener en Scythie,
Et la ravir ainsi comme il fit Orythie:
Mais elle crya tant que la Terre y courut,
Et des mains du larron sa fille secourut.
    Toujours la douce Manne & la tendre Rosée
(Qui d'un ær plus subtil au ciel est composée)
Et la forte Jeunesse au sang chaut & ardant,
Et Amour qui alloit son bel arc debendant,   *30*
Et Venus qui estoit de roses bien coifée,
Suyvoient de tous costés Flore la belle Fée.
    Un jour qu'elle dansoit Zephyre l'egara,
Et tendant ses fillets la print & la serra
De rets envelopée, & captive tresbelle
Au Printemps la donna, qui languissoit pour elle.
    Si tost que le Printemps en ses bras la receut,
Femme d'un si grand Dieu, fertille elle conceut
Les beautés de la Terre, & sa vive semence
Fit soudain retourner tout le monde en enfance.   *40*

Alors d'un nouveau chef les bois furent couvers,
Les prés furent vestus d'habillemens tous verds,
Les vignes de raisins: les campagnes porterent
Le bled que sans labeur les terres enfanterent,
Le doux miel distilla du haut des arbrisseaux,
Et le laict savoureux coula par les ruysseaux.
    Amour qui de bien loing le Printemps n'abandonne,
Prist l'arc dedans la main, & du trait dont il donne
Tant de braziers aux cueurs, s'en alla dans la mer
50 Jusqu'au centre des eaux les poissons enflammer,
Et, maugré la froideur des plus humides nues,
Enflamma les oyseaux de ses flammes cognues:
Alla par les rochers, & par les bois deserts
Allumer la fureur des sangliers & des cerfs,
Et parmy les cités des hommes raisonnables
Fit sentir la fureur de ses traits incurables:
Et en blessant les cueurs d'un amoureux soucy,
Avecques la douceur mesla si bien aussi
L'aigreur, qui doucement coulle dedans nos veines,
60 Et avecq' le plaisir mesla si bien les peines,
Qu'un homme ne pourroit s'estimer bien heureux,
S'il n'a senty le mal du plaisir amoureux.
    Jupiter s'alluma d'une jalouse envye
Voyant que le Printemps joüissoit de sa mye,
L'ire le surmonta, puis prenant le cousteau
Dont n'aguere il avoit entamé son cerveau,
Quand il conceut Pallas la Deesse guerriere,
Detrancha le Printemps, & sa saison entiere
En trois pars divisa. Adonques vint l'Esté
70 Qui halla tout le Ciel de chaut: & n'eust esté
Que Junon envoya Iris sa messagere,
Qui la pluye amassa de son æsle legere,
Et tempera le feu de moitteuse froideur,
Le monde fut peri d'une excessive ardeur.
    Apres, l'Automne vint chargé de maladies,
Et l'Hyver qui receut les tempestes hardies
Des vens impetueux qui se boufent si fort
Qu'à peine l'univers resiste à leur effort,
Et couvrirent mutins la terre pesle-mesle
80 De pluyes, de glaçons, de neiges, & de gresle.
    Le Soleil, qui aymoit la Terre, se facha
Dequoy l'Hyver jaloux sa Dame luy cacha,
Et rendit de ses yeux la lumiere eclipsée,
Portant de sur le front le mal de sa pensée,
Et retournant son Char à recullons, alla
Devers le Capricorne, & se retira là.

Adonques en frayeur tenebreuse & profonde
(Le Soleil estant loing) fust demouré le monde,
Sans le gentil Printemps qui le fit revenir,
Et le fist de rechef amoureux devenir.   *90*

 D'une chesne de fer deux ou trois fois retorse,
Prenant l'Hyver au corps, le garrota par force,
Et sans avoir pitié de ce pauvre grison,
L'espace de neuf moys le detint en prison.

 Ainsi par le Printemps la Terre se fist belle,
Ainsi le beau Soleil retourna devers elle,
Et redoublant le feu de sa premiere amour
Monta bien haut au ciel, & alongea le jour,
A fin que plus long temps il embrassat sa femme:
Et ne fust que Thetis a pitié de la flamme   *100*
Qu'Amour luy verse au cueur, il fust ja consumé.

 Mais pour remedier à son mal enflammé,
Elle appelle la Nuit: adonq la Nuit detache
Le Soleil hors du ciel, & dans la mer le cache,
Où Thetis en ses eaux refroidist sa challeur.
Mais luy qui celle en l'eau l'amoureuse doulleur,
S'eschape de Thetis, & la laisse endormie,
Et droit sur l'Orient retourne voir sa mie.

 Aussi de son costé la Terre cognoist bien,
Que de telle amityé procede tout son bien: *110*
Pource de mille fleurs son visage elle farde,
Et de pareille amour s'eschaufe, & le regarde.
Comme une jeune fille, à fin de plaire mieux,
Aux yeux de son amy, par un soing curieux
S'acoutre & se fait belle, & d'un fin artifice,
L'atire doucement à luy faire service:
Ainsi la Terre rend son visage plus beau,
Pour retenir long temps cet amoureux flambeau,
Qui luy donne la vie, & de qui la lumiere
Par sa vertu la fait de toutes choses Mere.   *120*

 En l'honneur de cet Hymne, ô Printemps gracieux,
Qui rappelles l'année, & la remets aux cieux,
Trois fois je te salüe, & trois fois je te prie,
D'esloigner tout malheur du chef de mon Aluye,
Et si quelque maitresse en ces beaux mois icy,
Luy tourmente le cueur d'un amoureux soucy,
Flechis sa cruauté & la rends amoureuse,
Autant qu'auparavant elle estoit rigoureuse,
Et fais que ses beaux ans, qui sont en leur Printemps,
Soyent toujours en Amour bienheureux & contens.   *130*

25   L'HYMNE DE L'ESTE

A FLEURIMONT ROBERTET
SEIGNEUR DE FRESNE

Couché dessoubz l'ombrage au pres d'une fontaine
Evitant la chaleur que l'Esté nous ameine,
Que sçauroy-je mieux faire en un lieu si plaisant,
Sinon chanter l'Esté de flames reluisant,
Et tout chargé de feu, comme une mace ardante
Qu'une tenaille serre en sa prise mordante?
    Chanton donques l'Esté, & monton au coupeau
Du Nymphal Helicon par un sentier nouveau,
Cherchon autre chemin: celuy ne me peut plaire
10   Qui suit, en imitant, les traces du vulgaire.
    Nouveau Cygne emplumé je veux voller bien hault,
Et veux comme l'Esté avoir l'estomaq chault
Des chaleurs d'Apollon, courant par la carriere
Des Muses, & getter une obscure poussiere
Aux yeux de mes suyvans, qui veincus voudroient bien
Courir avecques moy sur le mont Cynthien,
D'où je veux raporter tout enflé la victoire,
A fin qu'autre ne puisse avoir part à ma gloire,
Ny au Lorier sacré en tout temps verdissant,
20   Que je veux marier au Fresne fleurissant.
    L'amoureuse Nature estoit un jour faschée,
De se voir sans rien faire aupres du Temps couchée:
Il y a (ce disoit) tant de siecles passés,
Que du Temps mon mary les membres sont cassés,
Froids, perclus, impotens, & gisent en ma couche,
Comme mace de plomb, ou quelque vieille souche,
Qui sans se remuer gist le long d'un sentier,
Apres qu'elle a senty le fer du charpentier.
    J'ay beau passer ma main tresdelicate & blanche,
30   Ores dessus son ventre, ores dessus sa hanche,
J'ay beau fourcher ma jambe & chatoüiller sa chair,
Il demeure immobile aussi froid qu'un rocher,
Descharné, deshallé, sans puissance ny force,
N'ayant plus rien de vif, sinon un peu d'escorce:
En lieu de me respondre il ronfle, & si ne puis
En tirer seulement un baiser en trois nuicts.
    Las! il n'estoit pas tel quand pour sa chere espouse,
Je luy fus amenée, il n'aimoit autre chose
Que l'amoureux plaisir, duquel les mariés
40   Se trouvent bras à bras à leurs femmes lyés:

Toujours il m'acoloit d'une longue embrassée,
Toujours ma bouche estoit à la sienne pressée,
Et fusmes si gaillards que ce grand univers
Fut peuplé tout soudain de nos enfans divers.
Car tout cela qui vit, & qui habite au Monde,
Est yssu du plaisir de nostre amour fecunde.

    Meintenant il est vieil, & je ne le suis pas!
Je sens encor en moy les gracieux appas,
Dont Amour, mon enfant, chatouille la pensée,
Et sa flamme en mon cueur n'est encor effacée.   *50*

    Bref, j'ay deliberé de me donner plaisir:
Au pres de mon mary je ne veux plus gesir.

    La foy de mariage est pour les hommes faite,
Grossiers, mal advisés, & de race imperfaite,
Assujectis aux loix: & non pas pour les dieux,
Qui pleins de liberté habitent dans les cieux.
Quand à moy je suis franche, & Deesse j'estime
Autant un fils bastard, comme un fils legitime.

    Ainsi disoit Nature, & de ce pas alla
Voir le Soleil couchant, auquel ainsi parla.   *60*

    Soleil, de ce grand Tout l'ame, l'œil, & la vye:
Je suis de ta beauté si doucement ravye,
Qu'icy tu me verras à tes pieds consommer,
S'il ne te plaist garir mon mal qui vient d'aymer.

    Et bien que ce soit honte aux femmes que de dire,
Et premieres compter leur amoureux martire,
Et qu'elles ne devroient aux hommes confesser,
Qu'amour tant seulement les ayt voulu blesser,
Si est ce qu'en aymant en une place haute,
De confesser son mal il n'y a point de faute,   *70*
Car plus le lieu qu'on ayme est honorable & hault,
Et tant plus le tourment est violent & chault:
D'autant que la grandeur, qui nostre ame maitrise,
Derobe en commandant nous & notre franchise,
De là vient la douleur qui porte avecques soy
Le feu qui se decelle, & qui n'a point de loy.

    Te voyant l'autre jour chés mon pere à la table,
Sans barbe & chevelu, de visage accointable,
Jeune, doux, & gaillard, tu me gaignas le cueur:
Depuis je n'ay vescu qu'en peine & en langueur,   *80*
Souspirante pour toy, & pour ton beau visage,
Qui m'a dedans l'esprit imprimé ton image,
Je ne fais que gemir, & pense nuit & jour
Le moyen de garir mes pleurs & mon amour.

    Aux charmes pour l'oster j'ay mis ma fantasie,
Mais mon ame, qui est de trop d'amour saisie,

Refuse tout confort: mon extresme secours
Est d'avoir promptement à ta grace recours,
Et t'embrasser tout nud, pendant que la nuict brune
90   Conduira par le ciel les chevaux de la Lune.
    Le Soleil qui se veit de telle Dame aymé,
Fut de pareille amour tout soudain allumé:
Un magnanime cueur volontiers ne s'excuse,
Et quand il est aymé, d'aymer il ne refuse:
Encores qu'elle fut un peu vieille à la voir,
Si est-ce que sa grace avoit peu l'emouvoir,
Et luy avoit getté le souffre dans les veines,
Qui ja de son amour s'allumoient toutes pleines,
Fumantes du desir hautain & genereux
100   De venir promptement au combat amoureux.
    Les Heures, qui estoient du Soleil chambrieres,
Apresterent la couche & ne tarderent guieres,
Parfumerent les draps & de mille couleurs
Getterent par dessus des bouquets & des fleurs,
Puis faisant dans la chambre arriver le Silence,
Coucherent les aymans remplis d'impatience.
    De quatre embrassemens que Nature receut
D'un amy si ardant feconde, elle conceut
Quatre enfans en un coup: l'un fut Hermaphrodite,
110   (Le Printemps est son nom) de puissance petite,
Entre masle & femelle, inconstant, incertain,
Variable en effet du soir au lendemain.
L'Esté fut masle entier, ardant, roux, & collere,
Estincelant & chault, ressemblant à son pere,
Guerrier, prompt, & hardy, toujours en action,
Vigoreux, genereux, plain de perfection,
Ennemy de repos: l'Autonne fut femelle,
Qui n'eut rien de vertu ny de puissance en elle.
L'Hyver fut masle aussi, monstrueux & hydeux,
120   Negeux, tourbillonneux, pluvieux & venteux,
Perruqué de glaçons, herissé de froidure,
Qui feit peur en naissant à sa mere Nature.
    Aussi tost que l'Aurore eut quitté le sejour
De son vieillard Thyton pour allumer le jour,
Le Soleil s'eveilla & reveilla sa mie,
Qui d'aise languissoit en ses bras endormie.
En se baisant l'un l'autre ils sortent hors du lit,
Mais si tost que le ciel de flames se rougist,
Le Soleil s'en alla, & pendit en escharpe
130   Son carquois d'un costé & de l'autre sa harpe,
Il seignit son baudrier de gemmes sumptueux,
Il affubla son chef de rayons tortueux,

Il prist sa dague d'or, ardante de lumiere,
Et à pied s'en alloit commencer sa carriere,
Quand sa chere maistresse ayant au cueur pitié,
Que son amy faisoit si long voyage à pié,
Luy donna pour present un char d'excellent œuvre,
Que le boiteux Vulcan, industrieux maneuvre,
Forgea de sa main propre, & souvent au fourneau
Le mist: & le frappa de meint coup de marteau,   *140*
Haletant & suant sur le dos de l'enclume
Avant qu'il fut poly: puis, selon la coustume
Des anciens parens, courtois le luy donna,
Quand le Temps son mary pour femme l'emmena.
   Le timon estoit d'or, & les roües dorées
Estoient de meint ruby richement honorées,
Qui deça qui delà flamboyoient à l'entour,
Et remplis de clarté faisoient un autre jour.
   Le Soleil non ingrat luy donne, en recompense
D'un chariot si beau, la Deesse Jouvence,   *150*
A fin qu'elle fut belle à jamais, & à fin
Que sa forte vigueur par l'age ne print fin,
Et que jamais son front ne ridast de vieillesse,
Ayant pour chambriere avec soy la Jeunesse.
   Tous deux au departir se baisent doucement,
S'entredisant à Dieu d'un long embrassement.
   Luy, bien aise d'avoir telle Dame trouvée,
Et d'estre bien payé de sa douce courvée,
Gallope apres l'Aurore, & elle va trouver
Son mary, qui se laisse en paresse couver: *160*
O combien luy desplaist ce vieillard que le Somme
Sur les plumes d'un lit si froidement assomme,
Languissant de vieillesse, en un lit ocieus,
En son Palais à part, bien loing des autres Dieux:
Toutesfois ell' l'embrasse, ell' le touche, & le baise,
Et d'une fine ruse en mentant el' l'apaise.
Toute espouse amoureuse avecques un tel art
Scait doucement tromper son mary ja vieillard,
Jaloux & soupsonneux, apres qu'elle retourne
Du lit, où son amy avec son cueur sejourne: *170*
"Amour ingenieux trouve mille moyens
"De surmonter autruy & de sauver les siens.
   En ce pendant l'Esté qui bon fils obtempere
Au Soleil, est nourry chés le Soleil son pere:
Il devint en un moys grand, corpulent, & fort,
Et ja de son menton le poil doré luy sort.
"Les dieux tout en un coup à leur age parviennent,
"Les hommes avec l'age en accroissance viennent:

"Car ils sont immortels, les hommes d'icy bas
180   "Apres mille travaux sont subjects au trespas.
         Aussi tost qu'il fut grand, ayant l'age où commence
A s'enfler dans les reins l'amoureuse semence,
Ceres en fut esprise, & brulant d'amitié,
Vint voir son amoureux, lequel en eut pitié:
Et comme elle sentoit une amour la plus forte,
La premiere commence & dit en cette sorte.
         Je ne viens pas icy, tant pour me secourir
Du mal de trop aymer dont tu me fais mourir,
Que pour garder ce Monde, & lui donner puissance,
190   Vertu, force, & pouvoir, lequel n'est qu'en enfance,
Debile, sans effect, & sans maturité,
Par faute de sentir nostre divinité.
         Depuis que le Printemps, cette garse virille,
Ayme la Terre en vain, la Terre est inutile,
Qui ne porte que fleurs, & l'humeur qui l'espoinct,
Languist toujours en sceve, & ne se meurist point:
Dequoy servent les fleurs, si les fruicts ne meurissent?
Dequoy servent les bleds, si les grains ne jaunissent?
Toute chose a sa fin, & tend à quelque but,
200   Le destin l'a voulu, lors que ce Monde fut
En ordre comme il est: telle est la convenance
De Nature & de Dieu, par fatalle ordonnance:
Et pour-ce, s'il te plaist pour espouse m'avoir,
Pleine de ta vertu, je feray mon devoir,
De meurir les amours de la Terre infeconde,
Et de rendre perfait l'imperfait de ce Monde.
         A toy fils du Soleil est la perfection:
Tu soustiens & nourris la generation,
Car rien sans ta vertu au monde ne peut estre,
210   Comme estant des saisons le seigneur & le maistre.
         Ainsi disoit Ceres, & l'Esté tout soudain,
De sa vive challeur luy eschaufa le sein,
La prist pour son espouse, & la prenant, à l'heure
La Terre se vestit d'une forme meilleure,
Enceinte de ce Dieu, lequel, en peu de jours,
Du beau Printemps & d'elle accomplist les amours.

         Je te salüe, Esté, le prince de l'année,
Fils du Soleil qui t'a toute force donnée,
Pere, alme, nourricier, donne-blé, donne-vin,
220   Masle, perfait, entier, tout grand & tout divin,
Perruqué de rayons, qui sers de longue guide
Au soleil qui matin tient ses chevaux en bride:
Souhaité des humains, tout couronné d'espis,

Qui figures les ans des hommes accomplis,
Qui forges les esclairs, la foudre, & le tonnerre,
Marinier, voïager, courrier, homme de guerre.
   Escarte loing de moy tout mal & tout meschef,
Esloigne toute peste & fiebvre loing du chef
Du docte Robertet, lequel point ne refuse
De se laisser ravir doucement à la Muse: *230*
Augumente luy ses ans, sa force, & sa valleur,
Et conserve sa vie en ta vive challeur.

26

L'HYMNE DE L'AUTONNE

A MONSIEUR DE LAUBESPINE

   Le jour que je fu né, le Daimon qui preside
Aux Muses me servit en ce Monde de guide,
M'anima d'un esprit gaillard & vigoreux,
Et me fist de science & d'honneur amoureux.
   En lieu des grands thresors & de richesses veines,
Qui aveuglent les yeux des personnes humaines,
Me donna pour partage une fureur d'esprit,
Et l'art de bien coucher ma verve par escrit.
Il me haussa le cueur, haussa la fantasie,
M'inspirant dedans l'ame un don de Poësie,   *10*
Que Dieu n'a concedé qu'à l'esprit agité
Des poignans aiguillons de sa divinité.
   Quand l'homme en est touché, il devient un prophete,
Il predit toute chose avant qu'elle soit faite,
Il cognoist la nature, & les secrets des cieux,
Et d'un esprit boüillant s'esleve entre les Dieux.
Il cognoist la vertu des herbes & des pierres,
Il enferme les vents, il charme les tonnerres,
Sciences que le peuple admire, & ne scait pas
Que Dieu les va donnant aux hommes d'icy-bas,   *20*
Quand ils ont de l'humain les ames separées,
Et qu'à telle fureur elles sont preparées,
Par oraison, par jeune, & penitence aussi,
Dont aujourd'huy le monde a bien peu de souci.
   Car Dieu ne communique aux hommes ses mysteres
S'ils ne sont vertueux, devots & solitaires,
Eslongnés des tyrans, & des peuples qui ont
La malice en la main, & l'impudence au front,
Brulés d'ambition, & tourmentés d'envie,
Qui leur sert de bourreau tout le temps de leur vie.   *30*

Je n'avois pas quinze ans que les mons & les boys,
Et les eaux me plaisoient plus que la court des Roys,
Et les noires forests espesses de ramées,
Et du bec des oyseaux les roches entamées:
Une valée, un antre en horreur obscurcy,
Un desert effroiable, estoit tout mon soucy,
A fin de voir au soir les Nymphes & les Fées
Danser desoubs la Lune en cotte par les prées,
Fantastique d'esprit: & de voir les Sylvains
40   Estre boucs par les pieds, & hommes par les mains,
Et porter sur le front des cornes en la sorte
Qu'un petit aignelet de quatre moys les porte.
    J'allois apres la danse & craintif je pressois
Mes pas dedans le trac des Nymphes, & pensois,
Que pour mettre mon pied en leur trace poudreuse
J'aurois incontinent l'ame plus genereuse,
Ainsi que l'Ascrean qui gravement sonna,
Quand l'une des neuf Sœurs du laurier luy donna.
    Or je ne fu trompé de ma douce entreprise,
50   Car la gentille Euterpe ayant ma dextre prise,
Pour m'oster le mortel par neuf fois me lava,
De l'eau d'une fontaine où peu de monde va,
Me charma par neuf fois, puis d'une bouche enflée
(Ayant de sur mon chef son haleine soufflée)
Me herissa le poil de crainte & de fureur,
Et me remplit le cœur d'ingenieuse erreur,
En me disant ainsi: Puisque tu veux nous suivre,
Heureux apres la mort nous te ferons revivre,
Par longue renommée, & ton los ennobly
60   Acablé du tombeau n'ira point en obly.
    Tu seras du vulgaire appellé frenetique,
Insencé, furieux, farouche, fantastique,
Maussade, mal plaisant, car le peuple medit
De celuy qui de mœurs aux siennes contredit.
    Mais courage, Ronsard, les plus doctes poëtes,
Les Sybilles, Devins, Augures & Prophetes,
Huiez, siflez, moquez des peuples ont esté:
Et toutesfois, Ronsard, ils disoient verité.
    N'espere d'amasser de grands biens en ce Monde,
70   Une forest, un pré, une montaigne, une onde
Sera ton heritage, & seras plus heureux
Que ceux qui vont cachant tant de thresors chez eux:
Tu n'auras point de peur qu'un Roy de sa tempeste
Te vienne en moins d'un jour écarboüiller la teste,
Ou confisquer tes biens: mais tout paisible & coy,
Tu vivras dans les boys pour la Muse & pour toy.

Ainsi disoit la Nymphe, & de là je vins estre
Disciple de d'Aurat, qui long temps fut mon maistre,
M'aprist la Poësie, & me montra comment
On doit feindre & cacher les fables proprement,   *80*
Et à bien deguiser la verité des choses
D'un fabuleux manteau dont elles sont encloses:
J'apris en sa maison à immortalizer
Les hommes que je veux celebrer & priser,
Leur donnant de mes biens, ainsi que je te donne
Pour present immortel l'hymne de cet Autonne.

Or si tost que l'Autonne eut l'age de pouvoir
Goutter le plaisant mal qu'Amour fait recevoir,
Et que ja ses tetins, messagers de Jeunesse,
Comme pommes s'enfloient d'une ronde alegresse,   *90*
Elle n'avoit soucy d'Amour ny du plaisir
Qui vient le tendre cœur d'une fille saisir,
Quand sur l'aage premiere elle se voit aymée,
Et quand Amour la tient doucement alumée.

Ses plaisirs seulement n'estoient que se farder,
Que baizer sa nourrisse, & que la mignarder,
Qu'à vestir proprement des robes decoupées,
Qu'à faire de l'enfant, qu'à faire des poupées,
Et toujours soupiroit quand on ne l'alettoit
Et quand son nourricier au col ne la portoit.   *100*
Ses actes toutesfois donnoient bien tesmoignage,
Qu'elle seroit un jour de tresmauvais courage,
Car toujours rechignoit, groumeloit, & tansoit,
Et rien que tromperie en son cœur ne pensoit.

Un jour que sa nourrisse estoit seule amusée,
A tourner au Soleil les plis de sa fusée,
(Et qu'ores de la dent & qu'ores de la main
Egalloit le filet pendu pres de son sein,
Pinceant des premiers doigts la fillace souillée
De la gluante humeur de sa levre mouillée: *110*
Puis en piroüetant, alongeant & virant,
Et en accoursissant, reserrant & tirant
Du fuzeau bien enflé les courses vagabondes,
Arengeoit les fillés & les mettoit par ondes)
Elle vit que l'Autonne estoit seule à repos,
Adonque elle l'appelle, & luy dist tels propos:

Ma fille, tu n'estois à grand peine enfantée,
Que tu fus par ta mere en mon antre aportée
De nuict, à celle fin que ton corps fut nourry,
Et traitté sans le sceu de son fascheux mary: *120*
Pource je te diray tes parens & ton estre.

Enfle toy le courage, & ne pense pas estre

Fille d'un laboureur qui de coultres tranchans
Fend la terre & la seme & engrosse les champs,
Et raporte au logis les deux mains empoulées:
Ny fille d'un pasteur qui au fond des valées
Fait paistre son tropeau par les patis herbeux,
Qui tient un harigot, & fleutte au cry des bœufs:
Tu es bien d'autre sang plus genereux issue,
130   Et de parens plus grands & plus nobles conceue.
        N'as tu oüy parler souvent en devisant
Au soir à mon mary, en ses bras te baisant,
D'une grande Deesse heureusement feconde,
A qui le Ciel donna la charge de ce monde?
Par qui tout est nourry, par qui tout est produit,
Par qui nous recueillons & la fleur & le fruit?
Qui est tout, qui fait tout, qui a toute puissance?
        De ses reins, mon enfant, tu as pris ta naissance,
Et de ce grand Flambeau que tu vois luire aux cieux,
140   Qui scait tout, qui oyt tout, qui voit tout de ses yeux,
Pere, alme, nourrissier de cette grand Machine,
Vive la soustenant par sa vertu divine.
        De ces deux tu naquis & pour mieux le scavoir,
Il est temps, mon enfant, que tu les ailles voir,
Il est temps de laisser tes jeus & ta simplesse,
Martes, chevaux de boys: ce qui sied en jeunesse
Ne sied quand on est grand, & chaque age en venant
Aporte avecques soy ce qui est convenant.
        Et pource il ne faut plus comme un poupelin pendre
150   Au col de mon mary: mais bien te faut aprendre
A danser, à baller, à friser tes cheveux,
Les alonger en onde, ou les serrer en neuds,
A dextrement mouvoir l'apast de ton œillade,
A faire d'un souris tout un peuple malade,
A scavoir conseiller ta face à ton miroüer,
A parler finement, à finement joüer,
A scavoir finement inventer mille excuses,
A donner une baye, à trouver mille ruses,
A pratiquer d'amour l'amertume & le doux,
160   Et par telle finesse acquerir un espoux.
        Or si tost que l'Aurore à la vermeille bouche
Aura du vieil Tithon abandonné la couche,
Il faudra t'esveiller, afin d'aller trouver,
Non guiere loing d'icy, ton pere à son lever.
        Or pour mieux achever ta soudaine entreprise,
Il faut prier un vent, afin qu'il te conduise:
La caverne où l'Auton demeure n'est pas loing.
Pource va le prier qu'il en prenne le soing.

Ainsi dist la nourrice, & l'Autonne sur l'heure
S'en alla dedans l'Antre où le monstre demeure: *170*
Elle trouva le vent tout pantois & lassé,
D'avoir la mer enclose en la terre passé,
Et ja pour s'endormir avoit plié ses æsles,
Depuis le bas des flancs jusqu'au haut des esselles:
Tout ainsi qu'un faucon laisse fourcher en croix
Les siennes sur le dos, quand il se perche au boys.
Ce vent humide & chaud gisoit à la renverse,
Estendu sur le dos d'une longue traverse,
Au beau milieu de l'Antre (horrible chose à voir).
Meints fleuves du menton comme d'un antonnoir   *180*
Luy couloient à ses pieds, & sa teste chenue
Estoit de tous costés couverte d'une nue,
Qui deça qui dela sur le dos luy rendoit
Des vapeurs, qu'en volant par le Monde espandoit.
Son Antre s'estuvoit d'une chaleur croupie,
Moite, lache, pesante, ocieuse, asoupie,
Ainsi qu'on voit sortir de la gueulle d'un four
Une lente chaleur qui estuve le jour.
Là sur un peu de paille à terre estoit couchée
Une lice aboyant, jusque aux os desechée.   *190*
Les voisins d'alentour, qui paistre la souloient,
La vieille Maladie en son nom l'appelloient:
Elle avoit un grand rang de mamelles tirées,
Longues comme boyaux, par le bout dechirées,
Que d'un mufle afamé une angence de maux
Luy suçoient tout ainsi que petits animaux
Qu'elle (qui doucement sur sa race se veautre)
De son col retourné leschoit l'un apres l'autre,
Pour leur former le corps en autant de façons,
Qu'on voit dedans la mer de monstrueux poissons,   *200*
De sablons sur la rade, & de fleurs au rivage
Quand le Printemps nouveau descouvre son visage.
Là comme petits loups les Caterres couvoit,
Et là, la Fievre quarte & tierce se trouvoit,
Enfleures, flux de sang, Langueurs, Hydropisies,
La toux ronge-poumon, Jaunisses, Pleuresies,
Lenteurs, Pestes, Charbons, tournoyment de cerveau,
Et Rongnes, dont l'ardeur fait alumer la peau.
Cette vilaine & salle & deshonneste osture,
Bien qu'elle soit d'un part, n'est pas d'une nature: *210*
L'une croist en un jour, l'autre en demande trois,
L'une en demande sept & l'autre veut un mois,
L'autre est vieille en une heure, & l'autre ne peut croistre.
Or sitost qu'ils sont grands, pour eux mesmes se paistre,

La mere oste leur voix & leurs langues, afin
D'aller sans dire mot loger chés le plus fin.
    Adonque à l'impourveu les terres ils assaillent,
Et les pauvres mortels tormentent & travaillent:
Lors peu sert l'oraison, la force & la valleur,
220   Et l'art forcé du mal qui fait place au malheur.
    Si tost que cet Autonne eut traversé la porte
De l'Antre, elle parla au Vent en telle sorte:
    O maistre de la mer, que la terre en ses bras
Presse de tous costés, Vent qui viens de là bas
Où l'autre Ourse, incogneue aux hommes de ce Monde,
D'astres plus grands & beaux que les nostres abonde:
O Vent qui traversant par un air chaleureux
Et par la gent brulée, atires vigoreux
De grands esponges d'eau, dont largement tu baignes
230   De ton gosier venteux les mons & les campaignes:
Porte moy, je te prie, au palais du Soleil,
Et si par ton moyen je suis à son reveil,
Je te jure en tes mains une ferme aliance:
Tu seras mon amy: & si quelque puissance
Le Soleil me depart, tu l'auras comme moy,
Et l'Autonne jamais ne se verra sans toy.
    Ainsi dist cet hommace, & le Vent qui la charge
L'emporta parmy l'air sur son espaule large.
    C'estoit au mesme poinct que l'estoille du jour
240   Avoit desja chassé les astres d'alentour
Des pastures du Ciel, & les contant par nombre,
Pour la crainte du chaut les alloit mettre à l'ombre.
    Ja la Lune argentée alloit voir son amy,
Son bel Endymion sur le mont endormy,
Et ja la belle Aurore au visage de roses
Les barrieres du ciel par tout avoit decloses:
Et desja le Soleil son front avoit huilé
De fard, à celle fin qu'il ne fust point haslé,
Et assis dans son char desja tenoit la bride
250   A ses coursiers tirés hors de l'estable vuide,
Quand tout à l'impourveu l'Autonne arriva là.
Adoncques le Soleil retif se reculla
Arriere de sa fille, & tournant son visage
(De peur de ne la voir) fist un autre voyage.
    Les grands Monstres du Ciel, lesquels virent muer
Le Soleil de couleur, la cuiderent tuer,
La poursuivant par tout de telle violence
Qu'elle s'alla cacher au creux de la Ballance,
Et sans le Scorpion, qui afreux & hideux
260   De ses pieds alongés se mist au devant d'eux,

Ils l'eussent fait mourir, bouillonnans de colere
De voir ainsi tourner le Soleil en arriere.
   Apres avoir esté en crainte quelque temps,
Elle alla visiter son frere le Printemps,
Dans son palais fleury, que la nymphe Jeunesse
A basty de sa main, ouvrage de Deesse.
Ce palais est assis au beau milieu d'un pré,
De roses & de lis & d'œillets diapré,
Qui ne craignent jamais l'horreur de la froidure,
Non plus que les Lauriers chevelus de verdure.   *270*
   Les pins & les cypres y voisinent les cieux,
Et le cedre embasmé d'un flair delicieux,
Les rossignols logés dans les boys y jargonnent,
Par les jardins carrés les fonteines resonnent,
Qui arrousent le pied des pommeux orangers,
Et des myrthes sacrés, qui nous sont estrangers.
   Volupté, gentillesse, amour, & gaillardise,
Et Venus, qui le cœur des grands Princes atize,
Sejourne en ce palais, & ses cygnes mignons
Vollent tout à l'entour avecques ses pigeons: *280*
Tout rit en ce verger: car tout ce qui ameine
Tristesse & desplaisir jamais ne s'y pourmeine.
   A l'heure que l'Autonne au palais arriva,
Cherchant de tous costés, son frere n'y trouva.
Il estoit allé voir l'industrieux Zephyre,
Qui tendoit ses fillets, & tendus se retire
Au beau millieu du ret, à fin d'enveloper
Flore, quand il la peut en ses neuds atraper.
   Ainsi qu'en nos jardins on voit embesongnée
Des la pointe du jour la ventreuse Arignée,   *290*
Qui quinze ou vingt fillets, comme pour fondement
De sa trame future atache proprement,
Puis tournant à l'entour d'une adresse subtile
Tantost haut tantost bas des jambes elle file,
Et fait de l'un à l'autre un ouvrage gentil,
De travers, de biés, noudant tousjours le fil,
Puis se plante au millieu de sa toille tendue
Pour attraper le ver ou la mouche attendue.
Ainsi faisoit Zephyre. Or l'Autonne qui vit
Sans gardes le palais, à son frere ravit   *300*
Ses bouquets & ses fleurs, & comme une larronne
(Apres l'avoir pillé) s'en fist une couronne.
   De là se fist porter au palais de l'Esté,
Que Ceres festoyoit en un autre costé.
Triptoleme faisoit (pour le doux benefice
Du beau forment donné) à Cerés sacrifice,

Où la blonde Deesse en appareil estoit
Avecques son mary l'Esté qu'elle traitoit,
Et tenoit en dançant, au milieu de la feste,
310   Du pavot en la main, des espics sur la teste.
     Ce pendant cette garse entra dans le chasteau:
Dedans la basse court elle vit meint rateau,
Meinte fourche, meint van, meinte grosse javelle,
Meinte jarbe, toison de la moisson nouvelle,
Boisseaux, poches, bissacs, de grands monceaux de blé
En l'aire çà & là l'un sur l'autre assemblé.
Les uns batoient le grain de sur la terre dure,
Les autres au grenier le portoient par mesure,
Et soubs les tourbillons les bourriers qui voloyent
320   Pour le joüet du vent, parmy l'air s'en alloyent.
     Elle entra dans la salle, & au croc vit pendantes
(Faites comme en tortis) de grands flammes ardantes
Dont l'Esté s'afubloit pour mieux se bragarder,
Quand son pere venoit de pres le regarder.
Elle prist finement deux rayons de son frere
Pour en parer son chef, puis alla voir sa mere.
     La palais magnifique où Nature habitoit
Sur piliers Phrygiens élevé se portoit:
Les voutes estoyent d'or, d'or estoit la closture,
330   Et d'argent affiné la haute couverture.
Cent portes y avoit toutes faittes d'aymant:
Encontre les parois reluist meint diamant,
Meint ruby, meint zaphyr, que le boyteux maneuvre
A luy mesme atachés, ingenieux chef d'œuvre.
     Là sont d'age pareils cent jeunes jouvenceaux,
Beaux, vermeils, crespelus, aux mentons damoyseaux,
Aux coudes retroussés, & cent Nymphes vermeilles,
Toutes d'age, de face & de beautés pareilles,
Qui ont l'un apres l'autre, & en toute saison
340   La charge & le soucy d'une telle maison:
Ils portent en la main de grands cruches profondes:
L'une verse à longs flots la semence des ondes,
L'autre coule le plomb, l'autre espuise du sein
Des antres de Pluton les rivieres d'estain,
L'autre les ruisseaux d'or, l'autre affine le cuivre,
L'autre le vif argent qui veut toujours se suivre,
L'autre cherche le soufre, & l'autre est diligent
De foüiller les conduits du fer & de l'argent.
     Là sont dedans des pots sur des tables, encloses
350   Avecq' leurs escriteaux, les semences des choses,
Que ces jeunes garsons gardent, à celle fin
Que ce grand Univers ne preigne jamais fin,

Les semans tous les ans d'un mutuel office,
Affin qu'en vieillisant le Monde rajeunisse,
Que l'air ait ses oyseaux, & la mer ses poissons,
La terre les humains de diverses façons.
  Si tost que la Nature eut aperceu sa fille:
Fuy (dit-elle) d'icy, tu perdras ma famille,
Fuy t'en de ma maison: tu seras en tes ans
La perte & le malheur de mes autres enfans.   360
Tu perdras tout cela que la bonne froidure
De l'Hyver germera, tout ce que la verdure
Du Printemps produira, & tout ce qui croistra
De mur & de parfait quand l'Esté paroistra,
Tu feras écouler les cheveux des bocages,
Chauves seront les boys, sans herbes les rivages
Par ta main phtinopore, & de sur les humains
Maligne respendras mille maux de tes mains.
  L'Autonne en larmoyant s'en estoit en allée,
Quand elle ouyt un bruit au font d'une vallée,   370
Et s'aprochant de pres elle vit un grand Roy
Que deux Tygres portoient en magnifique arroy.
Ses yeux estinceloient tout ainsi que chandelles,
Ses cheveux luy pendoient plus bas que les esselles,
Sa face estoit de vierge, & avoit sur le front
Deux petits cornichons comme les chevreaux ont:
Ses levres n'estoient point de barbe crespelées,
Son corps estoit boufy, ses cuisses potelées.
Jeunesse & Volupté luy servoient de voisins,
Et tenoit en sa main deux grapes de raisins.   380
  Devant ce Roy dansoyent les folles Edonides,
Les unes tallonnoyent des Pantheres sans brides,
Les autres respandoient leurs cheveux sur le dos,
Les autres dans la main branloient des javelots,
Herissés de l'hierre & de fueilles de vigne:
L'une dessous un van sans cadance trepigne.
Silene est sur un asne, & comme trop donté
De vin, laisse tomber sa teste d'un costé.
Les Satyres cornus, les Sylvains pieds-de-chevre
Font un bruit d'instrumens, l'un qui enfle sa levre   390
Fait sonner un hauboys, & l'autre tout autour
De la brigade fait resonner un tabour.
  Si tost que Bachus vit Autonne la pucelle,
Venus luy fit descendre au cœur une estincelle
Par les yeux envoyée, & tout soudainement
Il devint amoureux, & si ne sceut comment.
  Il sent dedans ses os une peste qui erre
De moüelle en moüelle, & lui fait telle guerre,

Qu'avec un grand soupir gemissant est contraint
400   De confesser qu'Amour l'a vivement ateint.
Il est toujours pendu aux beaux yeux de la belle,
En ses cheveux se lye, & ne pense qu'en elle:
Il perdoit sa couleur, & fut mort de soucy
Si pour la courtizer ne luy eust dit ainsi:
      Je confesse qu'Amour de sa gentille flame
Autrefois m'a brulé pour une jeune dame,
Que le traistre Thesé laissa dessus le bord,
Seule entre les rochers, la proye de la mort:
Mais comme j'ay pour toy, telle amoureuse playe
410   Je n'eus onques au cœur, & tant plus je m'essaye
De l'oster, & tant plus je sens cette poison
Faire mon appetit maistre de la raison:
Et pour ce prens pitié de mon ame embrasée,
Et viens dedans mon char pour ma tendre espousée,
Vien embrasser mon col: ce n'est un petit heur,
Quand une femme acquiert un Dieu pour serviteur.
      Helas je te supply par cette belle bouche,
Par ces yeux dont l'esclair jusqu'en l'ame me touche,
Par ces cheveux crespés qui me pressent le cœur,
420   N'entretiens d'un espoir longuement ma langueur:
Reçoy moy pour mary, au reste prens en gage
Mon cœur, comme pour dot d'un si beau mariage:
Car ton corps, qui le mien brule d'un si doux feu,
Est digne de monter au lit d'un plus grand Dieu.
      Je ne suis pas un Dieu foretier ny champestre,
Je suis ce grand Bachus, des Satyres le maistre,
Qui ay cent mille autels, qui ay cent mille noms
Tant craint & reveré par tant de nations.
      Dontant desous mon joug les Lynces animées,
430   Triomphant j'ay conduit aux Indes mes armées.
J'ay fait mourir Licurgue, & Panthé j'ay tué,
Les mariniers Tyrrains en dauphins j'ay mué,
Et en chauve souris tournay les Minaïdes,
Qui avoient mesprisé mes festes Thebaïdes.
Jupiter est mon pere, & quand je monte aux cieux
J'ay mon trosne eslevé entre les plus hauts Dieux.
      Ainsi disoit Bachus, & tout soudain l'Autonne
A ce Prince amoureux pour espouse se donne.
Il la monte en son char en grande majesté,
440   Et depuis l'un sans l'autre ils n'ont jamais esté,
Tant peuvent en amour deux courages ensemble
Quand une affection pareille les assemble,
Non crainte de parens qui l'amitié destruit,
Et devant que fleurir fait avorter le fruit.

Je te salue, Autonne, & ton mary qui porte
Le nom d'avoir passé par une double porte,
Maitresse du vaisseau que l'Abondance tient,
Par qui en sa beauté Pomone se maintient!
Chasse, je te supply, toute peste maligne,
Fievres, reumes, langueurs, du chef de l'Aubespine,   *450*
Conserve sa famille, & remplis à foison
De pommes & de fruits & de vins sa maison.
   O bonne & grande part des saisons de l'année,
Autonne, de tous biens richement couronnée,
Des humains le grenier, le cellier, la planté,
Qui as part au Printemps, qui as part en l'Esté!
Donne que l'Aubespine en sa vieillesse arrive
Plain d'un esprit gaillard, plain d'une force vive,
Et que jamais Fortune, ennemie de ceux
Qui se font excellens pour n'estre paresseux   *460*
A bien servir les Roys, d'inconstance subite
Ne se monstre vers luy fascheuse ny despite:
Mais qu'il jouysse en paix des biens qu'il s'est acquis,
Soit jeune en cheveux noirs, soit vieil en cheveux gris,
Afin qu'en sa maison en repos il les use,
Puis qu'il est si courtois aux enfans de la Muse.
   Autonne, c'est assez, je veux me souvenir
De ton frere l'Hyver qui doit bien tost venir:
Je m'en vois le chanter, car je l'estime digne,
Ainsy que je t'ay fait, de luy donner un hymne.   *470*

27   L'HYMNE DE L'HYVER

A MONSIEUR BOURDIN

   Je ne veux couronner mes cheveux ny mon front
D'un Laurier qui croistra sur la cyme d'un mont:
Je veux l'aller chercher sur le haut d'une roche
Difficile à grimper, où personne n'aproche:
Je veux avecq' travail brusquement y monter,
M'esgraphinant les mains avant que l'apporter,
Pour le monstrer au peuple, & avant que je chante
Quelle propriété se trouve en cette plante.
   Peuple, ce verd Laurier pour qui j'ay combatu
(Diray je en le montrant) est de grande vertu.   *10*
Si quelqu'un le regarde, ou le masche, ou le pose
Pour couronne à son chef, tout soudain il compose,
Et les Muses, qui sont noble race du Ciel,
Arrousent sa parolle & sa bouche de miel.

Il est soudain aymé des seigneurs & des Princes,
Il marche venerable au milieu des provinces,
Il est de tous costés d'un peuple environné,
Il a le front de gloire & d'honneur couronné,
Et au trait de ses yeux & au port de sa face
20 Ses ennemis ont peur & sont froids comme glace.
Il est sans passion, & son cœur, mesuré
Au compas de constance, est du tout asseuré:
Car, soit qu'il vist tomber ceste grande machine,
Il ne voirra son cœur trembler en sa poitrine,
Philosophe hardy, constant de toutes pars,
Armé de sa vertu comme de grands rampars.
　　Ces jeunes aprentis deloyaux à leur maistre,
Ne peuvent du Laurier l'excellence cognoistre:
Mais ces gentils esprits, des Muses le bonheur,
30 Cognoissent bien la plante & luy font grand honneur:
Quand je le porte es mains, au front, ou sur la robe,
Si quelqu'un par finesse une fueille en desrobe,
La fueille le decelle, & ne veut que le prix
Des fronts doctes & beaux soit emblé ny surpris.
Le Laurier le dedaigne, & bien qu'ils le tormentent
Jamais de ses rameaux la bonne odeur ne sentent,
Comme chose forcée, & qui ne vient à gré
A l'arbre de Parnasse, à Phebus consacré.
Il veut qu'on le recherche avecq' travail & peine
40 Sur un roc dont la cyme est facheuse & hautaine,
Comme j'ay cettuy-cy, que je plante au jardin
(Pour toujours y fleurir) de mon docte Bourdin.
　　Toute philosophie est en deux divisée.
L'une est aiguë, ardente & prompte & advisée,
Qui sans paresse ou peur, d'un vol audacieux
Abandonne la terre & se promeine aux cieux.
Hardis furent les cœurs qui les premiers monterent
Au ciel, & d'un grand soing les Astres affronterent:
Là, sans avoir frayeur des cloistres enflamés
50 Du monde, où tant de corps divers sont enfermés,
Par leur vive vertu s'ouvrirent une entrée,
Et virent dans le sein la Nature sacrée:
Ils espierent Dieu, puis ils furent apres
Si fiers que de conter aux hommes ses secrets,
Et d'un esprit veinqueur eurent la cognoissance
De ce qui n'est point né, de ce qui prend naissance,
Et en pillant le Ciel, comme un riche butin,
Mirent desoubs leurs pieds Fortune & le Destin.
　　L'autre philosophie habite soubs la nue,
60 A qui tant seulement cette terre est cognue,

Sans se loger au ciel: le cœur qui luy defaut
Ne luy laisse entreprendre un voyage si haut.
Elle a pour son subject les negoces civilles,
L'equité, la justice, & le repos des villes:
Et au chant de sa lyre a fait sortir des boys
Les hommes forestiers, & leur bailla des loys.
Elle scait la vertu des herbes et des plantes,
Elle va desouz terre aux crevaces beantes
Tirer l'argent & l'or, & chercher de sa main
Le fer qui doit rougir en nostre sang humain.   70
   Puis afin que le peuple ignorant ne mesprise
La verité cognue apres l'avoir aprise,
D'un voile bien subtil (comme les paintres font
Aux tableaux animez) luy couvre tout le front,
Et laisse seulement tout au travers du voile
Paroistre ses rayons, comme une belle estoille,
A fin que le vulgaire ait desir de chercher
La couverte beauté dont il n'ose approcher.
   Tel j'ay tracé cet hymne, imitant l'exemplaire
Des fables d'Hesiode & de celles d'Homere.   80
   Le jour que la Nature acoucha de l'Hyver,
On vit de tous costez tous les Vens arriver
Les parreins de l'enfant, & le ciel paisle-mesle
Enfarina les champs de neiges & de gresle.
Il n'estoit pas encore ez prisons du berceau
Que Mercure le prend, & le mist en la peau
D'un mouton bien frizé, puis de roide volée
A son dos l'emporta sur la voute estoilée,
Et, comme pour risée, il le vint presenter
Au millieu de la salle aux pieds de Juppiter.   90
   Juppiter se moqua de la hideuse mine
Du garson, qui rempant à quatre pieds chemine
A l'entour de ses pieds, comme un petit mastin
Qui sent venir sa mere & cherche le tetin.
Les tourbillons venteux roulloient de sur sa face,
Il avoit les cheveux roidis à fil de glace,
Renversés, boursouflés, & sur le dos portoit
Une humide toison qui toujours degoutoit:
Il estoit rechigné, pensif, & solitaire,
Et pource Juppiter, de tous les Dieux le pere,   100
Prevoyant qu'il seroit quelque monstre odieux,
Comme il fist à Vulcan le renversa des Cieux.
   Ainsi du pauvre Hyver la jeunesse eslancée,
Ayant les bras espars, la teste renversée,
Roüa des le matin jusqu'au Soleil couchant,
Toujours piroüetant, tournoyant, & bronchant:

A la fin, en glissant par le travers des Nües,
S'arresta renversé sur les rives chenües
De Strymon, hostelier de ce vent qui nous fait,
110   En baloyant le ciel, le jour tranquille & net.
     La Thrace ce pendant s'estimoit bien heureuse
D'estre de cet enfant la nourrice amoureuse,
Que soudain elle emplit de force & de vigueur,
Et d'un tel nourrisson avoit plaisir au cœur.
     Or le Vent sçavoit bien que par une risée
La face de l'Hyver fut au Ciel mesprisée,
Et pource, comme frere, il le vint irriter
D'entreprendre la guerre encontre Juppiter.
     Et quoy! disoit Borée à l'Hyver magnanime,
120   Veux tu soufrir qu'on face au Ciel si peu d'estime
De toy jeune guerrier? & que tu sois fraudé
De l'honneur que ta mere a pour toy demandé?
Regarde de quel sang tu as pris ta naissance,
Quels sont tes alliés, & quelle est ta puissance,
Combien tu as de mains, de jambes & de bras,
Pour renverser du Ciel ce Juppiter à bas.
     Il se vante d'avoir une maison ferrée,
Au grand plancher d'erain d'eternelle durée,
Et que seul, quand il veut, les Dieux peut surmonter,
130   Et qu'eux ensemble tous ne le sçauroient donter,
     Mais ce qui plus me fache & m'espoinçonne d'ire,
C'est qu'il avance au Ciel je ne scay quel Satyre,
Un Mercure larron, un Maneuvre boiteux,
Un Alcide gourmand, dont le Ciel est honteux.
Il ayme l'estranger & ses parens recule,
Et se vante d'avoir je ne sçay quel Hercule,
Dont la forte massue en guerroyant abat
Tout cela que la mort luy presente au combat.
S'il a le fort Hercule autheur de son trophée,
140   Tu auras en ton camp l'ingenieux Typhée,
Qui a cent yeux, cent bras, cent mains & cent cerveaux,
Excellent à trouver mille dessaings nouveaux:
Luy seul vaut son Alcide & toute son armée.
Courage, la vertu n'est pas une fumée
"Qui deça qui dela s'evanoüist en vain,
"Elle veut l'action du cœur & de la main.
Mande luy promptement qu'il te face partage:
Luy sufise le Ciel, sans ravir davantage.
     Tout ce qui pend en l'air soubs l'aire du croissant,
150   Tout ce qui monte en haut & le ciel va paissant,
Dont la nature change & s'altere & se mue,
Soit meintenant en vent, soit meintenant en nue,

Neiges, glaces, frimas, sont proprement à toy,
Et les plaines de l'air te confessent leur Roy.
   Courage, compaignon, joüys de ta contrée:
Quand à moy, je suis fils de l'Aurore & d'Astrée,
Et ne veux endurer que ce tort te soit fait:
"Le magnanime cœur se cognoist à l'effet.
   Ainsi disoit ce Vent plain d'une ame despite,
Envoyant ses courriers, l'un devers Amphitrite,   160
L'autre vers les estangs, rivieres, & ruisseaux.
Ces postes, en volant plus roidement qu'oyseaux
Hucherent d'un grand cry les cent freres Dactyles,
Curetes, Corybans, aux armes bien habilles.
L'un courut aux enfers, des ombres possesseurs,
Appeller le grand Chien, la Gorgonne & ses Sœurs,
Et l'autre fist venir les ventreuses Harpyes,
Qui sur le bord de Styx sommeilloient acropies:
Pegase y vint aussi, le cheval emplumé,
Portant de sur le dos un chevalier armé.   170
   L'autre somma Triton aux longs cheveux humides,
Prothé, Glauque, Vertonne, & les vieilles Phorcydes
Au regard renfrongné, qui branloient en la main
En lieu d'une quenoille un javelot d'eirain.
   Les autres vont aux creux de la terre ensoufrée,
Apeller Geryon, Hecate, & Briarée,
Gyge, Cotte, Porphyre, & ces Titans qui font,
En soulevant les champs, d'une plaine un grand mont,
Et, crevaçant la terre obscure de fumée,
Degorgent jusqu'au ciel une haleine enflamée.   180
   Ces courageux guerriers plus viste qu'un esclair
S'allerent tous camper au beau meillieu de l'air,
Dans l'espaix d'une Nüe, en rempars assurée,
Comme une grand cité bien forte & bien murée,
Et gaignerent le Fort, alors que le Soleil
Tournant les pieds vers nous se panchoit au sommeil.
   Les Astres, qui faisoient au Ciel la sentinelle
Avertirent les Dieux de l'estrange nouvelle,
Et du train & du cry des chevaux hanissans,
Du nombre des piétons soubs le fer gemissans   190
Des divers estandars, du cliquetis des armes,
Et d'un peuple incogneu de barbares gendarmes,
Dont les harnois flamboient comme ces grands cheveux
Des Comettes, qui sont envenimés de feux,
Qui deça qui dela leurs grands rayons espandent,
Et de l'air en glissant quelques fois ils descendent
Sur le mast d'un navire, ou sur une cité
Que Dieu veut chastier pour sa mechanceté.

Juppiter tout soudain fist aprester sa bande,
200   Et veut qu'un seul Alcide à ses troupes commande,
Que Mercure le suive, & que le jeune Mars
Face de rang en rang arranger les soldars.
Si tost que le Soleil sortit hors de sa couche,
L'Hyver d'un grand courage ataque l'escarmouche,
Et fist marcher devant, pour sonder les dangers
Les tourbillons poudreux, comme chevaux legers.
Bryare estoit armé d'une vieille ferraille,
En lieu d'un morion s'afubloit d'une escaille
De dragon éfroyable, & de sa bouche issoit
210   Un brasier enfumé qui le jour noircissoit.
Cent bras se remuoient de ses espaules dures.
La peur, l'horreur, l'effroy, les meurtres, les injures
Marchoient devant sa face, & de tous les costés
Rendoit ses ennemis ou peureux ou dontez.
Soubs le pied des soldars la terre trembla toute,
La mer en tressaillit, l'enfer estoit en doute,
Et ne sçavoit lequel seroit victorieux
Ou le camp de l'Hyver, ou bien celuy des Dieux.
Hercule à l'aborder se mist à l'avangarde
220   Et de cent yeux ardens ses ennemis regarde:
Il les presse, il les tue, & les abat dessoubs
Sa pesante massue efroyable de cloux.
Ses bandes toutesfois n'avoient l'ame assurée,
Et craignoient tellement les mains de Bryarée,
Que la glacente peur qui couroit en leurs os
Tournoit honteusement à la fuitte leur dos.
L'Hyver d'autre costé faisoit un grand carnage,
Et sans perdre ny cœur, ny force, ny courage,
Comme un foudre emporté desur l'aisle du vent,
230   Alloit le fer au poing la victoire suyvant:
Et n'eust esté le jour qui par une rancune
Abysma la lumiere es ondes de Neptune,
Envieux sur l'Hyver, il eust eu ce bon heur
De donner à son camp la victoire & l'honneur.
Ce pendant Juppiter, qui des siens se defie,
R'amassa son armée & son camp fortifie.
Il appella la Nuit, & luy dist tel propos:
Nuit, fille de la Terre, & mere du repos,
S'il te souvient du bien que je te fis à l'heure
240   Que Phanete voulut derober ta demeure,
Et qu'il n'eut pour le tout sinon une moitié,
Nuit, sois moy secourable & prends de moy pitié,
Il faut qu'en ma faveur tu sois noire & troublée,
Que ton char soit tardif, ta longueur redoublée,

A fin que mon Mercure ait loisir d'espier
L'Hyver, & prisonnier pieds & mains le lier.
 Nuit, repos des mortels, si tu me veux complaire,
Tu auras un present qu'autrefois je fis faire
Ainsi qu'un beau joüet, à sept voutes, tout rond,
Voutes qui en tournant d'elles-mesmes s'en vont   *250*
En biez haut & bas à l'entour d'une pomme,
Et si jamais le temps leur course ne consomme.
Un Cyclope apparoist au meillieu du jouet,
Qui tient haut eslevé en sa dextre un foüet,
En la gauche une bride, & au dessoubs du ventre
(Chose horrible à conter) il a les pieds d'un cancre.
Un coq de sur son front chante pour l'éveiller,
Quand il veut au matin soubs l'onde sommeiller:
Il a les cheveux d'or, & sa face enflamée
Reluit comme une flame en un chaume allumée,   *260*
Qu'un laboureur attize, & fait de peu à peu
Sortir d'une estincelle un grand brasier de feu.
 Or tu auras en don (si tu me fais service)
Ce present achevé d'excellent artifice.
Va-ten chercher le Somme, & luy dy de par moy,
Qu'il ameine Morphée & le Silence coy,
Et qu'il face endormir cet Hyver qui conspire
De renverser le Ciel, mes Dieux & mon Empire.
Mercure te suivra pour le surprendre, afin
De mettre sans combat ceste querelle à fin.   *270*
 Ainsi dist Juppiter, & la Nuit est allée
En son Antre vestir sa grand robbe estoillée,
Que la Terre filla & ourdit de ses mains
Pour couvrir les soucis & les yeux des humains.
Amour y fut portrait, & ce doux exercice
Qui garde que le monde orphelin ne perisse.
Puis appella le Somme, & luy a dit ainsi:
 Somme, mon cher enfant, le sorcier du soucy,
Juppiter te commande aller dedans l'armée
De l'Hyver, & serrer sa paupiere enfermée   *280*
D'une cheine de miel, & de prendre aveq toy
Pour compaignons Morphée, & le Silence coy:
Va donq siller les yeux de l'Hyver, qui conspire
De renverser le Ciel, les Dieux & son Empire.
 A tant se teut la Nuit, & le Sommeil adonq'
Se vestit d'un manteau comme un grand reistre long,
Prist des souliers de feutre, & puise en la riviere
De Styx une vapeur qui endort la paupiere.
Il couronna son chef d'un pavot endormy,
Et rempa doucement au camp de l'ennemy,   *290*

Trassant de l'air venteux la region humide,
Faisant marcher devant le Silence pour guide.
    Adoncques le Sommeil cault & malicieux
S'alla comme un oyseau planter devant les yeux
De l'Hyver qui veilloit, tournant en sa pensée
Le moyen d'achever la guerre commencée.
Apres que le Sommeil long temps l'eut regardé,
S'eslança sur son chef comme un trait debandé,
Puis sauta dans ses yeux, & doucement assemble
300   D'un dormir englué les paupieres ensemble,
Fist chanceller sa teste, & si bien il entra
Des yeux en l'estomaq, qu'au cœur le penetra,
Et luy fist en ronflant (tant le dormir le touche)
Verser le doux sommeil du nés & de la bouche.
    Mercure ce pendant finement l'enchesna,
Et au grand Juppiter prisonnier l'amena.
Juppiter, qui le vit reduit soubs sa puissance,
D'un severe sourcil le menace & le tance,
Et si fort contre luy le couroux l'embraza,
310   Que sans sa sœur Junon, qui son ire appaisa,
Eust foudroyé l'Hyver: mais elle qui le prie,
Embrassant ses genoux, modera sa furie.
    O Juppiter, des Dieux & des peres le Roy,
Fay (ce disoit Junon) quelque chose pour moy.
Je suis, Saturnien, ta sœur & ton espose,
Et au Ciel comme toy je commande & dispose.
Helas, pere benin, qui justement defends
Par ta loy de tuer, pardonne à tes enfans:
Je sçay que tu pourrois de l'esclat d'un tonnerre,
320   Ensoufrés & brulés, les renverser par terre,
Mais il vaut mieux ruer les foudres de ta main
Sur le haut des rochers, que sur le genre humain.
Et pource, je te pry, change de fantaisie,
Laisse les moy gaigner par douce courtoisie:
Il n'est rien si cruel, que le cœur feminin
Ne rende par douceur gracieux & benin.
    Ainsi disoit Junon, & Jupin de sa teste
Ayant flechy son ire, acorda la requeste.
    Incontinent, Iris, qui des fleuves te pais,
330   Tu fis scavoir aux camps le traitté de la paix:
Tu deslias l'Hyver, & de prompte alegresse
L'invitas au festin de Junon ta maistresse.
    Si tost que l'apareil du festin fut dressé,
Hebé la jeune Nymphe au coude retroussé
Mist de l'eau dans l'eguiere, & la prit en la destre,
Et le bassin doré en l'autre main senestre:

Contre un pilier marbrin son dos elle apuya,
Lava les mains des Dieux, & puis les essuya
D'un linge bien fillé, bien plyé, que Minerve
Pour un riche tresor avoit mis en reserve, 340
Et jamais de son cofre elle ne l'aveignoit
Sinon quand Juppiter l'Ocean bienveignoit.

    Aussi tost que les Dieux furent assis à table
(Chacun tenant son rang & sa place honorable)
Voycy les demy-dieux, qui du haut jusque au bas
La nape grande & large ont couverte de plas,
Entaillés au burin, où s'enlevoient bossées
Des Dieux & des Titans les victoires passées,
Et comme Juppiter aux enfers foudroya
Le Gean qui le Ciel de cent bras guerroya. 350

    Apollon fit venir les Muses en la dance,
La belle Calliope alloit à la cadance
Sur toutes la premiere, & desur le tropeau
Paroissoit comme un Pin sur un taillis nouveau.
Tantost elle chantoit, tantost d'une gambade
Elle faisoit sauter sa ronde vertugade:
Pan le dieu boucager de sa fluste sonna,
Le haut palais doré mugissant resonna
Soubs la voix des hauboix, ce pendant que la coupe
Alloit de main en main en rond parmy la troupe. 360

    Apres que le desir de manger fut donté,
Et l'apetit de boyre en boyvant fut osté,
Chacun pour escouter ferma la bouche close,
Et alors Juppiter commença telle chose:

    Il n'est rien de plus saint que la sainte amitié,
Et pource, comme pere, ayant au cœur pitié
Des guerres qui estoient en notre sang trempées
J'ay brisé les harnois, & cassé les espées,
Aymant trop mieux porter, sans titre de guerrier,
L'olivier sur le front qu'un chapeau de laurier. 370
C'est la raison pourquoy, Hyver, je te delivre,
Afin qu'en amitié le monde puisse vivre.

    Va-ten là bas en terre & commande troys moys:
Je te donne pouvoir de renverser les boys,
D'esbranler les rochers, d'arrester les rivieres,
Et soubs un frain glacé les brider prisonnieres,
Et de la grande Mer les humides sillons
Tourner ores de vens, ores de tourbillons.

    Je te fais le seigneur des pluyes, & des nues,
Des neiges, des frimas, & des gresles menues, 380
Et des vens que du ciel pour jamais je banis:
Et si veux, quand Venus ira voir Adonis,

Que tu la traittes bien, pour voir apres Cybelle
Se germer de leur veüe, & s'en faire plus belle:
Et bref, mon cher enfant, je te veux faire avoir
Là bas autant d'honneur, qu'au ciel j'ay de pouvoir.
  Ainsi dist Juppiter, & l'Hyver qui l'acorde
Jura d'entretenir cette heureuse concorde:
Il print congé des Dieux, & vitement delà,
390   Ayant rompu son camp, en terre devala.

  Je te salüe, Hyver, le bon fils de Nature:
Chasse de mon Bourdin toute estrange avanture,
Ne gaste point ses champs, ses vignes, ny ses blés,
Qu'ils viennent au grenier d'usure redoublés,
Et que ses grands tropeaux au temps de la gelée
Ne sentent en son parc ny taq, ny clavelée:
Son corps ne soit jamais d'orage tormenté,
Et conserve sa vie en perfette santé.

28   BERGERIE

DÉDIÉ À LA MAJESTÉ DE LA ROYNE D'ESCOSSE

Les Personnages

Le premier Joueur de lyre dira le Prologue.
Le chœur des Bergeres.
Orléantin, Angelot.
Navarrin, Guisin.
Margot.

Le premier Pasteur voyageur,
Le second Pasteur voyageur.
Le second Joueur de lyre.

Deux Pasteurs dedans un Antre:
l'un representant la Royne,
l'autre Madame Marguerite, Duchesse de Savoie.

LE PREMIER JOUEUR DE LYRE COMMENCE.

Le Prologue

Les chesnes ombrageux, que sans art la Nature
Par les hautes forests nourrist à l'avanture,
Sont plus doux aux troupeaux, & plus frais aux bergers
Que les arbres entez d'artifice es vergers:
Des libres oyselets plus doux est le ramage
Que n'est le chant appris des rossignols en cage,
Et la source d'une eau sautante d'un rocher
Est plus douce au passant qui l'esté vient coucher
Son corps entre les fleurs de la rive rustique,
Que n'est une fonteine en marbre magnifique,   *10*
Par contrainte sortant d'un grand tuiau doré
Au millieu de la court d'un Palais honoré.
Plus belle est une Nymphe en sa cotte agrafée,
Aux bras à demy nudz, qu'une dame coifée
D'artifice soigneux, toute peinte de fart;
"Car toujours la Nature est meilleure que l'art.
   Pource je me promets que le chant solitaire
Des sauvages Pasteurs doibt davantage plaire
(D'autant qu'il est nayf, sans art & sans façon)
Qu'une plus curieuse & superbe chanson   *20*
De ces maistres enflez d'une Muse hardie,
Qui font trembler le Ciel sous une tragedie
Où d'un vers enaigri d'une colere voix
Jappent apres l'honneur des peuples & des Roys.

G

Escoutez donq' icy les musettes sacrées
De ces Pasteurs venus de loingtaines contrées,
Qui font diversement tout ainsi qu'il leur plaist
Par diverses chansons sonner cette forest,
Ce ne sont pas bergers d'une maison champestre
30   Qui menent pour salaire aux champs les brebis paistre,
Mais de haute famille, & de race d'ayeux
Qui tenans des Pasteurs le Sceptre en divers lieux
Ont effroyé les loups, & en toute asseurance
Ont guidé leurs troupeaux par les herbes de France,
Aymez de leurs sujets & craints des estrangers,
Car toujours la vertu a conduit ces bergers.

LE CHŒUR DES BERGERES, COMPOSÉ DE DOUZE, ASSISES DEDANS
UN ANTRE, SIX D'UNE PART, & SIX DE L'AUTRE.

*La premiere partie du costé dextre commence
en chantant*

Si nous voyons entre fleurs & boutons
Paistre moutons,
Et noz chevreaux pendre sus une roche,
40   Sans que le Loup sur le soir en approche
De sa dent croche:
Si liz florir & roses nous sentons,
Voyans mourir toute herbe serpentine,
Si nous voyons les Nymphes à minuit
Mener un bruit,
Dansant aux bords d'une source argentine,
Si nous voyons le Siecle d'or refait,
C'est du bienfait
De la bergere Catherine.

*L'autre partie sort de l'antre, du costé gauche
en chantant*

50   Quand nous irons bagner les grasses peaux
De noz troupeaux,
Pour leur blanchir ergots, cornes, & laines,
Versant par tout des roses à mains pleines
Sur les fontaines,
Et du vin sur les ruisseaux:
Quand nous ferons aux Nymphes le service,
Et d'annuel office
Irons versant le sang d'un aignelet
Dedans du laict
60   Pour un rustique sacrifice:
Lors nous ferons de gazons un autel

Tout couvert de branche myrtine,
Et de la Nymphe Catherine
Appellerons le grand nom immortel.
Puis luy faisant hommage
Nous respandrons sur l'autel mille fleurs,
Car tant qu'Amour se nourrira de pleurs,
Dedans le cœur nous aurons son image.

LE CHŒUR DES NYMPHES TOUTES ENSEMBLE
SE PREND PAR LA MAIN & DIT CETTE
CHANSON EN DANSANT. PUIS SE RETIRENT
EN L'AUTRE D'OÙ ELLES ESTOIENT SORTIES.

Nous avons veu d'un Prince la jeunesse,
D'un Prince filz d'une grande Déesse,   70
Dont la beauté, la grace & les valeurs
Ornent nos champs, comme au matin l'Aurore
Orne le Ciel, quand son beau front colore
Tout l'Orient de perles & de fleurs.
  Puissent ses ans croistre comme la rose
Que par grand soing une pucelle arrose
Soir et matin pour s'en faire un bouquet,
Afin qu'un jour si hautement il croisse
Que sur les Roys autant il apparoisse
Qu'une forest par dessus un bosquet.   80
  Au bon Carlin le Ciel face la grace
De voir ça bas la race de sa race,
Tout courbé d'ans, ainsi que fut Nestor:
C'est ce Carlin promis des destinées
Souz qui courront les meilleures années
Du vieil Saturne & du bon Siecle d'or.

LES QUATRE BERGERS & LA BERGERE SE PRESENTENT
ENSEMBLE SORTANS D'UN AUTRE ANTRE.

Orleantin commence

Puis que le lieu, le temps, la saison & l'envie
Qui s'echaufent d'amour à chanter nous convie,
Chanton donques, Bergers, & en mille façons
A ces grandes forests aprenon nos chansons.   90
  Icy diversement s'emaille la prairie,
Icy la tendre vigne aux ormeaux se marie,
Icy l'ombrage frais va ses fueilles mouvant,
Errantes çà & là sous l'haleine du vent:
Icy de pré en pré les soigneuses avettes
Vont baizant & sussant les odeurs des fleurettes,

Icy le gazouiller enroüé des ruisseaux
S'accorde doucement aux pleintes des oyseaux,
Icy de toutes pars les Zephyres s'entendent:
100   Nos fluttes cependant trop paresseuses pendent
A nos cols endormis, & semble que ce temps
Soit à nous un Hyver, aux autres un Printemps.
Sus doncques dans cet Antre, ou dessous cet ombrage
Dison une chanson. Quant à ma part je gage
Pour le prix de celuy qui chantera le mieux
Un cerf apprivoisé qui me suit en tous lieux.
Je le desrobé jeune, au fond d'une vallée,
A son pere merqué d'une peau martelée,
Et le nourry si bien que souvent le grattant,
110   Le chatouillant, touchant, le peignant & flattant
Tantost aupres d'une eau, tantost sur la verdure,
En douce je tournay sa sauvage nature.
    Je l'ay toujours gardé pour ma belle Thoinon,
Laquelle en ma faveur le nomma de mon nom:
Tantost elle le baize & de fleurs odoreuses
Environne son front & ses cornes rameuses,
Et tantost son beau col elle vient enfermer
D'un carquan enrichy de coquilles de mer,
Où pend une grand dent de sanglier qui resemble
120   En rondeur le Croissant quand il se joinct ensemble.
Il va seul & pensif où son pied le conduit:
Meintenant des forests les ombrages il suit,
Meintenant il se mire aux bors d'une fontaine,
Ou s'endort sous le pied d'une roche hautaine:
Puis il retourne au soir, & gaillard prend du pain
Tantost desur la table, & tantost en ma main,
Saute à l'entour de moy, & de sa corne essaye
De cosser brusquement mon mâtin qui l'abaye:
Fait bruire son cleron, puis il se va coucher
130   Au giron de Thoinon qui l'estime si cher.
Il souffre que sa main le chevestre luy mette
Plein de houppes de soye, & si bien el' le traite
Que sur le dos privé le bast elle luy met:
Elle monte desus, & sans creinte le fait
Marcher entre les fleurs, le tenant à la corne
D'une main, & de l'autre ingenieuse elle orne
Sa crope de bouquets & de petits rameaux;
Puis le conduit au soir à la frescheur des eaux,
Et de sa blanche main seulle luy donne à boire.
140   Or quiconques aura l'honneur de la victoire
Sera maistre du Cerf, & sera bien contant
De donner à s'amye un present qui vaut tant.

Angelot

Je gage mon grand Bouc, qui par mont & par plaine
Conduit seul un troupeau comme un grand Capitaine:
Il est fort & hardy, corpulent & puissant,
Brusque, promt, eveillé, sautant & bondissant,
Qui gratte en se joüant de l'ergot de derriere,
Espaisse comme un bois, sa barbe mentonniere:
Il a le front severe & le pas mesuré,
La contenance fiere & l'œil bien assuré: *150*
Il ne doute les loups tant soyent ils redoutables,
Ny les mâtins armez de coliers effroyables,
Mais planté sur le haut d'un rocher espineux
Les regarde passer & s'il se mocque d'eux.
   Son front est remparé de quatre grandes cornes:
Les deux proches des yeux sont droittes comme bornes
Qu'un pere de famille esleve sur le bord
De son champ qui estoit n'agueres en discord:
Les deux autres qui sont prochaines des oreilles
En douze ou quinze plis se courbent à merveilles,   *160*
Comme ondes de la mer, & en tournant se vont
Cacher desous le poil qui luy pend sur le front.
   Des la pointe du jour ce grand Bouc ne sommeille,
Et n'attend qu'un pasteur tout le troupeau reveille,
Mais il fait un grand bruit dedans l'estable, & puis
En poussant le crouillet de sa corne ouvre l'huis,
Et guide les chevreaux qu'à grands pas il devance
Comme de la longueur d'une moyenne lance,
Puis les remeine au soir à pas contés & longs,
Faisant sous ses ergotz poudroier les sablons.   *170*
   Jamais en nul combat n'a perdu la bataille,
Apris des sa jeunesse en quelque part qu'il aille
D'emporter la victoire: aussi les autres boucs
Ont creinte de sa corne & le reverent tous.
Je le gage pourtant: gentil pasteur, regarde,
Il vaut mieux que ton Cerf si tu y prens bien garde.

Navarrin

J'ay dans ma gibbesiere un vaisseau fait au tour,
De racine de buis, dont les anses d'autour
Par artifice grand de mesme bois sont faittes,
Où meintes choses sont diversement portraittes.   *180*
Presque tout au millieu du gobelet est peint
Un Satyre cornu, qui brusquement estreint
Tout au travers du corps une jeune bergere,
Et la veut faire choir desouz une fougiere.

Son couvrechef luy tombe, & a de toutes pars
A l'abandon du vent ses beaux cheveux espars,
Dont elle courroucée, ardente en son courage
Tourne loing du Satyre arriere le visage,
Essayant d'eschapper, & de la dextre main
190 Luy arrache le poil du menton & du sein,
Et luy froisse le nez de l'autre main senestre,
Mais en vain: car tousjours le Satyre est le maistre.
　　Trois petitz enfans nuds de jambes & de bras
Taillez au naturel, tous potelez & gras
Sont gravés à l'entour: l'un par vive entreprise
Veut faire abandonner au Satyre la prise,
Et d'une infante main par deux & par trois fois
Prend celle du bouquin, & luy ouvre les doids.
L'autre plus courroucé, d'une dent bien aiguë
200 Mord ce Dieu ravisseur par la cuisse peluë,
Se tient contre sa greve, & le pinse si fort
Que le sang espandu souz les ongles en sort,
Et fait signe du doid à l'autre enfant qu'il vienne,
Et que par l'autre jambe ainsi que luy le tienne:
Mais cet autre garson, pour neant supplié
Se tire à dos courbé une espine du pié,
Assis sur un gazon de verte pimpernelle,
Sans se donner soucy de celuy qui l'appelle.
　　Une jenisse aupres luy pend sur le talon
210 Qui regarde tirer le poignant eguillon
De l'espine cachée au fond de la chair vive,
Et tellement elle est à ce fait ententive
Que beante elle oublye à boire & à manger:
Tant elle prend plaisir à ce petit berger,
Qui tirant à la fin la pointe de l'espine,
De douleur se renverse & tombe sur l'eschine.
　　Un houbelon rempant à bras long & retors
De ce beau gobelet se roulle sur les bords,
Et fait un passement de son gentil fueillage:
220 Tel qu'il est toutesfois je le metz pour mon gage.

Guisin

Je metz une houlette en lieu de ton vaisseau.
L'autre jour que j'estois assis pres d'un ruisseau
Radoubant ma musette avecque mon alesne,
Je vy desur le bord le tyge d'un beau fresne,
Droit, sans neuds, & sans plis: lors me levant soudain
J'empoignay d'alegresse un goy dedans la main,

Puis couppant par le pié & le bois & l'escorce
Je le fis chanceler & trebuscher à force
Estendu sur le pré: puis en siant le tronc
En quatre grands quartiers je le fendis adonc: 230
Au Soleil je seché sa verdeur consommée,
Puis j'endurcy le bois pendu à la fumée.
   A la fin le baillant à Jehan ce bon ouvrier,
M'en fit une houlette, & s'il n'y a chevrier
Ny berger en ce bois qui ne donnast pour elle
La valleur d'un Toreau, tant elle semble belle.
Elle a par artifice un million de nouds
Pour mieux tenir la main, tous marquetés de clous:
Et afin que son pié ne se gaste à la terre
Une boucle d'airain de tous costez le serre: 240
Un fer est au millieu de la boucle qui tient
Le bout, où le pasteur quelquefois se soutient
Tantost sur une jambe, & tantost il appuye
Sa main, quand de joüer sur sa flutte il s'ennuye.
L'anse est faitte de cuivre, & le haut de fer blanc,
Un peu long & courbé, où pourroient bien de ranc
Deux mottes pour jetter au troupeau qui s'esgare,
Tant le fer est creusé d'un artifice rare.
   Une Nymphe est aupres, ouvrage nompareil,
Qui ses cheveux essuye aux rayons du Soleil, 250
Qui deça qui dela desur le col luy pendent,
Et desur la houlette à petits flotz descendent.
Elle fait d'une main semblant de ramasser
Ceux du costé senestre, & de les retrousser
En frizons sur l'oreille, & de l'autre elle alonge
Ceux du dextre costé mignotés d'une esponge,
Et tirés fil à fil, laissant entre ses doids
Sortir en pressurant l'escume sur le bois.
   Aux pieds de ceste Nymphe est un garson qui semble
Cueillir des brins de jonc & les lier ensemble, 260
De long & de travers courbé sur le genou:
Il les presse du poulce, & les serre d'un noud,
Puis il fait entre deux des fenestres egalles,
Façonnant une cage à mettre des Cygalles.
Loing derriere son dos est gisante à l'escart
Sa panetiere enflée, en laquelle un Renard
Met le nez finement, & d'une ruze estrange
Trouve le desjeuner du garson & le mange:
Dont l'enfant s'apperçoit sans estre courroucé,
Tant il est ententif à l'œuvre commencé: 270
   Si mettray-je pourtant une telle houlette,
Que j'estime en valeur autant qu'une musette.

Margot

Je mettray pour celuy qui gaignera le prix
Un Merle qu'à la glus en ces forests je pris:
Et vous diray comment je l'enfermay en cage,
Et luy fis oblier son naturel langage.
    Un jour en l'escoutant siffler dedans ce bois
Je receu grand plaisir du jargon de sa voix,
Et de sa robe noire, & de son bec qui semble
280   Estre peint de safran, tant jaune il luy resemble:
Et pource j'espiay l'endroit où il beuvoit
Quand au plus chaut du jour ses plumes il lavoit.
    Puis en semant le bord de vergettes gluées,
L'une assés pres de l'autre en ordre situées,
Je me caché souz l'herbe, au pié d'un arbrisseau,
Attendant que la soif ameneroit l'oyseau.
    Aussy tost que le chaut eut la terre enflammée,
Et que les bois fueilleuz herissés de ramée
N'empeschoient que l'ardeur des rayons les plus chautz
290   Ne vinssent alterer le cœur des animaux,
Ce Merle ouvrant la gorge, & laissant l'aile pendre
Comme matté de soif, en volant vint descendre
Sur le ruisseau glué, & comme il alongeoit
Le col pour s'abreuver (pauvret qui ne songeoit
Qu'à prendre son plaisir!) se vit outre coustume
Engluer tout le col & puis toute la plume,
Si bien qu'il ne faisoit en lieu de s'envoler
Sinon par cy par là sur le bord sauteler.
    Incontinent je cours, & prompte luy desrobe
300   Sa douce liberté, le cachant souz ma robe:
Puis pliant & noüant de vergettes de buis
Et d'osier une cage, en prison je le mis:
    Et fust que le Soleil se plongeast dedans l'onde,
Fust qu'il monstrast au jour sa belle tresse blonde,
Fust au plus chaut midy, alors que noz troupeaux
Estoient en remaschant couchez souz les ormeaux,
Si bien je le veillé parlant à son oreille,
Qu'en moins de quinze jours je luy apris merveille,
Et luy fis oblier sa rustique chanson
310   Pour retenir par cœur meinte belle leçon
Toute pleine d'amour: il m'en souvient bien d'une,
Et bien que la sentence en soit assez commune,
Je la diray pourtant, car par là se verra
Si l'oyseau sera cher à celuy qui l'aura:
    Sandrin mon doux soucy, mon œillet & ma rose,
Qui peux de mes troupeaux & de moy disposer,

Le Soleil tous les soirs dedans l'eau se repose,
Mais Margot pour t'amour ne sçauroit reposer.
  Il en sçait mille encore & mille de plus belles
Qu'il escoute en ces bois chanter aux pastourelles: 320
Car il apprend par cœur tout cela qu'il entend,
Et, bien qu'il me soit cher, je le gage pourtant.

LES CHANSONS DES PASTEURS

Orleantin

  Quel estrange malheur! quelle amere tristesse
Vous tenoit, ô forest, quand la blonde jeunesse
Qui boit les eaux du Rhin, d'un estrange harnois
Efroyable efroyoit le païs Champenois!
Puis enflée de l'espoir d'une fauce victoire
Beut en lieu de son Rhin les eaux de nostre Loyre,
Et osa, se fiant à l'infidelité
Du peuple, menacer nostre grande Cité!   330
  En ce temps si mauvais la France en despit d'elle
Portoit de sur l'eschine une gent si cruelle,
Et voyant maugré soy tant de guerriers nouveaux
Soutenoit maugré soy les pieds de leurs chevaux.
Le Soleil se cacha, & la saison chargée
De neiges aperceut cette troupe enragée
Aller parmy nos champs au meillieu de l'Hyver:
Car jamais le Soleil ne se daigna lever
Pour voir nostre ruine, abhorrant que le vice
Allast le front levé sans creinte de Justice.   340
  Un peuple se bandoit contre l'autre irrité,
Le citoyen estoit bany de sa cité,
Les autelz despouillés de leurs saintz tutelaires,
Les temples resembloient aux desers solitaires,
Sans feu, sans oraison, & les Prestres sacrés
Servoient de proye aux loups, par les champs massacrés.
Nul tant maigre troupeau ne se trainoit sur l'herbe
Trompant l'avare main de l'ennemy superbe,
Car soit gras ou soit megre, il tiroit pour butin
Et houlette & troppeau, & pasteur, & mastin.   350
  Les Faunes & les Pans, & les Nymphes compagnes
Se cacherent de peur dans le creux des montagnes,
Abhominans le sang & les glaives tranchans,
Et nulle deité n'habitoit plus aux champs.
  La honte de mal faire estoit morte, & les armes
Craquetans sur le dos des malheureux gendarmes
Luisoient de tous costez: bref on ne veoit lieux
Tant fussent eslongnez & des pieds & des yeux,

On ne veoit montagne, ou pendante vallée
360 Ou forest tant fust-elle à l'escart recullée,
Ou rocher si secret, qui n'ait senti la main,
Et la barbare voix de l'avare Germain.
    Les herbes commençoient à croistre par les rues,
Oysives par les champs se rouilloient les charues:
Car la terre, irritée & dolente de voir
Ses filz la tourmenter, leur nioit son devoir,
Et, en lieu de donner des moissons abondantes,
Ne poussoit que chardons & qu'espines mordantes:
Voyre & si du haut ciel quelque bon Dieu n'eust mis
370 Un remors vergongneux au cœur des ennemis,
C'estoit fait que de France, & sa terre couverte
De tant de gras troupeaux fust maintenant deserte
Et bannis de noz champs eussions esté contrains
Aller en autre part implorer autres saints.
    Mais un Prince bien né qui prend son origine
Des Pasteurs de Bourbon, & une Catherine
Ont rompu le discord, & doucement ont fait
Que Mars, bien que grondant, se voit pris & deffait.
Cette Nymphe Royalle & digne qu'on luy dresse
380 Des autelz, tout ainsi qu'à Palés la Déesse,
La premiere nous dist: Pasteurs, comme devant
Entonnez vos chansons & les contez au vent,
Et aux grandes forests si longuement muettes
Rapprenez les accords de vos vieilles musettes,
Et menez desormais par les prez vos toreaux,
Et dormez seurement souz le frais des ormeaux.
    Elle nous rebailla noz champs & noz bocages,
Elle nous fist rentrer en noz premiers herbages,
Elle nous redonna noz maisons, & aussy
390 Chassa bien loing de nous la peur & le soucy:
Et pource tous les ans, à jours certains de festes
Donnans repos aux champs, à nous, & à noz bestes,
Luy ferons un autel comme à la grand Junon,
Et long temps par les bois sera chanté son nom.
Les forests le diront & les creuses vallées,
Et les eaux des rochers contre bas devallées
Le diront à l'envy, & Echo, qui l'oira
Si souvent rechanter, souvent le redira.
Il n'y aura forest où son nom sur l'escorce
400 Des chesnes les plus hauts ne soit escrit à force,
Et qu'alentour du nom ne pendent mille fleurs
En mille chapeletz de diverses couleurs.
    Il n'y aura berger, soit qu'au matin il meine,
Soit qu'il remeine au soir son troupeau porte-laine,

Qui songeant & pensant & faisant un discours
Que d'elle seulement est venu son secours,
Ne luy verse du miel, & qu'il ne luy nourrisse
A part dedans un pré une blanche Genisse,
Ne luy sacre aux jardins un Pin le plus espais,
Un ruisseau le plus clair, un antre le plus frais,   *410*
Et luy offrant ses vœus, hautement ne l'appelle
Sur cent autelz nouveaux la Françoise Cybelle.
   O Bergere d'honneur les saules ne sont pas
Aux aigneletz sevrez si gratieux repas,
Ny le Printemps n'est point si plaisant aux fleurettes,
Ny la rosée aux prez, ny les blondes avettes
N'ayment tant à baizer les roses & le thin,
Que j'ayme à celebrer les honneurs de Catin.

Angelot

   Quand le bon Henriot, par rude destinée
Avant la nuict venue accomplit sa journée,   *420*
Noz troupeaux, prevoyans quelque futur danger,
Languissoient par les champs sans boire ny manger:
Et bellans & crians & tapis contre terre
Gisoient comme frapez de l'esclat du tonnerre.
Toutes choses ça bas pleuroient en desconfort:
Le Soleil s'enfuït pour ne voir telle mort,
Et d'un crespe rouillé cacha sa teste blonde,
Abhominant la terre en vices si feconde.
Les Nymphes l'ont gemy d'une piteuse voix,
Les Antres l'ont pleuré, les rochers & les bois.   *430*
Vous le sçavez, forests, qui vistes es bocages
Les loups mesme le plaindre, & les lions sauvages.
   Ce fut ce Henriot qui remply de bon heur
Remist des Dieux banis le service en honneur,
Et, se monstrant des ars le parfait exemplaire,
Esleva jusqu'au ciel la gloire militaire.
Tout ainsi que la vigne est l'honneur d'un ormeau,
Et l'honneur de la vigne est le raisin nouveau,
Et l'honneur des troupeaux est le Bouc qui les meine,
Et comme les espicz sont l'honneur de la plaine,   *440*
Et comme les fruitz meurs sont l'honneur des vergers,
Ainsi ce Henriot fut l'honneur des Bergers.
   Quantefois avons nous depuis sa mort cruelle
Labouré les sillons d'une peine annuelle!
Las! qui n'ont raporté en lieu de bons espicz
Qu'yvraie, qu'aubifoin, que ponceaux inutilz!

Les herbes par sa mort perdirent leur verdure,
Les roses & les liz prindrent noire teinture,
La belle Marguerite en prist triste couleur,
450   Et l'œillet sur sa fueille escrivit ce malheur.
     Pasteurs, en sa faveur semez de fleurs la terre,
Ombragez les ruisseaux de pampre & de lierre,
Et de gazons herbus, en toute saison vers,
Dressez luy son tombeau & y gravez ces vers:
L'ame qui n'eut jamais en vertu son egalle,
Icy laissa son voile en tranquille repos:
Chesnes, faittes ombrage à la tombe Royalle,
Vous ne fistes jamais ombrage à si beaux os.
     O berger Henriot, en lieu de vivre en terre
460   Toute pleine de peur, de fraudes & de guerre,
Tu vis là haut au Ciel, où mieux que paravant
Tu vois desouz tes piedz les astres & le vent,
Tu vois desoubz tes pieds les astres & les nues,
Tu vois l'air & la mer & les terres conneues
Comme un Ange parfait delié du soucy
Et du fardeau mortel qui nous tourmente icy.
O belle ame gentille au Ciel la plus haussée,
Qui te moques de nous & de nostre pensée,
Et des apas mondains qui ne nous font sentir
470   Apres un vain plaisir sinon le repentir.
     Ainsi qu'un beau Soleil entre les belles ames
Environné d'esclairs, de rayons, & de flames,
Tu reluis dans le Ciel, & loing de toute peur
Fait Ange tu te ris de ce monde trompeur.
     Où tu es, le Printemps ne perd point sa verdure,
L'orage n'y est point, le chaut ny la froidure,
Mais un air pur & net, où le Soleil au soir
Comme icy ne se laisse en la marine choir.
Tu vois autres forests, tu vois autres rivages
480   Autres rochers plus beaux, autres plus beaux bocages,
Autres plus beaux patis, & ton troupeau tu pais
D'autres plus belles fleurs, qui ne meurent jamais.
     Et pource nos forests, nos herbes & nos pleines,
Nos ruisseaux & nos prez, nos fleurs & nos fonteines,
Se souvenant de toy, murmurent en tout lieu
Que le bon Henriot est maintenant un Dieu.
     Sois propice à noz vœus: je te feray d'ivoire
Et de marbre un beau temple au rivage de Loyre,
Où au retour de l'an, aux jours longs & nouveaux,
490   Je feray des combatz entre les pastoureaux
Ordonnez tous les mois en la saison premiere,
A sauter, à lutter, à franchir la carriere.

Là sera ton Janot qui chantera tes faitz,
Tes guerres, tes combatz, tes ennemis deffaitz,
Et tout ce que ta main d'invincible puissance
A fait pour redresser la houlette de France.
  Or à Dieu, grand Berger: tant qu'on verra les eaux
Soutenir les poissons, & le vent les oyseaux,
Nous aymerons ton nom, & par cette ramée
D'age en age suivant ira ta renommée.   500
  Nous ferons en ton nom des autels tous les ans,
De grands gazons de terre, & comme aux Ægipans,
Aux Faunes, aux Satyrs, te ferons sacrifice.
Ton Perrot le premier chantera le service,
Entonnant le cornet, & le suivant apres
En dançant main à main nous ferons aux forests
Apprendre tes honneurs, afin que ta loüange,
Redite tous les ans, par les ans ne se change,
Plus forte que la mort, mais fleurisse en tout temps
Par ces grandes forests comme fleurs au printemps.   510

                          Navarrin

  Que ne retourne au monde encore ce bel aage
Simple, innocent, & bon, où le meschant usage
De l'acier & du fer n'estoit point en valeur,
Honoré maintenant à nostre grand malheur!
  Ha, bel aage doré, où l'or n'avoit puissance!
Mais doré pour autant que la pure innocence,
La creinte de mal faire, & la simple bonté
Permettoient aux humains de vivre en liberté!
Les Dieux visiblement se presentoient aux hommes,
Et pasteurs de troupeaux tout ainsi que nous sommes   520
Au millieu du bestail ne faisoient que sauter,
Aprenans aux mortelz le bel art de chanter.
  Les bœufs en ce temps là, paissans parmy la plaine,
L'un à l'autre parloient, & d'une voix humaine,
Quand la nuict approchoit, predisoient les dangers,
Et servoient par les champs d'oracles aux bergers:
Il ne regnoit alors ny noise ny rancune,
Les champs n'estoient bornez, & la terre commune
Sans semer ny planter, bonne mere, aportoit
Le fruit qui de soymesme heureusement sortoit: 530
Les proces n'avoient lieu, la rancueur ny l'envie.
  Les vieillars sans douleur sortoient de ceste vie
Comme en songe, & leurs ans doucement finissoient,
Ou d'une herbe enchantée ils se rajeunissoient:
Jamais du beau Printemps la saison emaillée
N'estoit (comme depuis) par l'hyver despouillée.

Toujours du beau Soleil les rayons se voyoient,
Et toujours par les bois les Zephires s'oyoient:
Toujours le Rossignol chantoit par la verdure:
540 Tous ces villains oyseaux de dangereux augure,
Orphrayes & Choüans, qui sont cornus au front,
Sur le haut des maisons ne chantoient comme ils font.
La terre, comme elle est vers les hommes despite,
N'engendroit ny venin ny plante d'Aconite
Mais Myrrhe precieuse & la Gomme qui sent
Si doucement au nez, & le Basme & l'Encent:
Chacun se repaissoit desouz les frais ombrages
Ou de laict ou de glan ou de frezes sauvages.
      O saison gratieuse! helas, que n'ay-je esté
550 En un temps si heureux en ce monde aletté!
Maintenant on ne voit que Circes & Medées,
Que Cacus ehontez aux mains outrecuidées,
Que Busyrs, Geryons, que Protées nouveaux
Qui se changent en Tygre, en Serpens, en oyseaux,
Et coulent de la main tout ainsi qu'une Anguille
Et aux moissons d'autruy ont toujours la faucille.
      Il me souvient un jour qu'aux rochers de Beart
J'allay voir une Fée, ingenieuse en l'art
D'appeller les esprits hors des tombes poudreuses,
560 D'arrester le Soleil & les rivieres creuses,
Et d'enchanter la Lune au millieu de son cours,
Et changer les pasteurs en Tygres & en Ours:
Elle, prevoyant bien par magique figure
Que la bonté faudroit en la saison future,
Me conduit dans un Antre, où elle me montra
Un tableau qu'à main dextre attaché rencontra:
Et le lisant m'aprist des enfance à cognoistre
Le grand Pan des Bergers de toutes choses maistre:
Me montra mille maux en cette table escris,
570 Dont les hommes seroient en peu de temps surpris:
La Guerre, le Discord, meinte Secte diverse,
Et le monde esbranlé tomber à la renverse.
      Mais prens cœur (ce disoit), car tant que les grans Rois
De la Gaule aimeront les Pasteurs Navarrois,
Toujours leurs gras troupeaux paistront sur les montagnes,
Le froment jaunira par leurs blondes campagnes,
Et n'auront jamais peur que leurs proches voisins
Emportent leurs moissons, ou coupent leurs raisins.
      Pource, jeune berger, il te faut des enfance
580 Aller trouver Carlin le grand Pasteur de France.
Ta force vient de luy. Lors, suivant mon destin
En France je vins voir le grand pasteur Carlin,

Carlin que j'ayme autant qu'une vermeille rose
Ayme la blanche main de celle qui l'arrose,
Que les prez les ruisseaux, les ruisseaux la verdeur:
Car d'autre que de luy ne depend ma grandeur.

Guisin

Houlette qui soulois par les champs Idumées
Comme de grands troupeaux conduire des armées,
Qui as regi Secille & les monts Calabrois,
Et la ville, tombeau de ceste belle voix: 590
Meintenant je te tiens de pere en filz laissée,
Qui dure n'as esté par les guerres cassée,
Et qui doibs gouverner encore desouz moy
Les troupeaux de Carlin mon Pasteur & mon Roy.
Icy les grands forests que les ans renouvellent,
Icy, Carlin, icy les fonteines t'appellent,
Les Rochers & les Pins, & le Ciel qui plus beau
Se tourne pour complaire à ton regne nouveau:
Toute chose s'egaye à ta belle venuë,
L'air n'est plus attristé d'une fascheuse nuë,   600
La mer rid en ses flotz, sans orage est le vent
Et les Astres au Ciel luisent mieux que devant.
O grand Pasteur Carlin ornement de nostre aage,
Haste toy d'aller voir ton fertille heritage,
Environne tes champs & conte tes toreaux,
Et reçoy desormais les vœus des pastoureaux.
La grand Palés ta mere à ta main dextre assise
D'un voyage si beau conduira l'entreprise,
Et te fera passer par tes villes, ainsi
Que passe par le Ciel un bel Astre eclaircy.   610
L'honneur & la vertu iront devant ta face,
Les fleuves, les rochers, les bois te feront place,
Et le peuple joyeux en chantant semera
Les grands chemins de fleurs où ton pié passera:
Car tu es ce grand Roy que tant de destinées
Nous promettoient venir apres un peu d'années
Pour gouverner ta France, & retourner aux cieux
Apres cent ans passés, assis entre les Dieux.
On dit quand tu naquis, que les Parques fatalles
Ayans fuseaux egaulx & quenoilles egalles,   620
Et non pas le filet & la trame qui est
De diverse façon tout ainsi qu'il leur plaist,
Jettant sur ton berceau à pleines mains descloses
Des œilletz & du liz, du safran & des roses,
Commencerent ainsi: Roy qui devois venir
Au monde, pour le monde en repos maintenir,

Et qui par le destin icy bas devois naistre
Pour estre des grans Rois le seigneur & le maistre,
Entens ce que le Ciel immuable en sa loy
630   Et nos fuseaux d'airain ont devidé de toy.
        Souz ton regne nouveau (avant que l'aage tendre
Laisse autour de ta levre un crespe d'or estendre)
L'ardente ambition, la guerre & le discort
Feront voir en tous lieux l'image de la mort:
On fera pour tenir les villes assurées
Des fossés, des rempars, des ceintures murées,
Et l'horrible canon par le souffre animé
Vomira de sa bouche un boulet alumé.
        On fera de rateaux des poignantes espées,
640   Les faucilles seront en lames detrampées,
Et l'assuré nocher, d'avarice conduit,
Ira veoir souz nos piés l'autre Pole qui luit:
D'autres Typhis naistront qui plains de hardiesse
Esliront par la France encore une jeunesse
De Chevalliers errans dans Argon enfermés:
Encores on voirra des Achilles armés
Combatre devant Troye, & les rivieres pleines
De corps mors escumer sanglantes par les plaines.
        Mais si tost que les ans en croissant t'auront fait
650   En lieu d'un juvenceau homme entier & perfait,
Lors la guerre mourra, les harnois & les armes,
Les sanglos & les cris, les pleintes & les larmes,
Et tout ce qui despend du vieil siecle ferré
S'enfuira, donnant place au bel aage doré.
        Les hommes revoirront les Dieux venir en terre,
Le ciel, sans plus s'armer de foudre & de tonnerre,
Sans plus faire la gresle espaissement rouller,
Fera de sur les champs la manne distiller.
        Les pins, vieux compagnons des plus hautes montagnes,
660   En navires creusez ne voirront les campagnes
De Neptune venteux, car sans voguer si loing
La terre produira toute chose sans soing,
Laquelle ne sera comme devant ferüe
De rateaux bien dentez, ny de soc de charüe:
Car les champs de leur gré, sans toreaux mugissans
Souz le joug, se voirront de froment jaunissans.
        Les vignes n'auront peur de sentir les faucilles,
De leur gré les sommetz des arbres bien fertilles
Noirciront de raisins, & le clair ruisselet
670   Ondoira par les fleurs & de vin & de laict:
Le miel distilera de l'escorce des chesnes,
Et les roses croistront sur les branches des fresnes,

Le belier en paissant au millieu d'un pré vert
Se voirra tout le dos d'escarlate couvert,
De pourpre l'aignelet, & la barbe des chevres
En soye deviendra pendante souz leurs levres,
Les cornes des toreaux de perles, & encor
Le rude poil des boucs jaunira de fin or.
 Bref tout sera changé, & le monde, difforme
Des vices du jourdhuy, prendra nouvelle forme   *680*
Desouz toy qui croistras pour avoir ce bon heur,
O Prince bien heureux, d'estre son gouverneur.
 Ainsi sur ton berceau les trois Parques chenües
Chantoient, qui tout soudain s'envolerent es nües:
Et alors les Pasteurs dans l'escorce des bois
Graverent leur chanson, afin que tous les mois
Aux fluttes des Bergers elle fust accordée,
Et parmy les forests dans les arbres gardée.

     Margot

 Soleil source de feu, haute merveille ronde,
Soleil, l'Ame, l'Esprit, l'œil, la beauté du monde,   *690*
Tu as beau t'eveiller de bon matin, & choir
Bien tard dedans la mer, tu ne scaurois rien voir
Plus grand que nostre France: & toy, Lune, qui erres
Maintenant desur nous, maintenant souz les terres,
En allant & venant tu ne vois rien si grand
Que nos Rois, dont le nom par le monde s'espend.
 Il ne faut point vanter cette vieille Arcadie,
Ses rochers, ny ses pins, encore qu'elle die
Que ses pasteurs sont naiz avant que le Croissant
Fust au ciel, comme il est, de nuit apparoissant.   *700*
 La France la surpasse en desers plus sauvages,
En plus hautes forests, en plus fleuriz rivages,
En rochers plus amis des Dieux, qui sont contens
De se montrer à nous & nous voir en tout temps.
 O bienheureuse France abondante & fertille!
Si l'encent, si le basme en tes champs ne distille,
Si l'amome Asien sur tes rives ne croist,
Si l'ambre sur les bords de ta mer n'aparoist:
Aussi le chaut extreme & la poignante glace
Ne corrompt point ton air, & la meschante race   *710*
Des dragons, des lions si fierement marchans
Comme ils font autre part, ne gaste point tes champs.
 Que dirons nous icy de la haute montagne
D'Auvergne, & des moissons de la grasse Champagne,
L'une riche en troupeaux, & l'autre riche en blé
Au vœu des laboureurs d'usure redoublé?

    Que dirons nous d'Anjou & des champs de Touraine,
De Languedoc, Provence, où l'Abondance pleine
De sillon en sillon fertille se conduit
720   Portant sa riche Corne ensceinte de beau fruit?
    Que dirons nous encor de cent mille rivieres
Qui arrosent les piés de tant de villes fieres
Dont le front nous fait peur en allant au marché,
Tant il est dans le ciel profondement caché?
    Que dirons nous des Roys d'une si noble terre,
D'un François, d'un Henry, deux foudres de la guerre?
Des Charles, des Loys, courages indontez
Qui ont tousjours chassé les loups de tous costez,
Et n'ont jamais souffert qu'une force estrangere
730   Ait pillé dans nos bois ny troupeau ny bergere,
Mais à coups de leviers, de houlette & de dards
Ont tousjours repoussé les larrons de nos parcs?
    Elle a produit Renault, & Rolland, & encore
Un Ogier, un Yvon: et toy, Carlin, qui ore
Crois pour estre l'honneur des peuples & des Rois,
Afin que toute Europe aille desouz tes loix.
    Que dirons nous encor, France, de tes merites?
C'est toy qui as nourry trois belles Marguerites,
Qui passent d'Orient les perles en valleur:
740   L'une vit dans le Ciel, exempte du malheur
Qui entretient le siecle en querelles & noises,
Ayant regi long temps les terres Navarroises.
L'autre, prudente & sage & seconde Pallas,
Fidelle à son grand Duc, embellist de ses pas
Les hautz monts de Savoye, & comme une Déesse
Marche par le Piedmont au millieu d'une presse
Qui court à grande foulle, afin de faire honneur
A ce sang de Vallois, cause de leur bon-heur.
L'autre croist souz sa mere, ainsi qu'un sion tendre
750   Croist desouz un Laurier, qui doit bien tost estendre
Ses bras jusques au Ciel & son chef spatieux,
Pour embasmer d'odeur & la terre & les Cieux.
    Que dirons nous encore de la maison de France?
Si un pauvre pasteur se lamente en souffrance,
S'il a perdu ses bœufz, s'il est mangé des ours,
Cette noble maison va seule à son secours,
Et sans piller les biens d'une pauvre personne,
Luy rebaille ses bœufs & ses champs luy redonne:
Ou le fait d'estranger domestique pasteur,
760   Luy oste de l'esprit la sombre pesanteur,
Le rend riche & gaillard, & luy aprend à dire
Par les hautes forests les chansons de Tityre.

Là fleurist la vertu, l'honneur & la bonté,
La douceur y est jointe avec la gravité,
Le desir de louange & la peur d'infamie
Et tout ce qui depend de toute preudhommie.
Là les peres vieillards en barbe & cheveux gris
Amenent leurs enfans pour y estre nourris,
Et pour mettre une bride à leur jeunesse folle:
Car de toute vertu la France est une escole.   770
    Je te salue, heureuse & fertille maison
Qui fleuris en tout temps sans perdre ta saison,
Mere de tant de Rois, & mere de tant d'hommes
Et de tant de troupeaux dont les bergers nous sommes.
Le bon heur te conduise, & jamais le discort
Ne pousse tes bergers au peril de la mort,
Mais unis d'amitié puissent desur leur teste
Des ennemis veincus rapporter la conqueste,
Et puissent en tous lieux se montrer serviteurs
De leur Prince Carlin le maistre des Pasteurs: 780
Afin que pour jamais nostre France resemble
Aux troupeaux bien unis qui se serrent ensemble.
Tousjours ta terre soit abondante en froment:
La nïelle que l'air corrompu va formant
Ne ronge tes espicz, & jamais la gelée
N'envoye à tes brebis ny tac ny clavelée:
La femine & la peste aille bien loing de toy,
Et bienheureuse vy desoubz un si bon Roy.

Le premier pasteur

    L'ardeur qui la jeunesse anime de louange
M'a fait errer long temps en meinte terre estrange,   790
Pour voir si le merite egalloit le renom
Des Rois, dont j'ay conneu les faces & le nom.
J'ay pratiqué leurs meurs, leurs grandeurs, leurs altesses,
Leurs tropeaux infinis, leurs superbes richesses,
Leurs peuples, leurs citez & les diverses loix
Dont se font obeyr les Princes & les Rois.
    Je vy premierement le grand Pasteur d'Espagne:
Assise à son costé j'aperceu sa compagne,
Qui prend sa noble race & son estre ancien
Des Vallois descendus du noble sang Troyen,   800
Fille de Henriot, sœur de Carlin, & fille
De Catin, le sourjon de si noble famille.
    Je vy ce demi-dieu en Espagne adoré,
Je le vy d'Orient tellement honoré
Que pour riche present son Inde luy envoye
Cent vaisseaux tous les ans chargez de jaune proye.

Je le vy creint, aymé, reveré, redouté,
Plein d'une ame gaillarde & d'un cœur indonté,
Roy de tant de troupeaux que je n'en scay le conte:
810   Car un nombre si grand la memoire surmonte.
        Mais le plus grand plaisir dont je repeu mon cœur,
Ce fut quand je connu que ce Prince, veinqueur
Des hommes & de soy, aymoit tant nostre France,
Qu'il soutenoit Carlin appuy de son enfance,
Et qu'en lieu de surprendre ou de ravir ses biens,
Bon frere luy gardoit ses sujetz anciens,
Luy prettoit ses guerriers, le couvoit souz son æsle,
Tant vault une amitié quand elle est fraternelle.
Jamais pour ce bien fait ne puisses tu, grand Roy,
820   Sentir se rebeller tes peuples desouz toy,
Et jamais en ton lict ne puisse arriver noise
Puis que tu es si bon à la terre Françoise.
        Passant d'autre costé j'allay voir les Anglois,
Region opposée au rivage Gaulois,
Je vy leur grande mer en vagues fluctueuse,
Je vy leur belle Royne honeste & vertueuse.
        Autour de son pallais, je vy ces grands Mylords,
Accorts, beaux & courtois, magnanimes & forts:
Je les vy tous aymer la France leur voisine:
830   Je les vy reverer Carlin & Catherine,
Ayant juré la paix & jetté bien avant
La querelle ancienne aux vagues & au vent.
        Je vy des Escossois la Royne sage & belle,
Qui de corps & d'esprit ressemble une immortelle,
J'aprochay de ses yeux, mais bien de deux Soleils,
Deux Soleils de beauté qui n'ont point de pareils.
Je les vy larmoier d'une claire rosée,
Je vy d'un beau cristal sa paupiere arrosée,
Se souvenant de France, & du sceptre laissé,
840   Et de son premier feu comme un songe passé.
        Qui voirroit en la mer ces deux Roynes, fameuses
En beauté, traverser les vagues escumeuses,
Certes on les diroit à bien les regarder
Deux Venus qui voudroient au rivage aborder.
        Face bien tost le Ciel que leur jeunesse esclose
Comme une belle fleur, ne resemble à la rose
Qui fanist sur l'espine & languissante pend
Sa teste, & son parfun inutille respand,
Perdant odeur & teint & grace printaniere
850   Pour n'estre point cueillie en sa saison premiere.
        Quand une tendre vigne est pendante aux ormeaux,
En force & en vigueur elle estend ses rameaux,

Faict ombrage aux passans, mais si rien ne la serre
Sans force & sans vigueur elle languist à terre:
Ainsi toute pucelle est manque, sans apuy,
Et tant plus elle est jeune & plus elle a d'ennuy:
Mais, quand elle rencontre en beauté son semblable,
Fertille elle produit une race durable,
Renaissante de soy, qui en toute saison
Augmente la famille & soutient la maison.   *860*
    Soyent donques à deux Rois leurs jeunesses liées
Bien tost d'un ferme nœud, afin que mariées
Sans perdre en vain le temps enfantent d'autres Rois,
Puis que leurs majestés aiment tant les François.

Le second pasteur voyageur

    La mesme ardeur de gloire & la bouillante envie
De voir les estrangers m'a fait voir l'Italie,
Terre grasse & fertille, où Saturne habitoit
Quand le peuple innocent de glan se contentoit.
    J'ay veu le grand Pasteur de tant d'ames chrestiennes,
J'ay veu dedans un lac les barbes anciennes   *870*
De ces peres Bergers qui gouvernent souz eux
Par prudence & vertu un peuple si heureux.
    J'ay veu le grand Berger de la belle Florence,
Florence qui se dit de Catin la naissance:
J'ay veu le fleuve d'Arne & le Mince cornu,
Qui est par le berceau de Tityre connu,
Où le Duc Mantouan ennemy de tout vice
Aux peuples ses subjetz administre Justice.
De là m'en retournant contremont, j'allé voir
Le beau pallais d'Urbin, escolle de sçavoir.   *880*
    Je vy des Ferrarois le Pasteur & le maistre,
Qui se vante d'avoir de Roger pris son estre:
Je vy sa forte ville & le Pau menaçant,
Qui va comme un Toreau par les champs mugissant:
Grands Pasteurs, grands Bergers, qui ont la foy jurée
Au grand Prince Carlin, d'eternelle durée,
Qui aiment sa grandeur, & qui d'un cœur loyal
Redressent sa Couronne & son Sceptre Royal.
    De là m'en retournant, je pris ma droitte voye
Par les champs de Piedmont, par les monts de Savoye,   *890*
Où je vy ce grand Duc, qui n'a point de pareil
(Sous la voute du ciel) en armes ny conseil,
Animé d'une force & prompte & vigoureuse,
Ayant pris des Saxons sa race genereuse,
Et du Ciel son esprit, qui magnanime & chaut
A toujours pour sujet un penser grand & haut.

A son dextre costé je vy sa femme assise,
Fleur & perle d'honneur que nostre siecle prise,
La tante de Carlin, que la Grace a nourry,
900   La fille de François, & la sœur de Henry,
La mere des vertus, qui justement merite
D'estre ensemble une perle & une marguerite.
      Bien loing de sa maison soit malheur & meschef:
Le doux miel sous ses piés, la manne sur son chef
Puisse tousjours couler: & les liz & les roses
Au plus froid de l'hyver soient pour elle descloses
Aux buissons de Piedmont: & en lieu d'un torrent
Le laict sur la Savoye aille tousjours courant
Murmurant son renom, puis que tant elle estime
910   Les chansons des pasteurs, leurs fluttes & leur ryme.

L'autre berger voyageur

      Que faittes vous icy, Bergers qui surmontez
Les rossignols d'Avril quand d'accord vous chantez?
Que faittes vous icy? Vous perdez ce me semble
La parolle & le temps à disputer ensemble.
      L'un de l'autre ne peut braver victorieux,
Estant egallement les chers mignons des Dieux.
Apollon & Palés & Pan vous favorisent,
Et tous à qui mieux-mieux vous honorent & prisent:
Et pource abandonnez voz pris & voz discords,
920   Et venez escouter les merveilleux accords
De deux Peres bergers, qui desouz une roche
Vont dire une chanson, dont Tityre n'aproche.
      Tous les bergers des champs y courent d'un grand pas:
Les autres des hauts mons en descendent à bas,
Et les plus grands rochers abaissent les oreilles
Sur l'Antre, pour ouyr de si douces merveilles.
      Maintenant en cherchant mon belier egaré
J'ay veu les deux Bergers dedans l'Antre sacré,
Qui ont desja la flutte à la levre pour dire
930   Je ne sçay quoy de grand qu'Apollon leur inspire.
      Venez doncq les ouyr sans disputer en vain
D'un pris qui ne pourroit honorer vostre main:
Vous estes tous unis d'amitié mutuelle,
Puis la paix entre vous vaut mieux que la querelle.

Le chœur des bergeres

J'ay songé sur la minuit
    Cette nuit
Quand le doux sommeil nous lie,
Qu'un bruit des Cygnes menoient
    Qui venoient
Du costé de l'Italie. 940

J'en ay veu d'autres aussy,
    Tout ainsi
Venir du costé d'Espagne,
Et d'autres fors & puissans
    Blanchissans
Du costé de l'Alemagne:

Puis en tournant tout au rond
    Sur le front
De Carlin luy faire feste,
Et doucement voletant 950
    L'evantant,
Luy chanter une conqueste.

Apres je vy d'autre part
    A l'escart
Mars prisonnier d'une femme
Et Saturne le vieil Dieu
    De son feu
Adoucir l'ardente flamme.

J'ay veu presque en mesme temps
    Le Printemps 960
Florir deux fois en l'année:
Dieu ces songes nous permet,
    Qui promet
Quelque bonne destinée.

Le second joueur de lyre

Un jour, au mesme lieu où nous sommes icy,
Deux Bergeres ayans de leur race soucy,
Bergeres de renom, de famille excellente,
L'une mere de Roy, l'autre d'un Roy la tente,
L'une venant de France & l'autre de Piemont,
Se trouvant en cet Antre, où ces deux Pasteurs sont, 970
Apres avoir long temps discouru de grands choses,
Qui aux entendemens de tous hommes sont closes,
Appellerent Carlin, leur petit nourrisson,
Et luy firent par ordre une belle leçon.

Or d'autant que leurs mots contenoient la doctrine
Qu'il faut qu'un jeune Roy retienne en sa poitrine,
Portant dedans le cœur tel precepte imprimé,
S'il veut estre des siens bien creint & bien aymé,
Les Pasteurs d'icy pres, pour ne perdre la gloire
980   De tels enseignemens si dignes de memoire,
Par un vœu solennel aux Dieux, ont ordonné
Qu'en ce mois tous les ans à jour determiné,
Couvrant l'Antre de fleurs & les prés de carolles,
Deux Pasteurs rediroient mot à mot les parolles
Qu'autrefois à Carlin ces Bergeres ont dit,
Et que la vive Echo par ces bois respandit:
Afin que des Pasteurs la jeunesse nouvelle
Aprengne tous les ans une leçon si belle.
        Or ilz vont commencer, s'il vous plaist les ouir:
990   De preceptes si beaux vous pourrez resjouir,
Et vous couchant au soir pres du feu les redire
A vos jeunes enfans afin de les instruire:
"Car ny large moisson, ny troupeaux engressés,
"Ny bledz dans les greniers l'un sur l'autre amassés
"Ne vallent le sçavoir, de l'esprit l'heritage:
"Par la seule leçon le Pasteur devient sage.

Le premier pasteur

Mon filz, puisque tu es de tant de pasteurs maistre,
Et que Dieu sous ta main a mis tant de troupeaux,
Il ne faut seulement sçavoir les mener paistre,
1000 Sçavoir les engraisser, sçavoir tondre leurs peaux.

Le second pasteur

Ce n'est pas tout d'avoir mille bœufs en pasture,
Mille agneletz sautans souz leurs meres icy,
Il faut de ton bestail cognoistre la nature,
Corriger tes Bergers, te corriger aussy.

A

"Quand les petitz Bergers font aux champs une faute,
"Petite elle ne tire un repentir apres:
"Mais des maistres Pasteurs elle devient si haute,
"Qu'elle passe en grandeur les plus hautes forests.

B

Et pour ce, mon nepveu, il faut des ta jeunesse
1010 Apprendre la vertu, pour guide la suivant:
"C'est un ferme thresor qui les hommes ne laisse,
"Les autres biens mondains s'envollent comme vent.

A

Pour vivre bienheureux, crains Dieu sur toute chose:
Seul il faut l'adorer & au cœur l'imprimer,
Et le prier au soir quand le Soleil repose,
Et des l'aube du jour quand il sort de la mer.

B

"Le seul commencement & la fin de Science,
"C'est craindre le Seigneur, & meintenir la foy
Des peuples espandus souz ton obeissance,
Qui sont enfans de Dieu aussy bien comme toy.   *1020*

A

Sois paré de vertu, non de pompe Royalle:
"La seulle vertu peut les grands Roys decorer.
"Sois Prince liberal: toute ame liberalle
"Attire à soy le peuple, & se fait honorer.

B

Porte desur le front la honte de mal faire,
Aux yeux la gravité, & la clemence au cœur,
La justice en la main, & de ton adversaire,
Fust il moindre que toy, ne sois jamais moqueur.

A

Rens le droit à chacun, c'est la vertu premiere
Qu'un Roy doit observer: sois courageux & fort: *1030*
"La force du courage est la vive lumiere
"Qui nous fait mespriser le peril de la mort.

B

Ne sois point arrogant, vanteur, ne temeraire,
Malin, opiniastre & hautain à la main,
"Mutin, chagrin, despit: le Prince debonaire
"Doibt estre gratieux, amiable & humain.

A

Mesprise la richesse, & toutefois desire
Comme un cœur valeureux de hausser ton bon heur,
Et par armes un jour agrandis ton Empire
Moins pour avoir du bien que pour avoir honneur.   *1040*

B

Sois ferme en ta parolle, & de vaine promesse
N'abuse tes subjetz, & aux trompeurs ne croy:
Celuy qui par le nez ainsi qu'un Ours se laisse
Mener par les flateurs n'est digne d'estre Roy.

A

Sois tardif à courroux, & point ne te conseille
Par jeunes evantez qui n'ont apris le bien:
Mais honore les vieux & leur prette l'oreille,
Et seul de ton cerveau n'entreprens jamais rien.

B

Sois constant & hardy aux fortunes pressées,
1050   Magnanime au peril, au faire industrieux.
Devance le futur par les choses passées,
Et sois du temps present toujours victorieux.

A

Chasse l'oysiveté, la mere de tout vice,
Et grand Seigneur aprens les mettiers d'un soldart:
Sauter, luter, courir est honeste exercice,
Bien manier chevaux & bien lancer le dart.

B

Exerce ton esprit aux choses d'importance,
Aux affaires qui sont de ton privé conseil,
"L'esprit en est plus sain: l'oiseuse negligence
1060   "Sille les yeux des Rois d'un malheureux sommeil.

A

Tu doibs cognoistre ceux qui te font du service,
Les aymer, les cherir en leur fidelité:
Et afin que souz toy honorer on les puisse,
Hausse les aux honneurs, s'ilz en ont merité.

B

Par flateurs, par menteurs & par femmes, ne donne
Ny presens, ny estats, malheur s'en est suivi:
Mais bien par la vertu qui s'aide sans personne:
Si tu le fais ainsi, tu seras bien servi.

A

Ne renverse jamais l'ancienne police
1070   Du païs où les loix ont fleuri si long temps:
Ce n'est que nouveauté qui couve une malice:
Si un s'en rejouist, mille en sont mal contens.

B

Jamais, si tu m'en croy, ne souffres par la teste
De ton peuple ordonner tes statutz ny tes loix:
"Le peuple variable est une estrange beste,
"Qui de son naturel est ennemi des Rois.

A

N'offense le commun pour aider à toymesme,
Des grands & des petitz sois toujours le support:
"La propre conscience est une gehenne extresme,
"Quand nous avons peché, qui toujours nous remord. *1080*

B

Et bref, mon cher Nepveu, pour regner prens exemple
Aux Rois tes devanciers, Princes chevaleureux:
Si leurs faitz pour patron ta jeunesse contemple,
Tu seras non pas Roy, mais un Dieu bien-heureux.

Le chœur des bergeres

Tout ainsi qu'une Prairie
Est portraitte de cent fleurs,
Cette neuve Bergerie
Est peinte de cent couleurs.
Le Poëte icy ne garde
L'art de l'Eglogue perfait: *1090*
Aussi sa Muse regarde
A traitter un autre fait.
Pource, Envie, si tu pinces
Son nom de broquars legers,
Tu faux: car ce sont grands Princes
Qui parlent, & non Bergers.
Il mesprise le vulgaire,
Et ne veut point d'autre loy,
Sinon la grace de plaire
Aux grands Seigneurs & au Roy. *1100*

29   ELEGIE

Bien que le trait de vostre belle face
Peinte en mon cœur par le temps ne s'efface,
Et que tousjours je le porte imprimé
Comme un tableau vivement animé,
J'ay toutesfois pour la chose plus rare
(Dont mon estude & mes livres je pare)
Vostre portrait qui fait honneur au lieu,
Comme un image au temple d'un grand Dieu.
     Vous n'estes pas en drap d'or habillée,
10   Ny les joyaux de l'Inde despouillée,
Riches d'email & d'ouvrages, ne font
Luire un beau jour autour de vostre front:
Et vostre main, sans artifice belle,
N'a rien sinon sa blancheur naturelle:
Et voz beaux doids, cinq arbres inegaux,
Ne sont ornez de bagues ny d'anneaux:
Et la beauté de vostre gorge vive
N'a pour carquan que sa couleur naïve.
     Un crespe long, subtil & delié,
20   Ply contre ply retors & replié,
Habit de dueil, vous sert de couverture
Depuis le chef jusques à la ceinture,
Qui s'enfle ainsi qu'un voile, quand le vent
Souffle la barque & la pousse en avant.
De tel habit vous estiez acoustrée,
Partant helas! de la belle contrée
(Dont aviez eu le Sceptre dans la main)
Lors que pensive, & baignant vostre sein
Du beau cristal de voz larmes roulées,
30   Triste marchiez par les longues allées
Du grand jardin de ce royal chasteau
Qui prend son nom de la source d'une eau.
     Tous les jardins blanchissoient sous voz voilles,
Ainsi qu'au mast on voit blanchir les toilles
Et se courber bouffantes sur la mer,
Quand les forsats ont cessé de ramer:
Et la galere au gré du vent poussée
Flot desur flot s'en va toute elancée,
Sillonnant l'eau, & faisant d'un grand bruit
40   Pirouëter la vague qui la suit.
     Lors les rochers, bien qu'ils n'eussent point d'âme,
Voyant marcher une si belle dame,
Et les deserts, les sablons & l'estang,
Et meint beau cygne habillé tout de blanc,

Et des hauts pins la cime de vert peinte
Vous contemploient comme une chose sainte,
Et pensoient voir, pour ne voir rien de tel,
Une Déesse en habit d'un mortel
Se pourmener, quand l'Aurore estoit née, 50
Par ces jardins cueillant la matinée,
Et vers le soir, quand desja le Soleil
A chef baissé s'en alloit au Sommeil.
  Tout vis à vis de vostre portraiture
J'ay mis d'un Roy l'excellente peinture,
Bien jeune d'ans, qui jamais n'eut le cœur
Point ny blessé d'amoureuse langueur,
Et toutesfois à luy voir le visage
Chacun diroit qu'il ayme vostre Image,
Et qu'allumé des rais de vostre jour
Il se consume & s'escoule d'amour, 60
Dedans la cire, & que la cire mesme
Sentant sa flame en devient toute blesme.
  On jugeroit qu'il contemple voz yeux,
Doux, beaux, courtois, plaisans, delicieux,
Un peu brunets, où la delicatesse
Rit, non aux verds qui sont pleins de rudesse:
Aussi les Grecs, en amour les premiers,
Ont à Pallas Déesse des guerriers
Donné l'œil verd, & le brun à Cythere
Estant d'Amour & des Graces la mere. 70
  Luy donc, espris d'un visage si beau
Où vit Amour, son trait & son flambeau,
En son portrait vous diriez qu'il soupire
Et que muet ne vous ose rien dire.
  Pource voyant mon maistre en tel ennuy,
Je suis contraint de raisonner pour luy,
Parlant ainsi: O ame bien heurée
Qui de ton soir achevas la journée
Presque en naissant, & qui bien loin d'icy
Vis dans le Ciel despestré du soucy 80
Que je senty, comme un cruel orage,
Le mesme jour que hastant ton voyage
Tu vins là haut pour vivre sans douleurs
Me laissant seul entre mille malheurs,
Dont je n'avois, pour estre en mon enfance,
Ou bien petite, ou nulle connoissance,
Et qu'aujourd'huy grievement j'apercoy
Depuis que l'age a commandé sur moy.
  Las! tout ainsi, belle ame fraternelle,
Qu'estant volé sur la vouste eternelle, 90

Me feis Seigneur du sceptre des Gaulois,
Que ne m'as tu, de celle que je vois
Fait heritier, succedant en ta place
Pour embrasser cette brulante glace,
Dont la froideur, qui le cœur m'a blessé,
Vaut tout l'honneur que tu as delaissé:
Car Sceptre, Empire & puissante couronne
Ne vallent pas le mal qu'elle me donne.
Mais pourquoy sens-je en mon age imparfait,
100   Avant le temps, le mal qu'elle me fait?
        Le jeune Amour, que dans le cœur je porte,
M'aprent d'enfance à vivre en telle sorte,
Qui de ses dards, des hommes triomphans,
Blesse d'un coup & vieillars & enfans:
Mais plus l'enfant, lequel desjà commence
Porter la fleur de sa blonde Jouvence
Sur le menton, & qui commence aussi
Porter au front un amoureux souci,
Ayant le sang plus chaut que de coustume.
110   Ce grand Amour qui les Princes allume
M'a fait sentir au cœur devant le temps
Ce qu'un grossier ne sent qu'en son printemps,
En me faisant amoureux devant l'age
De voz vertus & de vostre visage:
Puis il faudroit que je fusse un rocher,
Si vivement je ne sentois toucher
De vos beaux yeux mon ame toute esmue,
Puis que si belle icy je vous ay veue,
Royne & ma sœur, & d'un regard si doux
120   Tirer noz cœurs & noz yeux apres vous.
        Mais dequoy sert, ô Royne, de me plaindre
Puis qu'à mon bien je ne sçaurois atteindre?
La parenté, l'alliance qui est
Entre nous deux grievement me desplaist:
Ce nom de sœur charitable m'outrage,
Je voudrois estre ou moindre de lignage,
Ou moindre en tout: je n'eusse pas senty
Ce plaisant mal qui de vous est sorty.
        Ha! frere mien, tu ne dois faire plainte
130   Dequoy ta vie en ta fleur est estainte:
Avoir jouy d'une telle beauté
Deux ou trois ans valloit ta royaulté,
Et tout le bien qu'un grand monarque amasse:
Car tel plaisir toute richesse passe,
Et seulement il n'apartient qu'aux Dieux
De vous aymer & de baizer vos yeux.

De tels propos je parle pour mon maistre,
Qui fait semblant en son Image d'estre
Plein de soupirs, & d'une voix qui vient:
Mais le portrait de cire la retient   *140*
Close en la bouche, & luy rompt la parolle:
Et toutesfois la cire tendre & molle
En devient palle & retient la couleur
De l'amoureux tout palle de douleur,
Qui se tourmente, & par soupirs desire
D'estre entendu, & si ne l'ose dire.
 Vous d'autre part faittes semblant d'avoir
En gré sa plainte & de la recepvoir,
Et l'appellant luy ouvrir de voz villes
Les riches ports & les havres fertilles: *150*
Mais ceste mer qui s'espent entre-deux,
D'un large champ escumeux & ondeux
Vous porte envie, & ne veut point, ce semble,
Que soyez joints par mariage ensemble:
Et qu'est-il rien plus fascheux que la Mer
Qui ne tient rien qui ne soit tout amer?
 Vous n'estes seule à qui ceste marine
S'est fait connoistre envieuse & maligne.
Hero le sçait, Helles, & cette là
Que le Toreau desguisé viola,   *160*
Qui fut ensemble & si sage & si belle,
Que nostre Europe a porté le nom d'elle.
 Je suys marry que la douce Venus
Nasquit des flots d'escume tous chenus:
Elle d'Amour la compaigne & la mere
Digne n'estoit d'une naissance amere,
Des flots couverts d'horreur & de peril,
Mais debvoit naistre au Printemps, en Avril,
D'un pré fleury, pres d'une eau gazoillante
Desur la mousse, & non de la tourmente.   *170*
 C'est pour monstrer que l'Amour est trompeur,
Amer, cruel, plain de crainte & de peur,
Comme celuy qui porte en ses mains closes
Plus de chardons que de lys ny de roses.

30   A MONSIEUR DE BELOT

CONSEILLER, ET MAISTRE DES REQUESTES
DE L'HOSTEL DU ROY

Belot, parcelle, ains le tout de ma vie,
Quand je te vy je n'avois plus envie
De voir la Muse, ou danser à son bal,
Ou m'abreuver en l'eau que le cheval
D'un coup de pied fit sourçoyer de terre.
　　Peu me plaisoit le Laurier qui enserre
Ces doctes frons: le myrthe Paphien,
Ny la fleur teinte au sang Adonien,
Ny tout l'esmail qui le Printemps colore,
Ny tous ces jeux que la jeunesse honore
Ne me plaisoient. Ah, malade & grison
J'aimois sans plus l'aise de ma maison,
Le doulx repos: quittant la Poësie
Que j'avois seule en jeunesse choisie
Pour soulager mon cœur qui bouillonnoit
Quand de son trait Amour l'aiguillonnoit,
Comme un venin glissé dedans mes veines
Entre-meslant un plaisir de cent peines:
Pour acquerir ensemble & des grands Rois
Faveurs & biens & du peuple la voix:
Et d'estre, jeune, en passant par la ruë
Montré de tous, avant que l'Ame nue
Laissant son hoste au Ciel s'en retournast,
Et de longs jours mon voyage bornast:
"Toute louange apres la mort vient tarde,
"Heureux qui jeune en jouïst & la garde
Comme j'ay fait: car & jeune & vivant
Le bon renom mon labeur fut suivant,
Ayant en vie acquis par la doctrine
L'honneur qui naist apres la Libitine.
　　Et toutefois par changemens divers
Je haïssois les Muses & les vers,
Par qui j'avois conquis la renommée
De tous costez en la France semée:
Je ne faisois alaigre de sejour,
Fust au coucher, fust au lever du jour,
Qu'enter, planter, & tirer à la ligne
Le cep tortu de la joyeuse vigne,
Qui rend le cœur du jeune plus gaillard,
Et plus puissant l'estomac du vieillard:

10

20

30

40

Ceres nourrist, Bacchus rejouïst l'homme,
C'est pour cela que bon Pere on le nomme:
Or pour autant que ce Pere Evien
A bonne part au mont Parnassien,
Portrait sacré dans le Temple des Muses,
Pour ses vertus en noz ames infuses,
Comme prophete, & poëte, & vineux
Je l'honorois d'artifice soigneux,
Ne cultivant, ou fust jardin ou prée,
Devant le cep de la vigne sacrée.   50
    Il a rendu salaire à mon labeur,
De sa fureur me remplissant le cœur,
Car, comme dit ce grand Platon, ce sage,
Quatre fureurs brulent nostre courage,
Bacchus, Amour, les Muses, Apollon,
Qui dans nos cœurs laissent un aiguillon
Comme freslons, & d'une ardeur segrette
Font soudain l'homme & poëte & prophette.
    Par eux je vois que poëte je suis
Bien né, gaillard: car faire je ne puis   60
Un trait de vers soit qu'un Prince commande,
Soit qu'une Dame ou l'Amy m'en demande,
Et à tous coups la fureur ne me prend,
Je bée en vain, & mon Esprit attend
Tantost six mois, tantost un an, sans faire
Vers qui me puisse ou plaire ou satisfaire.
    J'attends venir (certes je n'en ments point)
Cette fureur qui la Sybile espoint:
Mais aussi tost que par long intervalle
Dedans mon cœur du Ciel elle devalle,   70
Colere, ardent, furieux, agité,
Je tramble tout soubz la divinité:
    Et comme on voit ces torrens qui descendent
Du haut des monts & flot sur flot se rendent
A gros bouillons en la valée, & font,
Fendant la terre, une corne à leur front
(Et c'est pourquoy les Peintres, qui les faignent
Fleuves-Taureaux, au front cornu les peignent)
Fumeux, bruyants, escumeux, & venteux,
Et de leur corne ouvrent au devant eux   80
Un long chemin sans que rien les empesche,
Pour s'emboucher ou dans la rive fraische
Du prochain fleuve, ou au bord reculé
Du vieil Neptune au rivage salé:
Ainsi je cours de course desbridée,
Quand la fureur en moy s'est desbordée

Sans craindre rien, sans raison, ny conseil.
   Elle me dure ou le cours d'un Soleil,
Quelquefois deux, quelquefois trois, puis morte
90   Elle languist en moy de telle sorte
Que faict la fleur languissant pour un temps,
Qui plus gaillarde aparoist au printemps,
Par son declin prenant force & croissance,
Et de sa mort une longue naissance.
   Ainsi je sçay que Poëte je suis,
Qui composer un seul vers je ne puis
Quand je le veux, ou quand l'amy me prie,
Estant forcé d'attendre la Furie
Qui me saisist, puis me laisse soudain:
100   La plume adonc me tombe de la main
Sans y penser: & comme une Commere
(Apres avoir d'une tranchée amere
Jetté son part) fuit de son lict: ainsy
Je fuy la chambre oubliant le soucy
De la fureur qui me tenoit en serre,
Et lors du Ciel je devalle en la terre,
Ah! & en lieu de vivre entre les Dieux,
Je deviens homme à moy-mesme odieux.
   Mais quand du tout cet ardeur se retire,
110   Je ne scaurois ny penser ny redire
Les vers escrits, & ne m'en souvient plus:
Je ne suis rien qu'un corps mort & perclus
De qui l'ame est autrepart envolée,
Laissant son hoste aussy froid que gelée,
Et m'esbahis de ceux ausquelz il est
Pront de verser des vers quand il leur plaist.
   Le grand Platon en ses œuvres nous chante
Que nostre Esprit comme le corps enfante
L'un, des enfans qui surmontent la mort,
120   L'autre, des filz qui doibvent voir le port
Où le Nocher tient sa gondolle ouverte
A tous venants, riche de nostre perte.
Ainsi les deux conçoivent, mais il fault
Que le sang soit jeune, gaillard & chaut:
Car si le sang une vigueur ne baille
A leurs enfans, ilz ne font rien qui vaille.
   Lors que Pallas sortit hors du cerveau
De Juppiter, Vulcan prist un couteau
Dont il ouvrit à Juppiter la teste:
130   Adonc Pallas sortit à la grand creste,
Au chef armé, ayant d'un grand pavois
Le bras chargé, & le corps d'un harnois.

Les Muses sœurs furent les Sages-femmes:
Quand à Vulcan c'est l'ardeur de noz Ames
Qui nous eschaufe & ouvre vivement
De l'Esprit gros le meur enfantement:
Quand à Pallas qui sort de la Cervelle,
C'est de l'Esprit l'œuvre toute nouvelle
Que le penser luy a fait concevoir:
Les Muses sont l'estude & le sçavoir.   *140*
    J'avois l'Esprit qui le labeur desdaigne,
Depuis un peu tout en friche & brehaigne,
Sterile & vain, ou soit qu'il fust lassé
De trop d'enfans conceuz au temps passé,
Soit qu'il cherchast le repos solitaire:
Il m'assuroit de jamais plus ne faire
Rime ny vers ny prose ny escrit,
Voulant sans soing vivre come un Esprit.
    Mais aussi tost qu'aux bords de la Garonne
Je te connu d'Esprit & d'Ame bonne,   *150*
Courtois, honneste, hospital, liberal,
Toutes vertus ayant en general:
Soudain au cœur il me prist une envie
De te chanter, afin qu'apres ta vie
Le peuple sceust que tes Graces ont eu
Un chantre tel, amy de ta vertu,
Pour ne souffrir que tant de vertus tiennes
Cheussent là bas aux rives Stygiennes
Sans nul honneur, & qu'une mesme nuit
Pressast ta vie & ton nom & ton bruit.   *160*
    Rien, mon Belot, n'y sert la grand despense,
Les despensiers emboufiz de boubance
Veulent gangner par un art somptueux
Ou par banquets, par vins tumultueux
La gloire humaine, & abuzez se trompent,
Et par le trop eux mesmes se corrompent,
Sans acquerir un Chantre de renom,
Qui sans banquetz peut celebrer leur nom
Par amitié, non, Belot, pour leur table,
Pour vin exquis, ny pour mets delectable: *170*
Car aujourd'huy chacun sçait sagement
Que vault le chou, & vivre sobrement:
Ainsi que toy qui des Chantres la grace
Gangnes amy, non par la soupe grasse,
Mais par l'honneur que gaillard tu leur fais,
Pource à l'envy sont chantres de tes faits.
    Par quel escrit faut-il que je commence
Pour envoyer des Muses la semence,

J'enten mes vers, par toute Europe, affin
180   Que ton renom survive apres ta fin?
  Ta face semble & tes yeux solitaires
A ces vaisseaux de noz Apoticaires,
Qui par dessus rudement sont portraits
D'hommes, de Dieux à plaisir contrefaits,
D'une Junon en l'air des vents souflée,
D'une Pallas qui voit sa jouë enflée,
Se courroussant contre son chalumeau
Que par despit elle jetta souz l'eau,
D'un Marsyas despouillé de ses veines:
190   Et toutefois leurs caissettes sont pleines
D'Ambre, Civette & de Musq odorant,
Manne, Rubarbe, Aloës secourant
L'estomac foible: et neantmoins il semble
Voyant à l'œil ces Images ensemble,
Que le dedans soit semblable au dehors.
  Tel fut Socrate, & toutefois alors,
En front severe, en œil melancholique,
Estoit l'honneur de la chose publique,
Qui rien dehors, mais au dedans portoit
200   La saincte humeur dont Platon s'alaittoit,
Alcibiade, & mille dont la vie
Se corrigea par la Philosophie,
Que du haut Ciel aux villes il logea,
Reprint le peuple, & les mœurs corrigea:
Et le sçavoir qu'on preschoit aux escolles
Du Cours du Ciel, de l'assiette des Poles,
De nous predire & le mal & le bien,
Et d'embrasser le monde en un lien,
Il eschangea ces discours inutilles
210   Au reglement des citez & des villes,
Et sage fit la contemplation,
Un œuvre vain, tomber en action.
  Pource à grand tort les vieux du premier age
Ont feint Minos s'assoir au banquetage
De Jupiter, ou bien son familier,
Qui par neuf ans d'un propos coutumier
Parloit à luy, ou fust sur la montagne
Du haut Olympe, ou sur Ide qui bagne
De cent ruisseaux les larges champs Cretois,
220   Come l'autre Ide arrouse les Phrigeois.
Ah! ilz debvoient non pas un Minos prendre,
Mais un Socrate en sa naissance attendre
Pour bien regir les villes par la Loy:
Et toutefois il estoit come toy

De front austere & de triste visage,
Au reste gay, docte, prudent & sage.
Celuy qui voit ton front un peu pensif,
Pense l'Esprit come le Corps massif,
Et ton dedans il juge par la montre
Qui morne & lente & pensive se montre   *230*
Suivant ton Estre, ou ton Astre fatal,
Mais il se trompe & te juge tresmal:
    Car quand tu veux refraischir la memoire
Des plus sçavants, ou soit par une histoire
Des vieux Romains, ou des premiers Gregeois,
Ou par les faits propres à noz François,
Ou quand tu veux parler des Republiques,
Du maniment des Etats politiques,
Come un grand Roy, soit en guerre ou en paix,
Doibt gouverner soymesme & ses subjects,   *240*
Ou quand tu veux parler de la Justice,
Et de la Loy paedagogue du vice,
Ou quand tu veux monter jusques aux Cieux,
Et discourir des Astres & des Dieux,
Ou à propos de quelque autre science:
Lors de ta voix distille l'Eloquence,
Un vray Socrate, & ton docte parler
Fait le doux miel de tes levres couler,
Montrant au jour la vertu qui t'enflame,
Ayant caché au plus profond de l'ame   *250*
Je ne sçay quoy de rare & precieux
Qui n'aparoist du premier coup aux yeux:
Car dans ton vase abondant tu receles
Dix mille odeurs estranges & nouvelles,
Si qu'en parlant tu donnes assez foy
Combien ton ame est genereuse en toy,
Par la vertu de ta langue qui pousse
Un hameçon aux cœurs, tant elle est douce.
    Encor que Rome au temps de Mœcenas,
De Pollio, vist son siecle tout las   *260*
Et tout sanglant des discordes civiles,
De factions, d'embrasements de villes:
Et toutefois le bon heur le suyvoit
D'autant qu'en luy un Mœcene vivoit,
Un Pollio, un Messale, un Auguste
Prince guerrier, ensemble Prince juste,
Qui balança d'un equitable poix
Icy la Loy, & delà le harnois,
Et le grand Nil fit couler souz l'Empire,
Qui par sept huis dedans la mer se vire: *270*

Nil dont la source aux homes n'aparoist,
Et qui sans pluye en abondance croist
Aux plus chauds mois, & d'une eau limonneuse
Rend à foison l'Ægypte bien heureuse.

   Ainsi ce siecle à bon droit sera dit
Heureux d'autant que mon Belot y vit,
Dont la maison aux Muses est ouverte,
Et dont la place à la foule est couverte
Des pas de ceux qui reviennent ou vont
280   Boire de l'eau du Tertre au double front.
   L'un en cecy, l'autre en cela te chante:
Mais de chacun la chanson plus frequente
(Qui plus au cœur nous laisse l'aiguillon)
C'est qu'en voyant le Gaulois Apollon
Tout mal en poinct errer par nostre France,
A qui la sotte & maligne Ignorance
Au cœur enflé qui suit le genre humain,
Avoit ravy la Lyre de la main,
En sa faveur tu ne t'es montré chiche,
290   Faisant ce Dieu en ton dommage riche,
Luy consacrant par un vœu solennel
Ta lyre courbe, un present eternel,
D'un art cousteux, affin qu'on la contemple
Pour le present de Belot en son Temple.
   D'or est l'Archet, les chevilles encor
Ont le bout d'or, le haut du coude est d'or,
D'où descendant une lame d'ivoire,
A traitz bossez vit une longue histoire
En fictions d'arguments fabuleux,
300   Dont ceste Lyre a le ventre orgueilleux.
   Les plus hauts Dieux en festin delectable
Y sont portraits: au millieu de la table,
Est Apollon qui acouple sa voix
Au tramblotis de l'archet & des doits.
   En le voyant vous diriez, qu'il accorde
Frapant son Luc, cette vieille discorde,
Cette Pallas, & le Roy de la mer,
Deux puissants Dieux, qui chaus vouloient nomer
De leur beau nom les naissantes Athenes.
310   Tous deux au bord des Attiques arenes
Se presentoient parrains de la Cité:
L'une en courroux fierement despité,
A la grand targe, à la poitrine armée,
Fit sortir hors de la terre germée
Un Olivier, qui la motte haussoit
Du haut du chef, & se formant croissoit

De peu à peu, puis chargé de fueillage,
De fleurs & fruits, ombrageoit le rivage,
Signe de Paix. Neptune plus ardent
Deux et trois coups frapant de son Trident, 320
Faisoit semblant de faire yssir de terre
Un grand Coursier instrument de la Guerre,
Aux larges crins dessus le col espars,
Qui hannissant frapoit de toutes pars
Bois, roc, valée, & montagne deserte
Du flair venteux de sa narine ouverte.
  Au naturel dans l'ivoire attaché
Est un Marsye au corps tout escorché,
Qui de son sang fait un fleuve en Phrygie,
Punition d'oser sa chalemie 330
Plus que le Luc d'Apollon estimer.
Vous le verriez lentement consommer
Mourant par art, & d'une face humaine
N'estre plus rien qu'une large fonteine.
  En l'engraveure Apollon, qui s'estoit
Un peu courbé, luy mesme se chantoit:
Come les rocs bondissants par la voye
Traçoient ses pas, les murailles de Troye,
Et come au bruit de ses nerfs bien tenduz
Mille rochers de leur bon gré fenduz 340
Suivoient du Lut la corde non commune,
Où dix à peine alloient apres Neptune,
Un Dieu grossier de mœurs & de façons,
L'autre le Roy des vers & des chansons:
(Miracle estrange) encores depuis l'heure
Le son conceu dans les pierres demeure,
Qui va sonnant souz les coups du marteau,
Quand le maçon pour orner un chateau
Digne d'un Roy, les frape d'artifice,
Honneur de luy & de son edifice. 350
  Cet Apollon, de Dieu fait un Pasteur,
Aux bords d'Amphryse allume tout son cœur
Du jeune Admete ah! & pour luy complaire
Gardoit ses bœufs aux pieds torts, sans salaire,
Entre-rompant ses beaux vers blandissants,
Desouz le cry des taureaux mugissants,
Qui çà qui là vagabonds d'aventure
Poussent dehors cette flame si dure,
Dont trop d'amour espoinçonne leur flanc
Quand le Printemps fait tiedir nostre sang. 360
Ny les torrens, ny les hautes montagnes,
Taillis ronceux, sablonneuses campagnes,

Rocs opposez, n'empeschent point leur cours:
Tant furieux est l'aiguillon d'amours!
Là reschaufez de flamme mutuelle,
Et bondissants dessus l'herbe nouvelle
Sans se souler, soit de nuit soit de jour
Aiment Venus: les rochers d'alentour
Frapez du cry de ces bœufs qui mugissent,
370   De sons aiguz au Ciel en retentissent
Contre-muglans: le doux vent qui jouïst
D'un tel accord gaillard s'en resjouïst.
     Pres Apollon main à main estoient peintes
Les corps tous nuds des trois Charites joinctes
Suivant Venus, & Venus par la main
Conduit Amour, qui tire de son sein
Des pomes d'or, & come une sagette,
En se jouänt aux Charites les jette
A coup perdu: puis au sein il se pend
380   D'une des trois, & la baize en enfant.
     Sur l'autre ivoire où les cordes s'attachent,
Et d'ordre esgal dessus la Lyre marchent,
Vit un Bacchus potelé gros & gras,
Vieil jouvenceau, qui tient entre ses bras
De l'Abondance une corne qui semble
S'enorguillir de cent fruits tous ensemble,
Qui surpassoient les levres du vaisseau
En gros trochets: ainsi qu'au renouveau
Un beau Guinier par gros trochets fait naistre
390   Son fruit toffu, pour ensemble nous paistre,
Et les oyseaux qui friandz de son fruit
Autour de l'arbre affamez font grand bruit.
     Là meinte Figue ornement de l'Autonne,
Est peinte au vif, & tout ce que Pomone
De tous costez verse de larges mains
Dessus les champs pour nourrir les humains.
Là le Raisin de joyeuse rencontre,
Et le Concombre au ventre enflé s'y montre,
Et le Pepon par costes separé,
400   Et la Chastagne au corps tout remparé
D'un herisson, le Pavis, & la Pesche
Au goust vineux qui l'estomac empesche,
Là la Cerise aux malades confort,
Et le Pavot qui les homes endort,
Et la Corneille au dur noyau de pierre,
La Corme aussi qui le ventre nous serre,
La Fraize y est au teint vermeil & beau,
Semblable au bout d'un tetin damoiseau,

L'Abricot froid, la Poire pepineuse,
Le Coin barbu, la Framboise espineuse.   410
    Entre la Guerre & la Paix est ce Dieu,
Ny l'un ny l'autre, & s'il tient le millieu
De tous les deux, ensemble pour la lance,
Ensemble propre à conduire une danse.
Bas à ses piedz un mont est eslevé,
Où Mercure est en l'ivoire engravé,
Qui tient au poing sa baguette dorée
De deux serpents enlassez honorée:
Sa capeline est brave d'æslerons,
Ses patins ont deux æsles aux talons,   420
Qui vont portant ce courrier Atlantide
Plustost que vent par le sec et l'humide,
Ou soit qu'il tombe aux Enfers odieux,
Ou soit qu'il monte au Ciel, siege des Dieux.
    Il va, suivant d'un gentil artifice
Une Tortue errant par le Cythise,
Herbe odorante, & de la main dispos
Son dur rempar luy arrache du dos,
Mange sa chair, & laisse sa coquille
Pendre long temps au croq d'une cheville   430
Pour la secher aux rayons du Soleil:
    Puis attachant par un art nompareil
D'un ordre esgal les tripes bien sechées,
Du haut en bas à la coque attachées,
D'un animal marche-tard, otieux,
Fit une Lyre au son delitieux,
Au ventre creux, aux accords delectables,
Le seul honneur des temples & des tables,
Et des bons Dieux le plaisir le plus pront,
Quand le Nectar leur eschaufe le front.   440
    Apollon vit aupres de cette Image,
Au cœur boufy, à la poignante rage
De voir ses bœufs aux gros jarrets courbez,
Au large front, estre ainsi desrobez
Devant ses yeux: Mercure qui desire,
Jeune larron, d'Apollon flater l'ire,
En contre-eschange à ses bœufs, luy donna
Son instrument, sur lequel il sonna
Long temps apres les enfants de la Terre
Pié contremont acablez du tonnerre: 450
Peu leur servit les trois monts amassez,
Vains monuments sur leurs corps renversez,
Exemple vray que ceux qui veulent prendre
Guerre à leur Roy, autant doibvent attendre

De traits souffrez aux bords Charanteans
Que les Geans aux sablons Phlegreans.
    Telle est ta Lyre à Phebus apenduë,
Qui bien dorée & de nerfs bien tendue
Pend à son temple: afin que nos François
460   Eussent, Belot, le jouët de leurs doigs,
Joingnant d'accord souz un pouce qui tremble,
L'hymne à ce Dieu, & le tien tout ensemble.
Ce que j'ay peu sus elle fredonner,
Petit fredon, je l'ay voulu donner
A l'Amitié, le tesmoing de ce livre,
Non aux faveurs, present qui te doibt suivre
Outre Pluton, si des Muses l'effort
Force apres nous les efforts de la Mort.

LE CHAT

AU SEIGNEUR DE BELLEAU

Dieu est par tout, par tout se mesle Dieu,
Commencement, la fin, & le millieu
De ce qui vit, & dont l'Ame est enclose
Par tout, & tient en vigueur toute chose
Come nostre Ame infuse dans noz corps.
    Ja des longtemps les membres seroient morts
De ce grand Tout, si cette Ame divine
Ne se mesloit par toute la Machine,
Luy donnant vie & force & mouvement:
10   Car de tout estre elle est commencement.
    Des Elements & de cette Ame infuse
Nous somes nez: le corps mortel, qui s'use
Par trait de temps, des Elementz est fait:
De Dieu vient l'ame, & come il est parfait
L'ame est parfaite, intouchable, immortelle,
Come venant d'une Essence eternelle:
L'Ame n'a doncq commencement ni bout:
Car la Partie ensuit toujours le Tout.
    Par la vertu de cette ame meslée
20   Tourne le Ciel à la voute estoillée,
La Mer s'esgaye, & la Terre produit
Par les saisons, herbes, fueilles, & fruit,
Je dy la Terre, heureuse part du monde,
Mere benigne, à gros tetins fœconde,
Au large sein: De là tous animaux,
Les emplumez, les escadrons des eaux:

De là Belleau, ceux qui ont pour repaire
Ou le rocher ou le bois solitaire
Vivent & sont, & mesme les metaux,
Les Diamans, rubis Orientaux, 30
Perles, saphirs, ont de là leur essence,
Et par telle ame ilz ont force & puissance,
Qui plus qui moins, selon qu'ils en sont pleins:
Autant en est de nous pauvres humains.
   Ne voy-tu pas que la sainte Judée
Sur toute terre est plus recommandée
Pour aparoistre en elle des espritz
Ravis de Dieu, de Prophetie espriz?
   Les regions, l'air, & le corps y servent
Qui l'ame saine en un corps sain conservent, 40
Car d'autant plus que bien sain est le corps
L'ame se montre & reluist par dehors.
   Or come on voit qu'entre les homes naissent
Miracles grands, des Prophetes qui laissent
Un tesmoignage à la posterité
Qu'ilz ont vescu pleins de divinité,
Et come on voit naistre ici des Sybilles
Par les troupeaux des femmes inutiles:
Ainsi voit-on, prophetes de noz maux,
Et de noz biens, naistre des animaux, 50
Qui le futur par signes nous predisent,
Et les mortels enseignent & avisent.
Ainsi le veult ce grand Pere de tous
Qui de sa grace a tousjours soing de nous.
   Il a donné en cette Terre large
Par sa bonté aux animaux la charge
De tel soucy, pour ne douter de rien,
Ayant chez nous qui nous dit mal & bien.
   De là sortit l'escolle de l'Augure
Merquant l'oyseau, qui par son vol figure 60
De l'advenir le pront evenement
Ravy de Dieu: & Dieu jamais ne ment.
   En noz maisons ce bon Dieu nous envoye
Le Coq, la Poule, & le Canard, & l'Oye,
Qui vont monstrant d'un signe non obscur,
Soit se baignant ou chantant, le futur.
   Herbes & fleurs & les arbres qui croissent
En noz jardins, Prophetes aparoissent:
J'en ay l'exemple, & par moy je le scay,
Entens l'histoire, & je te diray vray. 70
   Je nourrissois à la mode ancienne
Dedans ma court une Thessalienne,

Qui autrefois pour ne vouloir aimer
Vit ses cheveux en fueille transformer,
Dont la verdure en son Printemps demeure.
  Je cultivois cette plante à toute heure,
Je l'arrosois, la cerclois, & bechois
Matin & soir: ah! trompé, je pensois
M'en faire au chef une belle couronne,
80   Telle qu'un Prince, en recompense donne
A son Poëte, alors qu'il a chanté
Un œuvre grand dont il est contenté.
  Un rien estoit que je l'avois touchée,
Quand de sa place elle fut arrachée
Par un Daimon: une mortelle main
Ne fit le coup: le fait fut trop soudain:
En retournant je vy la plante morte
Qui languissoit contre terre, en la sorte
Que j'ai languy depuis dedans un lict:
90   Et me disoit, le Daimon qui me suit
Me fait languir, come une fiebvre quarte
Te doibt blesmir. En pleurant je m'escarte
Loing de ce meurdre, & soudain repassant
Je ne vy plus le tyge languissant,
Esvanouÿ come on voit une nuë
S'esvanoïr sous la pronte venuë
Ou de l'Auton ou de Boré, qui est
Balay de l'air, souz qui le beau temps naist,
Le beau serain, quand la courbe figure
100   Du Ciel d'azur aparoist toute pure.
  Deux mois apres un cheval qui rua
De coups de pié l'un de mes gens tua,
Luy escrageant d'une playe cruelle
Bien loin du test la gluante cervelle.
Luy trespassant m'apeloit par mon nom,
Me regardoit: signe qui n'estoit bon,
Car je pensay qu'un malheureux esclandre
Debvoit bien tost dessus mon chef descendre
Come il a fait: onze mois sont passez
110   Que j'ay de mal tous les membres cassez.
  Mais par sur tous l'animal domestique
Du triste Chat, a l'esprit prophetique:
Et faisoient bien ces grands Ægyptiens
De l'honorer, & leurs Dieux qui de chiens
Avoient la face & la bouche aboyante.
  L'Ame du Ciel en tout corps tournoyante
Les pousse, anime, & fait aux homes voir
Par eux les maulx ausquels ilz doibvent choir.

 Home ne vit qui tant haïsse au monde
Les Chats que moy d'une haine profonde,   *120*
Je hay leurs yeux, leur front & leur regard:
Et les voyant je m'enfuy d'autrepart,
Tremblant de nerfs, de veines, & de membre,
Et jamais Chat n'entre dedans ma chambre,
Abhorrant ceux qui ne scauroient durer
Sans voir un Chat aupres eux demeurer:
Et toutefois cette hydeuse beste
Se vint coucher tout aupres de ma teste
Cherchant le mol d'un plumeux oreiller,
Où je soulois à gauche sommeiller: *130*
Car voulontiers à gauche je sommeille
Jusqu'au matin que le Coq me resveille.
 Le Chat cria d'un miauleux effroy,
Je m'esveillé come tout hors de moy,
Et en sursaut mes serviteurs j'apelle,
L'un allumoit une ardente chandelle,
L'autre disoit qu'un bon signe c'estoit
Quand un chat blanc son maistre reflatoit,
L'autre disoit que le Chat solitaire
Estoit la fin d'une longue misere: *140*
 Et lors fronçeant les plis de mon sourcy,
La larme à l'œil, je leur responds ainsy.
 Le Chat devin miaulant signifie
Une facheuse & longue maladie,
Et que long temps je gard'ray la maison,
Come le Chat qui en toute saison
De son seigneur le logis n'abandonne,
Et soit Printemps, soit Esté, soit Autonne
Et soit Hyver, soit de jour soit de nuit,
Ferme s'arreste, & jamais ne s'enfuit,   *150*
Faisant la ronde & la garde eternelle
Come un soldat qui fait la sentinelle,
Avecq le Chien, & l'Oye dont la voix
Au Capitole annonçea les Gaulois.
 Autant en est de la tarde Tortuë,
Et du Limas qui plus tard se remuë,
Porte-maisons, qui toujours sur le dos
Ont leur palais, leur lit, & leur repos,
Lequel leur est aussi bel edifice
Qu'un grand chasteau basty par artifice.   *160*
L'homme qui voit, songeant, ces animaux,
Peut bien penser que longs seront ses maux:
Mais s'il voyoit une Gruë, ou un Cygne,
Ou le Pluvier, cela luy seroit signe

De voyager, car tels oyseaux sont prontz,
A tire d'æsle ilz reviennent & vont
En terre, en l'air, sans arrester une heure.
   Autant en est du Loup qui ne demeure
En son bocage, & cherche à voyager:
170   Aux maladifz il est bon à songer:
Il leur promet que bien tost sans dommage
Sains & guariz feront quelque voyage.
   Dieu qui tout peut, aux animaux permet
De dire vray, & l'home qui ne met
Creance en eux est du tout frenetique:
Car Dieu par tout en tous se communique.
   Mais quoy? je porte aux forests des rameaux,
En l'Ocean des poissons & des eaux,
Quand d'un tel vers mon Euterpe te flate,
180   Qui as traduit, Belleau, le grand Arate,
Les signes vrais des animaux certains,
Que Dieu concede aux ignorans humains
En leurs maisons, & qui n'ont cognoissance
Du cours du ciel ny de son influence
Enfans de terre: ainsy il plaist à Dieu,
Qui ses bontez eslargist en tout lieu,
Et pour aimer sa pauvre creature
A souz nos pieds soumis toute nature
Des animaux, d'autant que l'home est fait
190   Des animaux l'animal plus parfait.

32   LA SALADE

A AMA. JAMYN

Lave ta main blanche, gaillarde & nette,
Suy mes talons, aporte une serviette,
Allon cueillir la salade, & faison
Part à noz ans des fruitz de la saison.
D'un vague pas, d'une veuë escartée,
Deçà delà jettée & rejettée,
Or' sur la rive, ores sur un fossé,
Or' sur un champ en paresse laissé
Du laboureur, qui de luy-mesme aporte
10   Sans cultiver herbes de toute sorte,
Je m'en iray solitaire à l'escart.
   Tu t'en iras, Jamyn, d'une autre part
Chercher songneux, la boursette toffuë,
La pasquerette à la fueille menuë,

La pimprenelle heureuse pour le sang,
Et pour la ratte, & pour le mal de flanc,
Et je cueill'ray, compagne de la mousse,
La responsette à la racine douce,
Et le bouton de nouveaux groiseliers
Qui le Printemps annoncent les premiers.   *20*
  Puis en lysant l'ingenieux Ovide
En ces beaux vers où d'Amour il est guide,
Regangnerons le logis pas à pas:
Là recoursant jusqu'au coude nos bras,
Nous laverons nos herbes à main pleine
Au cours sacré de ma belle fonteine,
La blanchirons de sel en meinte part,
L'arrouserons de vinaigre rosart,
L'engresserons de l'huille de Provence:
L'huile qui vient aux oliviers de France   *30*
Rompt l'estomac, & ne vaut du tout rien.
  Voilà, Jamyn, voilà mon souv'rain bien,
En attendant que de mes veines parte
Cette execrable horrible fiebvre quarte
Qui me consomme & le corps & le cœur
Et me fait vivre en extreme langueur.
  Tu me diras que la fiebvre m'abuze,
Que je suis fol, ma salade & ma Muse:
Tu diras vray: je le veux estre aussy,
Telle fureur me guarist mon soucy.   *40*
Tu me diras que la vie est meilleure
Des importuns, qui vivent à toute heure
Aupres des Grandz en credit, & bonheur,
Enorgueilliz de pompes & d'honneur:
Je le sçay bien, mais je ne le veuz faire,
Car telle vie à la mienne est contraire.
  Il faut mentir, flater, & courtizer,
Rire sans ris, sa face deguiser
Au front d'autruy, & je ne le veux faire,
Car telle vie à la mienne est contraire.   *50*
Je suis pour suivre à la trace une Court,
Trop maladif, trop paresseux, & sourd,
Et trop creintif: au reste je demande
Un doux repos, & ne veux plus qu'on pende
Comme un pongnard, les soucis sur mon front.
  En peu de temps les Courtizans s'en vont
En chef grison, ou meurent sur un coffre.
Dieu pour salaire un tel present leur offre
D'avoir gasté leur gentil naturel
D'ambition & de bien temporel,   *60*

Un bien mondain, qui s'enfuit à la trace,
Dont ne jouïst l'acquereur, ny sa race:
Ou bien, Jamin, ilz n'auront point d'enfans,
Ou ilz seront en la fleur de leurs ans
Disgratiez par Fortune ou par vice,
Ou ceux qu'ilz ont retrompez d'artifice
Les apastant par subtilles raisons,
Feront au Ciel voller leurs oraisons:
  Dieu s'en courrouce, & veut qu'un pot de terre

70 Soit foudroyé, sans qu'il face la guerre
Contre le Ciel, & serve qu'en tout lieu
L'Ambition est desplaisante à Dieu,
Et la faveur qui n'est que vaine bouë,
Dont le destin en nous moquant se jouë:
D'où la Fortune aux retours inconstans
A la parfin les tombe malcontens,
Montrant à tous par leur cheute soudaine
Que c'est du vent que la farce mondaine,
Et que l'home est tresmal'heureux qui vit

80 En court estrange, & meurt loing de son lit.
  Loing de moy soit la faveur & la pompe,
Qui d'aparence, en se fardant, nous trompe,
Ains qui nous lime & nous ronge au dedans
D'ambition & de soucis mordans.
L'ambition, les soucis & l'envie,
Et tout cela qui meurdrist nostre vie,
Semblent des Dieux à tels hommes, qui n'ont
Ny foy au cœur, ny honte sur le front:
Telz hommes sont colosses inutilles,

90 Beaux par dehors, dedans pleins de chevilles,
Barres & clous qui serrent ces grandz corps:
En les voyant dorez par le dehors,
Un Jupiter, Appollon, ou Neptune,
Chacun revere & doute leur fortune:
Et toutefois tel ouvrage trompeur,
Par sa haulteur ne fait seulement peur
Qu'aux idiotz: mais l'home qui est sage
Passant par là ne fait cas de l'ouvrage:
Ains en esprit il desdaigne ces Dieux,

100 Portraits de plastre, & luy fachent les yeux,
Subjets aux vents, au froid & à la poudre.
Le pauvre sot qui voit rougir la foudre
A longs rayons dedans leur dextre main,
Ou le trident à trois pointes d'airain,
Craint & pallist devant si grand Colosse,
Qui n'a vertu que l'aparence grosse,

Lourde, pesante, & qui ne peut en rien
Aux regardans faire ny mal ny bien,
Sinon aux fatz, où la sottize abonde,
Qui à credit craignent le rien du Monde.   *110*
    Les pauvres sotz dignes de tous mechefz
Ne sçavent pas que c'est un jeu d'eschetz
Que nostre courte & miserable vie,
Et qu'aussy tost que la Mort l'a ravie
Dedans le sac somes mis à la fois
Tous pesle mesle, & Laboureurs & Rois,
Valetz, Seigneurs en mesme sepulture.
Telle est la loy de la bonne Nature,
Et de la Terre, en son ventre qui prend
De fosse egalle & le Pauvre & le Grand,   *120*
Et montre bien que la gloire mondaine,
Et la grandeur est une chose vaine.
    Ah! que me plaist ce vers Virgilian
Où le vieillard pere Corytian
Avecq' sa marre en travaillant cultive
A tour de bras sa terre non oysive
Et vers le soir sans achepter si cher
Vin en taverne, ou chair chez le boucher,
Alloit chargeant sa table de viandes,
Qui luy sembloient plus douces & friandes   *130*
Avecq la faim, que celles des Seigneurs
Pleines de pompe & de fardez honneurs,
Qui, desdaigneux, de cent viandes changent
Sans aucun goust: car sans goust ilz les mangent.
Lequel des deux estoit le plus heureux,
Ou ce grand Crasse en escus plantureux,
Qui pour n'avoir les honneurs de Pompée
Alla sentir la Parthienne espée,
Ou ce vieillard qui son champ cultivoit
Et sans voir Rome en son jardin vivoit?   *140*
    Si nous sçavions, ce disoit Hesiode,
Combien nous sert l'asphodelle, & la mode
De l'acoutrer, heureux l'home seroit,
Et la Moitié le Tout surpasseroit:
Par la Moitié il entendoit la vie
Sans aucun fard des laboureurs suivie,
Qui vivent sains du labeur de leurs doigtz,
Et par le Tout les delices des Rois.
La Nature est, ce dit le bon Horace,
De peu contente, & nostre humaine race   *150*
Ne quiert beaucoup: mais nous la corrompons
Et par le trop Nature nous trompons.

C'est trop presché: donne moy ma salade:
El' ne vaut rien (dis-tu) pour un malade!
　　Hé! quoy, Jamyn, tu fais le Medecin!
Laisse moy vivre au moins jusqu'à la fin
Tout à mon aise, & ne sois triste Augure
Soit à ma vie ou à ma mort future,
Car tu ne peux, ny moy, pour tout secours

160

Faire plus longs ou plus petis mes jours:
Il faut charger la barque Stygieuse:
"La barque, c'est la Biere sommeilleuse,
"Faite en bateau: le naistre est le trepas:
"Sans naistre icy l'home ne mourroit pas:
"Fol qui d'ailleurs autre bien se propose,
"Naissance & mort est une mesme chose.

33 HYLAS

AU SEIGNEUR PASSERAT

Je veux, Hercule, autant qu'il m'est possible,
Chanter ton nom, & ton bras invincible,
Pour recompense heureuse des bienfaits
Qu'à noz François autrefois tu as faits,
Te redonnant l'honeur que tu merites:
Que des malings les chansons bien escrites
Avoient honny, te faisant un volleur,
Forçeur d'enfans, de femmes violeur,
Brigant, larron, & pour te rendre infame
T'ont fait meurdrir tes enfans & ta femme,   *10*
Fol de cerveau, vagabond de fureur:
Bref ilz t'ont fait la cloacque d'erreur,
Tyran meschant: mais c'est bien le contraire:
Car tu apris aux vieux François à faire
Toutes vertus, & par ta douce voix
Les retiras come feres des bois,
Pour habiter les chateaux & les villes,
Haïr la faine, & les glands inutilles,
Semer le blé, cultiver les bons vins,
Honorer Dieu, reverer les voisins.   *20*
Ce ne sont pas les faitz d'un meschant home:
Et toutefois l'antiquité te nome
Gourmand, meschant: mais certes ce n'est moy,
Qui suis, Hercule, & François, & à toy.
    Quand tu occis la monstrueuse teste
De l'Espagnol, tu pris pour ta conqueste
Ses bœufs cornus, ses bœufs au large front
Aux pieds retors, qui luisoient come font
Ces Astres beaux, lors qu'une Nuit sereine
D'une grand dance en biez les pourmeine,   *30*
Et font jaillir cà & là de leurs yeux,
De petitz feux qui honorent les Cieux.
    Tu vins, Hercule, avecq ta riche proye,
Sur le rivage où l'eau de Sosne coye
Se vient au Rosne à Lion marier.
Là ainsy qu'eux tu te voulus lier
Par mariage avecques Galatée,
Qui de vertus ne fut pas surmontée,
Non de Pallas, de Venus en beauté,
Non de Junon en mœurs de royauté,   *40*
Qui dominoit, par la mort paternelle
Seule au païs qui de son nom s'apelle.

Or toy, Hercule, au mal accoutumé,
Apres avoir un Herculin semé
En Galatée, allas par Mer & Terre
Faire aux Tyrans & aux Monstres la guerre.
   Tu resemblois au pere laboureur,
Qui deffrichant une terre en valeur,
Loing de chez luy, negligent, l'abandonne,
Fors aux saisons qu'il seme, ou qu'il moissonne,
Hercule ainsy de sa femme aprochoit
Ou l'engrossant ou lors qu'elle acouchoit,
Non autrement: au reste de l'année,
Sa main estoit aux guerres adonnée,
Et sa massuë amie de son flanc,
Toujours des fiers se rougissoit au sang.
   O bon Hercule! ayant couvert l'eschine
Du faix velu d'une peau leonine,
Et longue & large, au rang de dents fourchus,
A la grand queuë, aux ongles bien crochus,
L'arc en la main, eslongné de tes tropes,
Seul tu vins voir les terres des Dryopes,
Come l'erreur de tes pieds te portoit,
Ou bien ainsy que ton destin estoit.
   On dit qu'aux champs rencontrant Theodame
Qui labouroit, tu luy ravis sa femme,
Forças son filz, & lui mangeas ses bœufz:
Ce sont des faits que croire je ne veux,
Car un vengeur come toy de malices
Ne honnist point son nom de tant de vices.
Mais de ton temps les Chantres ont menty,
Qui ton bien-fait en blasme ont converty,
Et par beaux vers fausement diffamée
De tous costez ta bonne renommée.
Or quand au point du Roy Theodamas,
Et de ses bœufs qui estoient gros & gras,
Tu leur apris du bout de ta massuë
D'ouvrir la terre, & trainer la charruë,
Et le collier tout un jour soutenir.
De gras les fiz bien maigres devenir:
Voila pourquoy la tourbe estant trompée
Disoit qu'aux bœufs la gorge avois coupée,
Tué leur Roy, que tu rendis meilleur
Qu'auparavant, travaillant laboureur,
S'emmegrissant & tuant souz la peine
De cultiver ses vignes & sa pleine.
Autant en est d'Hylas son jeune filz,
Que de grossier habille home tu fiz,

50

60

70

80

En le forceant & contraignant d'aprendre
Toutes vertus, des sa jeunesse tendre.   *90*
   Or aussi tost qu'en la prime saison
La Renommée eut semé que Jason
Alloit gangner au rivage Colchide
Le Belier d'or de Heles homicide,
Il ne te pleut qu'un voyage si beau
Se fist sans toy: tu pris le jouvenceau,
Portant ton arc, & ta trousse fatalle,
Qui te suivoit d'une allure inegalle,
Car, ô bon Roy, le moindre de tes pas
En valloit cinq des petitz piedz d'Hylas.   *100*
Le bien chery tu vins en la navire:
Tu refuzas qu'on te voulust eslire
Chef de l'emprise, & allas demy-Dieu
Du grand vaisseau prendre place au millieu,
Tenant la rame & tournant l'eau salée,
Qui escumoit autour de la galée:
Si que ton bras ahurté contre l'eau,
Faisoit trambler les poutres du vaisseau,
Estant Orphée au plus haut de la poupe,
Qui de sa lyre encourageoit la troupe.   *110*
   Ja le rivage aparoissoit au soir
Du Mysien: le vent se laissa choir,
Et sur le mast flottoit la voille lasche:
Quand ces Guerriers, ainsy qu'ouvriers de tasche
Qui vers le soir (alors que le bouvier,
Dessoubz la nuict, vient ses bœufs deslier)
Hastent leurs mains à tout ouvrage dures,
A qui le ventre affamé dit injures:
Ainsy chacun se print à s'animer
Par un combat honneste de ramer.   *120*
Les avirons vont d'ordre, & la galere
Poussée avant d'une jeune colere,
Voloit sur l'eau, faisant d'un large tour
Meint gros bouillon, escumer à l'entour.
Chacun adjoute à l'adresse la force,
Et de gangner son compagnon s'efforce.
   Mais toy, Hercule, à qui tout le cœur bat
Du haut desir de vaincre en ce combat,
En t'efforçant contre l'onde azurée,
Rompis ta rame à la pointe ferrée,   *130*
Dont de despit tu soupires & plains.
Un des morceaux te reste entre les mains,
L'autre morceau en tournoyant se jouë,
Flot dessus flot où la vague le rouë:

Ayant le fiel de colere allumé
De voir ton poing d'aviron desarmé.
De tel effort tu cheus à la renverse,
Tes piedz s'en vont d'une longue traverse
Fraper la proue, & la poupe ton chef
140   Plat estendu, mais nul de ton meschef,
Te regardant, de peur n'osa mot dire,
Seul te levant tu t'en pris à soubzrire.
Eux d'un grand cœur se banderent si fort
Que vers la nuit arriverent au port.

    Mais aussy tost que l'aube fut levée
Hercule entra dans la forest trouvée,
Pour espier des yeux à l'environ
Quelque arbre propre à faire un aviron.
Hercule estant pensif & fantastique,
150   Bien loing il erre en la forest rustique,
Haute maison des oyseaux: à la fin
Il vit sans nœuds, sans branches, un Sapin,
Frapé du vent d'une lente secousse,
Il jecte à bas son arc courbe & sa trousse,
Et s'affermant contre terre les pas,
Et roidissant les muscles de ses bras,
Enflant d'ardeur les veines du visage,
Mit les deux mains dessus l'arbre sauvage
A dos courbé, & bien qu'il tint beaucoup
160   Il l'arracha tout net du premier coup,
Racine & tout: dessus l'espaule forte
Le va chargeant, s'en retourne & l'emporte.

    Ainsy qu'on voit aisement l'oyseleur
Cercler la place à cacher le malheur
Du simple oyseau: il arrache sans peine
Le chaume sec, dont la place estoit pleine.
Ainsy Hercule aisément arracha
Ce grand sapin, si tost qu'il y toucha,
Ou come on voit qu'en mer une bourrache
170   Par violence en tempestant arrache
Hors de son lieu le mast qui est debout,
Et le fait cheoir à bas cordes & tout
Dont il se tient aussi fort qu'un polype
Fait contre un roc, qui se grimpe & se gripe
De ses cheveux si ahert au rocher
Que le pescheur ne l'en peut arracher,
Mais à la fin à main forte il l'arrache,
Car fil à fil ses liens il destache,
Et tout joyeux (en le portant parmy
180   Tant de poissons) rit de son ennemy.

      Tandis Hylas, jeune, gaillard & brusque,
Aux blanches mains, à la longue perruque,
Au beau visage, à l'œil noir & serain,
Prist une cruche aux deux ances d'airain
Et seul entra dans la forest prochaine,
Chercher les eaux d'une belle fontaine:
      Come il alloit, les Freres qui avoient
Æsles au dos, amoureux, le suivoient,
Volant sur luy pour baiser sa chair blanche:
Il destournoit l'embuche d'une branche,   *190*
Marchant toujours pour soudain retourner
Avant qu'Hercule arrivast à disner:
Il nourrissoit l'enfant pour tel office,
En ce seul fait il luy faisoit service:
Car en mangeant Hercule ne beuvoit
Que la seule eau dont l'enfant l'abreuvoit,
Ny Telamon, come fortune assemble
Deux grands amis qui sont toujours ensemble:
Et qu'est-il rien plus grand que l'amitié,
Quand un amy retrouve sa moitié?   *200*
      Or cet enfant, come son pié le meine,
Dans la forest umbreuse se pourmeine
Errant par tout, ains qu'aviser le bord
De la fonteine, où l'atendoit la mort.
On dit qu'Hylas n'eust pas trouvé la source
D'une telle eau, sans un cerf dont la course,
Par le moyen de Junon (qui le cœur
Portoit, marastre, enrouillé de rancœur
Des faitz d'Hercule, & en crevoit de rage)
Qui l'enfant grec guida sur le rivage.   *210*
      Cette fonteine estoit tout à l'entour
Riche de fleurs, qu'autrefois trop d'amour
De corps humain fit changer en fleuretes,
Peintes du teint de palles amourettes,
Le Lis sauvage, & la Rose, & l'Oeillet,
Le roux Soucy, l'odorant Serpoulet,
Le bleu Glayeuil, les hautes Gantelées,
La Pasquerete aux fueilles piolées,
La Giroflée & le Passevelours,
Et le Narcis qui ne vit que deux jours,   *220*
Et cette fleur que l'apvril renouvelle,
Et qui du nom des Satyres s'apelle,
Et l'autre fleur que Junon fit sortir,
Quand d'un Coqu voulut son corps vestir,
De tel oyseau empruntant le plumage,
Du frere sien fuyant le mariage,

Come trop jeune, & dedaignant le jeu
D'amour, qui ard noz cœurs d'un si beau feu.
Meint chesne vieil ombrageoit l'onde noire,
230   Faunes, Sylvains n'y venoient jamais boire,
Ains de bien loing s'enfuyoient esbahiz:
Maison sacrée aux Nymphes du pais,
Et au Printemps, qui de sa douce haleine,
Embasmoit l'air, les forests & la pleine,
Que les pasteurs en frayeur honoroient,
Et de bouquetz les rives decoroient.
Un ombre lent par petite secousse,
Erroit dessus, ainsy que le vent pousse,
Pousse & repousse & pousse sur les eaux
240   L'entrelassure ombreuse des rameaux:
Là meinte source en bouillons sablonneuse,
Faisant jaillir meinte conque perleuse,
Peindoit les bords de passementz divers,
De gravois gris, rouges, jaunes & pers.
Là carolloient à tresses decoiffées,
De main à main les Nymphes & les Fées,
Foulant des pieds les herbes d'alentour,
Puis dessouz l'eau se cachoient tout le jour.
La belle Herbine, au haut de l'onde assize,
250   Voyant l'enfant soudain en fut esprise,
Et se plongeant à chef baissé le front
Alla trouver Printinne au plus profond.
　　　Royne des eaux, ma maitresse honorée,
J'ay veu là haut sur la rive voirrée,
Un jeune enfant par qui seroient vaincuz
De gaillardize Apollon & Bacchus:
Venez le voir, vous verrez une face,
De qui le trait les Déesses menace,
Et qui plus est un crespelu coton
260   Ne fait que poindre autour de son menton:
　　　Printinne adoncq qui estoit amuzée
A retourner les plis d'une fuzée,
Laissa quenouille & filet tout soudain,
Et le fuseau lui tomba de la main:
Venus adoncq luy darde une sagette,
De celles là qu'aux Nymphes elle jette,
Et aux grands dieux qu'elle fait langoureux,
Quand des mortels deviennent amoureux,
Quittant du Ciel les regions seraines
270   Pour estre fable à noz femmes humaines,
Et desguiser d'habillement nouveau,
Leurs corps changez en Cygne ou en Toreau.

Pres de la Nymphe au plus profond des ondes
Estoit Antrine aux belles tresses blondes,
Et Azurine aux tetins descouvers,
Verdine, Ondine, & Bordine aux yeux vers.
L'une des deux estoit encor pucelle,
Et l'autre avoit du laict en la mamelle,
Et de Lucine, en la fleur de ses ans,
Avoit senty les traitz doux & cuisans,   280
Qui devidoient les toisons Tyriennes,
Teintes au sang des huitres Indiennes.
　Incontinent, tout ouvrage laissé,
Nagent sur l'eau, où d'un œil abaissé,
Voyent l'enfant, qui de couleur resemble
A ces blancs Liz, qu'une Amoureuse assemble,
Avecq la rose, ou au teint de l'œillet,
Qui va nageant sur la blancheur du laict.
Tandis Hylas de la gauche s'apuye
Dessus le bord, de l'autre tient la buye,   290
Qu'à front courbé il puise dedans l'eau,
L'eau, qui s'engoufre au ventre du vaisseau,
Fit un grand bruit: en ce pendant Printine,
Ardente au cœur d'une telle rapine,
Sa gauche main finement aprocha,
Et de l'enfant le col el'acrocha,
Coup dessus coup le baise & le rebaise,
En l'atirant, à fin que plus à l'aise
Sa pesanteur l'emportast contre bas:
Puis de la dextre elle hapa le bras: 300
Dont il tenoit le vaisseau: & s'efforce,
De le tirer souz l'onde à toute force.
　Hylas crioit & resistoit en vain:
Dedans le goufre il tomba tout soudain
Pié contremont, come on voit par le vuide
Tomber du Ciel une flame liquide
Toute d'un coup dans la Mer, pour signal
Que la navire est sauve de tout mal.
　Lors le patron qui reconnoist l'estoille,
Aux mateloz sifle qu'on face voille,   310
Le vent est bon: en la mesme façon
Tomba d'un coup souz l'onde le garson.
Sur ses genoux la Nymphe qui est folle
De trop d'amour, le flate & le console
Et luy fait part de son lict amoureux,
Et de sa table: & d'home malhureux,
Fit à son corps une deité prendre.
　Nul n'avoit peu le cri d'Hylas entendre,

Fors Telamon qui la voix entendit
320 D'Hylas tombé: Hercule il attendit,
Puis le voyant de bien loing il l'apelle,
Et soupirant lui conta la nouvelle.
En attendant, cher amy, ton retour,
J'ay entendu deux ou trois foix autour
De mon oreille une voix lamentable,
Au cry d'Hylas totalement semblable:
Il est en peine, ou bien il s'est noyé,
Ou ta marastre a, despite, envoyé
Quelque Lion pour en farcir sa panse,
330 Bref, ton Hylas est mort, come je pense.
    D'aspre courroux le fiel luy bouillonna,
Jetta sa charge, & soudain retourna
Sur le rivage, où la troupe esveillée
Faisoit litz d'herbe, & tentes de fueillée,
Pour s'enquerir en sanglotant menu,
Si l'enfant Grec estoit point revenu,
Par tout il cherche & recherche & retourne,
Revient, reva, & jamais ne sejourne.
Mais quand il vit qu'au logis n'estoient pas
340 Cruche ny eau, ny l'eschanson Hylas,
Fit un grand cry: il avoit l'ame atteinte
D'une angoisseuse & miserable plainte,
Refrapant l'air de meint soupir profont,
En gemissant, come les vaches font,
Quand par les bois apellent leurs genisses,
Que le couteau des divins sacrifices
A fait mourir empourpré de leur sang.
Devant l'autel elles gisent de rang,
A qui le cœur tramblote & les arteres:
350 L'air retentist dessouz le cry des meres.
    Tout furieux retourna dans le bois,
Criant Hylas: une greslete voix
Foible & sans force il entre-oyoit à peine,
Qui luy respond: la voix sembloit lointaine,
Et toutefois bien prochaine elle estoit,
Mais l'eau gardoit qu'à plein son ne sortoit,
En l'estoufant: cependant par valées,
Par ronces, bois, par roches reculées,
Court & recourt pensant à son malheur,
360 Quand vers le soir s'endormit de douleur.
    Jason qui vit la nuit estre tombée,
Et le bon vent pour la voile courbée,
Dresse les ponts, monte au vaisseau connu,
Croyant qu'Hercule y fust desja venu.

Cet art subtil se fit par la menée
De Meleagre enfant du grand Oinée,
Qui bien que tard un jour s'en repentit,
Quand le tison ses antrailles rostit,
Lequel estoit envieux des victoires,
Et des labeurs d'Hercule aux fesses noires.   *370*
    Come il dormoit, du travail ennuyé,
Ayant le col sur sa trousse apuyé,
L'arc d'un costé, de l'autre la massuë,
Voicy venir l'Ombre gresle & menuë,
Du jeune Hylas qui, secoüant le chef
De son Seigneur, luy conta son mechef.
Mon seul Seigneur qui fus mon esperance,
Qui les vertus m'apris des mon enfance,
Afin qu'un jour je peusse devenir
Grand come toy, puis au Ciel parvenir: *380*
Puisant de l'eau pour te servir à table,
Une Déesse au visage acointable,
Hape mon bras & souz l'eau m'a tiré,
Bien que ton nom j'eusse en vain soupiré
En t'apellant, mais quoy? la destinée
Avoit ma vie à tel sort terminée,
Pour prendre un jour une mortelle fin,
Hé qui pourroit resister au destin!
Assez, Seigneur, & par mer & par terre
J'ay veu souz toy le mestier de la guerre,   *390*
Assez mon dos a sué souz le faix
De ta massuë, assez tes nobles faitz
Ont illustré ma vive renommée.
Or maintenant ma peine est consomée
Loing de la terre, & loing de tout soucy
Qu'ont les mortelz: heureux je vis icy.
A Dieu Seigneur, à Dieu ma chere teste,
Par ton haineux meinte & meinte conqueste
Te reste encor, & mille maux divers
Que tu auras vaguant par l'univers,   *400*
Puis à la fin une mort trescruelle
Doibt consomer ta figure mortelle.
Dessus un mont tu bruleras ton corps
Par la douleur que dedans & dehors
Tu sentiras d'une chemise ouvrée
Au vilain sang du Centaure enivrée:
Ainsy brulé t'en iras dans les Cieux,
Tu prendras place à la table des Dieux:
Puis pour loyer de ta forte prouësse
Doibs espouser l'immortelle Jeunesse: *410*

"Car les beaux faits de l'home vertueux
"Ne meurent point: mais du voluptueux,
"Qui a sa vie en plaisirs consommée,
"Avecq la mort se perd la renommée.
  Ainsy Hylas à son maistre parla,
La nuit s'enfuit et l'Ombre s'envola.

  Mon Passerat, je resemble à l'Abeille
Qui va cueillant tantost la fleur vermeille,
Tantost la jaune: errant de pré en pré
420   Volle en la part qui plus luy vient à gré,
Contre l'Hyver amassant force vivres:
Ainsy courant & fueilletant mes livres,
J'amasse, trie & choisis le plus beau,
Qu'en cent couleurs je peints en un tableau,
Tantost en l'autre: & maistre en ma peinture,
Sans me forcer j'imite la Nature,
Come j'ay fait en ce portrait d'Hylas
Que je te donne, & si à gré tu l'as
J'en aimeray mon present d'avantage
430   D'avoir sceu plaire à si grand personnage.

34

A TRES-VERTUEUX SEIGNEUR

N. DE NEUFVILLE,

SEIGNEUR DE VILLEROY

SECRETAIRE D'ESTAT DE SA MAJESTÉ

Ja du prochain hyver je prevoy la tempeste,
Ja cinquante & six ans ont neigé sur ma teste,
Il est temps de laisser les vers & les amours,
Et de prendre congé du plus beau de mes jours.
J'ay vescu (Villeroy) si bien que nulle envie
En partant je ne porte aux plaisirs de la vie,
Je les ay tous goutez, & me les suis permis
Autant que la raison me les rendoit amis,
Sur l'eschaffaut mondain joüant mon personnage
D'un habit convenable au temps & à mon âge.   *10*
 J'ay veu lever le jour, j'ay veu coucher le soir,
J'ay veu greller, tonner, esclairer & pluvoir,
J'ay veu peuples & Rois, & depuis vingt annees
J'ay veu presque la France au bout de ses journees,
J'ay veu guerres, debats, tantost tréves & paix,
Tantost accords promis, redefais & refais,
Puis defais & refais. J'ay veu que sous la Lune
Tout n'estoit que hazard, & pendoit de fortune.
Pour neant la prudence est guide des humains:
L'invincible destin luy enchesne les mains,   *20*
La tenant prisonniere, & tout ce qu'on propose
Sagement la fortune autrement en dispose.
Je m'en vais soul du monde ainsi qu'un convié
S'en va soul du banquet de quelque marié,
Ou du festin d'un Roy sans renfrongner la face,
Si un autre apres luy se met dedans sa place.
 J'ay couru mon flambeau sans me donner esmoy,
Le baillant à quelcun s'il recourt apres moy:
Il ne fault s'en fascher, c'est la Loy de nature,
Où s'engage en naissant chacune creature.   *30*
 Mais avant que partir je me veux transformer,
Et mon corps fantastiq' de plumes enfermer,
Un œil sous chaque plume, & veux avoir en bouche
Cent langues en parlant: puis d'où le jour se couche,
Et d'où l'Aurore naist Deesse aux belles mains,
Devenu Renomee, annoncer aux humains,

Que l'honneur de ce siecle aux Astres ne s'envolle,
Pour avoir veu sous luy la navire Espaignolle
Descouvrir l'Amerique, & fait voir en ce temps
40   Des hommes dont les cœurs à la peine constans,
Ont veu l'autre Neptune inconneu de nos voiles,
Et son pole marqué de quatre grands estoiles:
Ont veu diverses gens, & par mille dangers
Sont retournez chargez de lingots estrangers.
    Mais de t'avoir veu naistre, ame noble & divine,
Qui d'un cœur genereux loges en ta poitrine
Les errantes vertus, que tu veux soulager
En cet âge où chacun refuse à les loger:
En ceste saison dis-je en vices monstrueuse,
50   Où la mer des malheurs d'une onde impetueuse
Sur nous s'est débordee, où vivans avons veu
Le mal que nos ayeux n'eussent pensé ny creu.
    En ce temps la Comete en l'air est ordinaire,
En ce temps on a veu le double luminaire
Du ciel en un mesme an s'eclipser par deux fois:
Nous avons veu mourir en jeunesse nos Rois,
Et la peste infectee en nos murs enfermee
Le peuple moissonner d'une main affamee.
    Qui pis est, ces Devins qui contemplent les tours
60   Des Astres, & du Ciel l'influance & le cours,
Predisent qu'en quatre ans (Saturne estant le guide)
Nous voirrons tout ce monde une campaigne vuide:
Le peuple carnassier la Noblesse tuer,
Et des Princes l'estat s'alterer & muer:
Comme si Dieu vouloit nous punir en son ire,
Faire un autre Chaos, & son œuvre destruire
Par le fer, par la peste, & embrazer le sein
De l'air, pour étouffer le pauvre genre humain.
    Toutefois en cet âge, en ce siecle de boüe,
70   Où de toutes vertus la Fortune se joüe,
Sa divine clemence ayant de nous soucy,
T'a fait ô Villeroy, naistre en ce monde icy
Entre les vanitez, la paresse & le vice,
Et les seditions qui n'ont soin de justice,
Entre les nouveautez, entre les courtizans
De fraude & de mensonge impudens artizans,
Entre le cry du peuple & ses plaintes funebres,
Afin que ta splendeur esclairast aux tenebres,
Et ta vertu parust par ce siecle eshonté,
80   Comme un Soleil sans nue au plus clair de l'Esté.
    Je diray d'avantage à la tourbe amassee,
Que tu as ta jeunesse au service passee

Des Rois, qui t'ont choisi, ayant eu ce bon-heur
D'estre employé par eux aux affaires d'honneur,
Soit pour flechir le peuple, ou soit pour faire entendre
Aux Princes qu'il ne faut à ton maistre se prendre,
Par ta peine illustrant ta maison & ton nom.
    Ainsi qu'au camp des Grecs le grand Agamemnon
Envoyoit par honneur en Ambassade Ulysse,
Qui faisant à son Prince & au peuple service,   *90*
Soymesme s'honoroit & les rendoit contens,
Estimé le plus sage & facond de son temps.
    Il fut, comme tu es, amoureux de sa charge,
(Dont le Roy se despouille & sur toy se descharge):
Car tu n'a point en l'ame un plus ardent desir
Que faire ton estat, seul but de ton plaisir,
Te tuant pour ta charge en la fleur de ton âge,
Tant la vertu active eschauffe ton courage.
    Je diray sans mentir, encores que tu sois
Hautement eslevé par les honneurs François,   *100*
Tu ne dedaignes point d'un haussebec de teste,
Ny d'un sourcy hagard des petits la requeste,
Reverant sagement la fortune, qui peult
Nous hausser & baisser tout ainsi qu'elle veut.
Mais comme departant ta faveur & ta peine
A tous egalement, tu sembles la fonteine,
Qu'un riche citoyen par la soif irrité
Faict à larges canaux venir en sa cité,
Laquelle verse apres sans difference aucune
A grands & à petits ses eaux pour la commune.   *110*
    Puis je veux devaller soubs la terre là bas
Où commande Pluton, la Nuict & le trespas:
Et là me pourmenant soubs les ombres Myrtines,
Chercher ton Morvillier & tes deux Aubespines,
Deux morts en leur vieillesse, & l'autre à qui la main
De la Parque trop tost trancha le fil humain,
Tous trois grands ornemens de nostre Republique.
    Puis ayant salué ceste bande Heroïque,
Dont les fronts sont tousjours de Lauriers revestus,
Je leur diray comment tu ensuis leurs vertus,   *120*
Et comme apres leur mort ton ame genereuse
Ne voulut endurer que leur tumbe poudreuse
Demeurast sans honneur, faisant faire à tous trois
Des Epitaphes Grecs & Latins & François,
Gage de ton amour: à fin que la memoire
De ces trois demy-dieux à jamais fust notoire,
Et que le temps subtil à couler & passer,
Par siecles infinis ne la peust effacer.

Ces trois nobles esprits oyans telle nouvelle,
130 Danceront un Pean dessus l'herbe nouvelle,
Et en frappant des mains feront un joyeux bruit,
Dequoy sans fourvoyer, Villeroy les ensuit.
　　Or comme un endebté, de qui proche est le terme
De payer à son maistre ou l'usure, ou la ferme,
Et n'ayant ny argent ny biens pour secourir
Sa misere au besoin, desire de mourir:
Ainsi ton obligé ne pouvant satisfaire
Aux biens que je te doibs, le jour ne me peult plaire:
Presque à regret je vy, & à regret je voy
140 Les rayons du Soleil s'estendre dessus moy.
Pource je porte en l'ame une amere tristesse,
Dequoy mon pied s'avance aux faubourgs de vieillesse,
Et voy (quelque moyen que je puisse essayer)
Qu'il faut que je déloge avant que te payer,
S'il ne te plaist d'ouvrir le ressort de mon coffre,
Et prendre ce papier que pour acquit je t'offre,
Et ma plume qui peut, escrivant verité,
Tesmoigner ta louange à la posterité.
　　Reçoy donc mon present, s'il te plaist, & le garde
150 En ta belle maison de Conflant, qui regarde
Paris, sejour des Rois, dont le front spacieux
Ne voit rien de pareil sous la voûte des Cieux:
Attendant qu'Apollon m'eschauffe le courage
De chanter tes jardins, ton clos, & ton bocage,
Ton bel air, ta riviere & les champs d'alentour
Qui sont toute l'année eschauffez d'un beau jour,
Ta forest d'orangers, dont la perruque verte
De cheveux eternels en tout temps est couverte,
Et tousjours son fruit d'or de ses fueilles defend,
160 Comme une mere fait de ses bras son enfant.
　　Prens ce Livre pour gage, & luy fais, je te prie,
Ouvrir en ma faveur ta belle Librairie,
Où logent sans parler tant d'hostes estrangers:
Car il sent aussi bon que font tes orangers.

DISCOURS OU DIALOGUE

ENTRE LES MUSES DESLOGÉES, & RONSARD

Levant les yeux au ciel, & contemplant les nues,
J'avisay l'autre jour une troupe de Grues,
Qui d'un ordre arrengé & d'un vol bien serré
Representoient en l'air un bataillon carré,
D'avirons emplumez & de roides secousses
Cherchant en autre part autres terres plus douces,
Où tousjours le Soleil du rayon de ses yeux
Rend la terre plus grasse, & les champs plus joyeux.
   Ces oiseaux rebatant les plaines rencontrées
De l'air, à grands coups d'aisle alloient en leur contrées,
Quitant nostre païs & nos froides saisons,   *11*
Pour refaire leur race & revoir leurs maisons.
   Les regardant voller, je disois en moy-mesme:
Je voudrois bien, oiseaux, pouvoir faire de mesme
Et voir de ma maison la flame voltiger
De sur ma cheminée, & jamais n'en bouger,
Maintenant que je porte injurié par l'age,
Mes cheveux aussi gris comme est vostre plumage.
   Adieu peuples ailez, hostes Strymoniens,
Qui volant de la Thrace aux Aethiopiens,   *20*
Sur le bord de la mer encontre les Pygmées
Menez, combat leger, vos plumeuses armées:
Allez en vos maisons. Je voudrois faire ainsi.
"Un homme sans fouyer vit tousjours en soucy.
   Mais en vain je parlois à l'escadron qui volle:
Car le vent emportoit comme luy, ma parole,
Remplissant de grands cris tout le ciel d'alentour,
Aize de retourner au lieu de son sejour.
   De l'air abaissant l'œil le long d'une valée,
Je regarday venir une troupe haslée   *30*
Lasse de long travail, qui par mauvais destin
Avoit fait (ce sembloit) un penible chemin.
   Elle estoit mal en conche & pauvrement vestue:
Son habit attaché d'une espine poinctue
Luy pendoit à l'espaule, & son poil dédaigné
Erroit salle & poudreux, crasseux & mal peigné.
   Toutefois de visage elle estoit assez belle:
Sa contenance estoit d'une jeune pucelle,
Une honte agreable estoit dessus son front,
Et son œil esclairoit comme les Astres font: *40*
Quelque part qu'en marchant elle tournast la face,
La vertu la suyvoit, l'eloquence & la grace,
Monstrant en cent façons dés son premier regard,

Que sa race venoit d'une royale part,
Si bien qu'en la voyant, toute ame genereuse
Se rechaufant d'amour en estoit amoureuse.
　　D'avant la troupe alloit un jeune jouvenceau,
Qui portoit en Courrier des ailes au chapeau,
Une houssine en main de serpens tortillée,
50　Et dessous pauvre habit une face éveillée:
Et monstroit à son port quel sang le concevoit,
Tant la garbe de Prince au visage il avoit.
　　Tout furieux d'esprit je marchay vers la bande,
Je luy baise la main, puis ainsy luy demande
(Car l'ardeur me poussoit de son mal consoler,
M'enquerir de son nom, & de l'ouyr parler).

Ronsard

　　Quel est vostre païs, vostre nom & la ville
Qui se vante de vous?
　　　　　　　　L'une la plus habile
De la bande respond.

Muses

　　　　　　　　Si tu as jamais veu
60　Ce Dieu, qui de son char tout rayonné de feu
Brise l'air en grondant, tu as veu nostre pere:
Grece est nostre pays, Memoire est nostre mere.
　　Au temps que les mortels craignoient les Deïtez
Ils bastirent pour nous & temples & citez:
Montaignes & rochers & fontaines & prées,
Et grottes & forests nous furent consacrées.
Nostre mestier estoit d'honorer les grands Rois,
De rendre venerable & le peuple & les lois,
Faire que la vertu du monde fust aimée,
70　Et forcer le trespas par longue renommée:
D'une flame divine allumer les esprits,
Avoir d'un cueur hautain le vulgaire à mespris,
Ne priser que l'honneur & la gloire cherchée,
Et tousjours dans le ciel avoir l'ame attachée.
　　Nous eusmes autrefois des habits precieux
Mais le barbare Turc de tout victorieux,
Ayant vaincu l'Asie & l'Afrique, & d'Europe
La meilleure partie, a chassé nostre trope
De la Grece natale, & fuyant ses prisons
80　Errons, comme tu vois, sans biens & sans maisons,

Où le pied nous conduit, pour voir si sans excuses
Les peuples & les Rois auront pitié des Muses.

Ronsard

   Des Muses? di-je lors. Estes vous celles-là
Que jadis Helicon les neuf seurs appella?
Que Cirre & que Phocide avouoyent leurs maistresses,
Des vers & des chansons les sçavantes Déesses?
Vous regardant marcher nuds pieds & mal empoinct
J'ay le cueur de merveille et de frayeur espoint,
Et me repens d'avoir vostre danse suivie,
Usant à vos mestiers le meilleur de ma vie.   *90*
   Je pensois qu'Amalthée eust mis entre vos mains
L'abondance & le bien, l'autre ame des humains:
Maintenant je cognois, vous voyant affamées,
Qu'en esprit vous paissez seulement de fumées,
Et d'un titre venteux, antiquaire & moysi,
Que pour un bien solide en vain avez choisi.
   Pour suivre vos fureurs, miserables nous sommes,
Certes vous ressemblez aux pauvres Gentilshommes,
Qui (quand tout est vendu) levant la teste aux cieux,
N'ont plus d'autre recours, qu'à vanter leurs ayeux.   *100*
   Que vous sert Jupiter dont vous estes les filles?
Que servent vos chansons, vos Temples & vos villes?
Ce n'est qu'une parade, un honneur contrefaict,
Riche de fantaisie, & non pas en effect.
   Vertu, tu m'as trompé, te pensant quelque chose!
Je cognois maintenant que le malheur dispose
De toy qui n'es que vent, puisque tu n'as pouvoir
De conserver les tiens qui errent sans avoir
Ny faveurs ny amis, vagabonds d'heure en heure
Sans feu, sans lieu, sans bien, sans place ny demeure. *110*

Muses

   Hà que tu es ingrat de nous blasmer ainsi!
Que fusses-tu sans nous qu'un esprit endurcy,
Consumant, casanier, le plus beau de ton age
En ta pauvre maison, ou dans un froid vilage,
Incogneu d'un chacun? où t'ayant abreuvé
De Nectar, & l'esprit dans le Ciel eslevé,
T'avons faict desireux d'honneur & de louanges,
Et semé ton renom par les terres estranges,

De tes Rois estimé, de ton peuple chery,
120   Ainsi que nostre enfant en nostre sein nourry.
          Dieu punist les ingrats: à tous coups que la foudre
        Trebuchera de l'air, tu auras peur qu'en poudre
        Tu ne sentes ton corps, & ta teste briser
        Pour la punition d'ainsi nous mespriser,
        Pource adjoute creance à qui bien te conseille:
        Ayde nous maintenant, & nous rens la pareille.

                          Ronsard

        Que voulez vous de moy?
                                L'une des sœurs alors
        Qui la bande passoit de la moitié du corps,
        Me contre-respondit.

                          Muses

                          Nous avons ouy dire
130   Que le Prince qui tient maintenant vostre Empire,
        Et qui d'un double sceptre honore sa grandeur,
        Est dessus tous les Roys des lettres amateur,
        Caresse les sçavans, & des livres fait conte,
        Estimant l'ignorance estre une grande honte:
        Dy luy de nostre part qu'il luy plaise changer
        En mieux nostre fortune, et nous donne à loger.

                          Ronsard

          Vous m'imposez au dos une charge inegale:
        J'ay peu de cognoissance à sa grandeur royale,
        C'est un Prince qui n'aime un vulgaire propos,
140   Et qui ne veut souffrir qu'on trouble son repos,
        Empesché tous les jours aux choses d'importance,
        Soustenant presque seul tout le faix de sa France,
        Meditant comme il doit son peuple gouverner
        Et faire dessous luy l'âge d'or retourner,
        Honorer les Vertus & chastier le vice,
        Deffenseur de la loy, protecteur de Justice.
          Je n'oze l'aborder, je crains sa Majesté,
        Tant je suis esblouy des raiz de sa clairté:
        Pource cerchez ailleurs un autre qui vous meine.
150   Adieu docte troupeau, adieu belle neuvaine.

36   A PHILIPPES DES-PORTES CHARTRAIN

Nous devons à la Mort & nous & nos ouvrages:
Nous mourrons les premiers, le long reply des âges
En roulant engloutist nos œuvres à la fin:
Ainsi le veut Nature & le puissant Destin.
    Dieu seul est eternel: de l'homme elementaire
Ne reste apres la mort ny veine ny artere:
Qui pis est, il ne sent, il ne raisonne plus,
Locatif descharné d'un vieil tombeau reclus.
    C'est un extreme abus, une extreme folie
De croire que la Mort soit cause de la vie: *10*
Ce sont poincts opposez autant que l'Occident
S'oppose à l'Orient, l'Ourse au Midy ardent,
    L'une est sans mouvement, & l'autre nous remue,
Qui la forme de l'ame en vigueur continue,
Nous fait ouyr & voir, juger, imaginer,
Discourir du present, le futur deviner.
    Les morts ne sont heureux, d'autant que l'ame vive
Du mouvement principe en eux n'est plus active.
L'heur vient de la vertu, la vertu d'action:
Le mort privé du faire est sans perfection.   *20*
    L'heur de l'ame, est de Dieu contempler la lumière:
La contemplation de la cause premiere
Est sa seule action: contemplant elle agist:
Mais au contemplement l'heur de l'homme ne gist.
    Il gist à l'œuvre seul, impossible à la cendre
De ceux que la Mort faict soubs les ombres descendre.
C'est pourquoy de Pluton les champs deshabitez
N'ont polices ny loix ny villes ny citez.
    Or l'ouvrage & l'ouvrier font un mesme voyage,
Leur chemin est la Mort. Athenes & Carthage,   *30*
Et Rome qui tenoit la hauteur des hauteurs,
Sont poudre maintenant comme leurs fondateurs.
    Pour ce les Grecs ont dit, que glout de faim extreme
Saturne devoroit ses propres enfans mesme.
Le general est ferme, & ne fait place au temps,
Le particulier meurt presque au bout de cent ans.
    Chacun de son labeur doit en ce Monde attendre
L'usufruit seulement, que present il doit prendre
Sans se paistre d'attente & d'une eternité,
Qui n'est rien que fumée & pure vanité.   *40*
    Homere, qui servit aux neuf Muses de guide,
S'il voyoit aujourd'huy son vaillant Eacide,
Ne le cognoistroit plus, ny le docte Maron
Son Phrygien Enee. Ainsi le froid giron

De la tombe assoupist tous les sens de nature,
Qui sont deuz à la terre & à la pourriture.
    Nous semblons aux Toreaux, qui de coutres trenchans
A col morne & fumeux vont labourant les champs,
Sillonnant par rayons une germeuse plaine,
50   Et toutefois pour eux inutile est leur peine:
Ils ne mangent le bled qu'ils ont ensemencé,
Mais quelque vieille paille, ou du foin enroncé,
    Le Belier Colonnel de sa laineuse troupe,
L'eschine de toison pour les autres se houpe:
Car le drap, bien que sien, ne l'habille pourtant:
L'homme ingrat envers luy au dos le va portant
Sans luy en sçavoir gré. Ainsi nostre escriture
Ne nous profite rien: c'est la race future
Qui seule en jouyst toute, & qui juge à loisir
60   Les ouvrages d'autruy, & s'en donne plaisir,
Rendant comme il luy plaist, nostre peine estimée.
    Quant à moy, j'aime mieux trente ans de renommée,
Jouyssant du Soleil, que mille ans de renom
Lors que la fosse creuse enfouyra mon nom,
Et lors que nostre forme en une autre se change.
"L'homme qui ne sent plus, n'a besoin de loüange.
    Il est vray que l'honneur est le plus grand de tous
Les biens exterieurs qui sont propres à nous,
Qui vivons & sentons: les morts n'en ont que faire,
70   Toutefois le bien faire est chose necessaire,
Qui profite aux vivans, & plaist aux heritiers.
    Les fils, de leurs ayeuls racontent volontiers
Les magnanimes faicts: la loüange illustrée
D'un acte vertueux, ne fut jamais frustrée
De son digne loyer, soit futur ou present.
    Le Ciel ne donne à l'homme un plus riche present
Que l'ardeur des vertus, les aimer & les suivre,
Un renom excellent, bien mourir & bien vivre.
    Des-portes, qu'Aristote amuse tout le jour,
80   Qui honores ta Dure, & les champs qu'à l'entour
Chartres voit de son mont, & panché les regarde,
Je te donne ces vers, à fin de prendre garde
De ne tuer ton corps desireux d'acquerir
Un renom journalier qui doit bien tost mourir:
Mais happe le present d'un cœur plein d'allegresse,
Ce pendant que le Prince, Amour, & la jeunesse
T'en donnent le loisir, sans croire au lendemain.
Le futur est douteux, le present est certain.

37   CAPRICE

AU SEIGNEUR SIMON NICOLAS

Tout est perdu, Nicolas, tout s'empire,
Ce n'est plus rien que du François Empire,
Le vice regne & la vertu s'enfuit,
Les grands Seigneurs ont prins nouveau desduit,
Farseurs, boufons, courtisans pleins de ruses
Sont maintenant en la place des Muses,
Joüeurs, larrons, fayneans, discoureurs,
Muguets, devins, querelleurs & jureurs.
　Rien n'apparoist de la saison derniere,
Quand le Soleil a baissé sa lumiere   *10*
"La nuit survient, qui de son noir attour
"Profondement enveloppe le jour.
　Que je regrette (ô Dieux!) que je regrette
Un si bon temps où la Muse brunette
Avoit en Cour tant de lustre & de pris!
Où l'ignorance, où des foibles esprits,
Sans nul merite & sans aucune gloire,
N'avoient le bien des filles de Memoire,
Des nouveaux nais, des folastres mentons
Esclos d'un jour, des petits avortons   *20*
Enflez d'honneurs, de pensions, de tiltres,
D'orgueil, de dons, de crosses & de mitres,
Laissans derriere à bouche ouverte ceux
Qui ont Thalie & Phoebus avec eux,
Nourris des Rois au sein des neuf pucelles
Pour les combler de graces immortelles.
　A peine, helas! à peine a-t'on chassé
La barbarie, où les gens du passé
Se delectoient (ô perverse influance!)
Qu'elle revient importuner la France   *30*
Plus que jamais, ah! les cieux ennemis
Auroient-ils bien ce desastre permis?
　Ouy, Nicolas, c'est un decret cœleste,
Nostre malice aux grands Dieux manifeste
Les y contraint, ouy, nos malignitez
Baillent naissance à telles malheurtez,
Ce n'est plus rien que fard, qu'hypocrisie,
Que brigandage & rien qu'Apostasie,
Qu'erreur, que fraude en ce temps obscurcy,
Le Turc vit mieux que l'on ne faict icy.   *40*

Je me repens d'avoir tant eu de peine
Que d'amener Phœbus & sa Neufvaine
En ce pays, il me fasche d'avoir
Premierement sur les rives du Loir
Conduit leurs pas en ma jeunesse tendre,
Quand le bel œil de ma belle Cassandre
Me sceut apprendre à chercher comme il faut
En beau subject un stile brave & haut.
    Bien que l'envie en tous lieux animee
50   Se mutinast contre ma renommee
De toutes pars, & que mille rimeurs
Fussent aux champs en despit des neuf Sœurs,
Je passay outre, amenant de la Grece
Leur trouppeau sainct, dont la voix charmeresse
Par mon labeur en la faveur des Rois,
Donna le pris au langage François,
Tu le sçais bien, tu veis mon premier âge,
Tu m'as cogneu deslors que j'estois page
A ce grand Roy qui debvoit, sans l'effort
60   D'un accident, darder son nom du bord
Où le Soleil esveille sa paupiere,
Jusqu'où il tombe en l'onde mariniere.
    Que m'a servi de me travailler tant
D'un bras vainqueur l'Ignorance dontant,
Si par aveu elle se rend plus forte,
Si les plus grands ores luy font escorte,
Passionnez d'un langage fardé
Que les neuf Sœurs n'ont jamais regardé,
D'un vers trainant, d'une prose rithmee,
70   De qui leur ame est si tres affamee,
Que si Virgile esclairoit à leurs yeux,
Il leur seroit je m'asseure ennuyeux?
    Desja ma teste est de neige couverte,
Ma force est lente & ma veine deserte
Pour terrasser encores derechef
Ce monstre infame espouvantable au chef.
Puis mon bon Prince a faict joug à la Parque,
Charles, ce grand, ce genereux Monarque
De qui le front peuplé de lauriers vers
80   Daignoit pancher aux accords de mes vers,
La mort l'a pris en sa premiere course,
Et quant & quant elle a tari la source
Où je puisois ceste douce liqueur
Qui m'eschaufoit les esprits & le cœur.
    Le temps, qui est de toutes choses maistre,
Peut-estre un jour icy bas fera naistre

Quelque ame vive affin de s'opposer
Contre l'erreur qui nous veut abuser:
Car Dieu qui est tout prevoyant & sage
Ne permettra que ce des-avantage   90
Dure long temps, & que son traict poinctu
Triomphe ainsi du faict de la vertu.
"Tousjours la Mer à son bord ne tempeste,
"Le vent tousjours ne deplume la teste
"Des chesnes vieux, ny tousjours bons sur bons
"Les feux du ciel n'espouvantent les monts.
    Qui que tu sois à qui la Pieride
Fera ce bien prens ma voix pour ton guide,
Escoute moy, s'il te plaist de ramer
Asseurément en si profonde mer.   100
    Promeine-toy dans les pleines Attiques,
Fay nouveaux mots, rappelle les antiques,
Voy les Romains, & destiné du ciel,
Desrobe ainsi que les mouches à miel
Leurs belles fleurs par les Charites peintes,
Lors sans viser aux jalouses attaintes
Des mal-vueillans, formes-en les douceurs
Que Melpomene inspire dans les cœurs:
J'ay faict ainsi, toutesfois ce vulgaire,
A qui jamais je n'ay peu satisfaire   110
Ny n'ay voulu, me fascha tellement
De son japper en mon advenement,
Quand je hantay les eaux de Castalie,
Que nostre langue en est moins embellie:
Car elle est manque & faut de l'action
Pour la conduire à sa perfection.
    Cherche un renom qui les âges surmonte,
Un bruit qui dure, une gloire qui monte
Jusqu'aux nepveux & tente à cest effect,
Si tu veux estre un Poëte parfaict,   120
Mille subjects de mille & mille modes,
Chants Pastoraux, Hymnes, Poëmes & Odes,
Fuyant sur tout ces vulgaires façons,
Ces vers sans art, ces nouvelles chansons,
Qui n'auront bruit à la suite des âges,
Qu'entre les mains des filles & des pages.
    Que le beau nom des Princes & des Rois
Soit ton subject & le porte-carquois:
Par ce chemin, loin des tourbes menues,
A branle d'aile on vole outre les nues,   130
Se couronnant à la postérité,
Des Rameaux saincts de l'immortalité.

Mais Nicolas, Bellonne est à nos portes,
Ja desja Mars & ses fieres cohortes
Sonnent la guerre, he! bons Dieux qui pourroit,
Quand un Homere il parangonneroit,
Qui pourroit faire esclairer la science
Parmy les maux qui regardent la France?
Le Roy (dit-on) n'aura jamais d'enfans,

140   Son heritier dés ses plus jeunes ans
Ayme la guerre, il est haut de courage,
Prompt & actif, il est caut, il est sage,
Bref c'est un foudre, un astre des combats,
Et toutesfois ne le voudra-ton pas
En survivance: ah! que de fiers gendarmes,
Ah! que de feux, que d'horribles alarmes!
Que de pitié! que de sang! que de morts!
Que d'estrangers ancreront à nos ports!
Tout est perdu, la France est à son terme,

150   Si le bon Dieu, comme le feu sainct Herme,
Ne faict descendre en l'esprit d'un tel Roy
Son esprit sainct pour le ranger à soy.

Or s'il advient, ceste saison doree,
Qui fut jadis par le monde honoree,
Refleurira, tous vices periront,
Sans coup ferir les erreurs s'en-iront
Des Reformez qui vivent en franchise,
En son honneur la primitive Eglise
Se remettra comme premierement,

160   Et pour combler un tel evenement,
Dans nos citez, comme dans leurs campagnes,
De jour, de nuict les neuf Muses compagnes,
Filles du ciel, iront comme devant
Sous la faveur d'un salutaire vent,
Faisant marcher de province en province,
Le nom sacré d'un si valeureux Prince
A l'environ de ce grand univers,
"Car le merite esclaire par les vers.

Je l'ay cogneu dés sa premiere enfance,

170   Comme ayant pris mon estre & ma naissance
Dans le pays qui fleschit à sa loy:
Rien n'est meilleur, rien plus doux que ce Roy,
Rien plus humain, rien n'est de plus affable,
Ce n'est qu'amour, il n'est rien de semblable:
(O Nicolas) nous serions trop pleins d'heur
De vivre un jour vassaux de sa grandeur.

Donne, grand Dieu, que ce bon-heur arrive,
Si ton vouloir, durant ses jours, nous prive

De ce grand Roy qui nous baille ses loix,
Et s'il te plaist que le nom de Vallois   *180*
Cede aux Bourbons sortis de mesme race,
"Car tout succombe & toute chose passe.
   Donne, Seigneur, qu'en toutes les saisons
Le bon-heur vole autour de leurs maisons,
L'amour, la paix, & la foy qui nous guide
Là haut au ciel où le vray bien reside.
   Fay que tout vice esloigne leurs citez:
Escartes-en les salles voluptez,
Les trahisons, les meurtres, les querelles,
Escartes-en ces damnables sequelles   *190*
De brelandiers, de farseurs, de plaisans
Qui sont tousjours avec les courtisans,
Et qu'en leur place, au comble de sa gloire,
Le docte chœur des filles de Memoire,
Comme devant, y fleurisse tousjours
Tant que Phœbus allumera les jours
En Orient, & que toute infortune,
Tout noir meschef, toute influence brune
Escarte loing son estoc & son dard
De Nicolas & du chef de Ronsard.   *200*

38   STANCES

J'ay varié ma vie en devidant la trame
Que Clothon me filoit entre malade & sain,
Maintenant la santé se logeoit en mon sein,
Tantost la maladie extreme fleau de l'ame.

La goutte ja vieillard me bourrela les veines,
Les muscles & les nerfs, execrable douleur,
Montrant en cent façons par cent diverses peines
Que l'homme n'est sinon le subject de malheur.

L'un meurt en son printemps, l'autre attend la vieillesse,
10 Le trespas est tout un, les accidens divers:
Le vray tresor de l'homme est la verte jeunesse,
Le reste de nos ans ne sont que des hivers.

Pour long temps conserver telle richesse entiere
Ne force ta nature, ains ensuy la raison,
Fuy l'amour & le vin, des vices la matiere,
Grand loyer t'en demeure en la vieille saison.

La jeunesse des Dieux aux hommes n'est donnee
Pour gouspiller sa fleur, ainsi qu'on void fanir
La rose par le chauld, ainsi mal gouvernee
20 La jeunesse s'enfuit sans jamais revenir.

SONETS

39   I

Je n'ay plus que les os, un Schelette je semble,
Descharné, denervé, demusclé, depoulpé,
Que le trait de la mort sans pardon a frappé,
Je n'ose voir mes bras que de peur je ne tremble.

Apollon & son filz deux grans maistres ensemble,
Ne me sçauroient guerir, leur mestier m'a trompé,
Adieu plaisant soleil, mon œil est estoupé,
Mon corps s'en va descendre où tout se desassemble.

Quel amy me voyant en ce point despouillé
Ne remporte au logis un œil triste & mouillé,
Me consolant au lict & me baisant la face,

En essuiant mes yeux par la mort endormis?
Adieu chers compaignons, adieu mes chers amis,
Je m'en vay le premier vous preparer la place.

40   II

Meschantes nuicts d'hyver, nuicts filles de Cocyte
Que la terre engendra d'Encelade les seurs,
Serpentes d'Alecton, & fureur des fureurs,
N'aprochez de mon lict, ou bien tournez plus vitte.

Que fait tant le soleil au gyron d'Amphytrite?
Leve toy, je languis accablé de douleurs,
Mais ne pouvoir dormir c'est bien de mes malheurs
Le plus grand, qui ma vie & chagrine & despite.

Seize heures pour le moins je meur les yeux ouvers.
Me tournant, me virant de droit & de travers,
Sus l'un sus l'autre flanc je tempeste, je crie,

Inquiet je ne puis en un lieu me tenir,
J'appelle en vain le jour, & la mort je supplie,
Mais elle fait la sourde, & ne veut pas venir.

41   III

Donne moy tes presens en ces jours que la Brume
Fait les plus courts de l'an, ou de ton rameau teint
Dans le ruisseau d'Oubly dessus mon front espreint,
Endor mes pauvres yeux, mes gouttes & mon rhume.

Misericorde ô Dieu, ô Dieu ne me consume
A faulte de dormir, plustost sois-je contreint
De me voir par la peste ou par la fievre esteint,
Qui mon sang deseché dans mes veines allume.

Heureux, cent fois heureux animaux qui dormez
Demy an en voz trous, soubs la terre enfermez,
Sans manger du pavot qui tous les sens assomme:

J'en ay mangé, j'ay beu de son just oublieux
En salade cuit, cru, & toutesfois le somme
Ne vient par sa froideur s'asseoir dessus mes yeux.

42   IIII

Ah longues nuicts d'hyver de ma vie bourrelles,
Donnez moy patience, & me laissez dormir,
Vostre nom seulement, & suer & fremir
Me fait par tout le corps, tant vous m'estes cruelles.

Le sommeil tant soit peu n'esvente de ses ailes
Mes yeux tousjours ouvers, & ne puis affermir
Paupiere sur paupiere, & ne fais que gemir,
Souffrant comme Ixion des peines eternelles.

Vieille umbre de la terre, ainçois l'umbre d'enfer,
Tu m'as ouvert les yeux d'une chaisne de fer,
Me consumant au lict, navré de mille pointes:

Pour chasser mes douleurs ameine moy la mort,
Ha mort, le port commun, des hommes le confort,
Viens enterrer mes maux je t'en prie à mains jointes.

43 V

　　Quoy mon ame, dors tu engourdie en ta masse?
La trompette a sonné, serre bagage, & va
Le chemin deserté que Jesuchrist trouva,
Quand tout mouillé de sang racheta nostre race.
　　C'est un chemin facheux borné de peu d'espace,
Tracé de peu de gens que la ronce pava,
Où le chardon poignant ses testes esleva,
Pren courage pourtant, & ne quitte la place.
　　N'appose point la main à la mansine, apres
Pour ficher ta charue au milieu des guerets,
Retournant coup sur coup en arriere ta vüe:
　　Il ne faut commencer, ou du tout s'emploier,
Il ne faut point mener, puis laisser la charue,
Qui laisse son mestier, n'est digne du loier.

44 VI

　　Il faut laisser maisons & vergers & Jardins,
Vaisselles & vaisseaux que l'artisan burine,
Et chanter son obseque en la façon du Cygne,
Qui chante son trespas sur les bors Mæandrins.
　　C'est fait j'ay devidé le cours de mes destins,
J'ay vescu j'ay rendu mon nom assez insigne,
Ma plume vole au ciel pour estre quelque signe
Loin des appas mondains qui trompent les plus fins.
　　Heureux qui ne fut onc, plus heureux qui retourne
En rien comme il estoit, plus heureux qui sejourne
D'homme fait nouvel ange aupres de Jesuchrist,
　　Laissant pourrir ça bas sa despouille de boüe
Dont le sort, la fortune, & le destin se joüe,
Franc des liens du corps pour n'estre qu'un esprit.

45

POUR SON TOMBEAU

Ronsard repose icy qui hardy dés enfance
Détourna d'Helicon les Muses en la France,
Suivant le son du luth & les traits d'Apollon:
Mais peu valut sa Muse encontre l'eguillon
De la mort, qui cruelle en ce tombeau l'enserre,
Son ame soit à Dieu, son corps soit à la terre.

46

A SON AME

Amelette Ronsardelette,
Mignonnelette doucelette,
Treschere hostesse de mon corps,
Tu descens là bas foiblelette,
Pasle, maigrelette, seulette,
Dans le froid Royaume des mors:
Toutesfois simple, sans remors
De meurtre, poison, ou rancune,
Méprisant faveurs & tresors
Tant envicz par la commune.
Passant, j'ay dit, suy ta fortune:
Ne trouble mon repos, je dors.

NOTES

The notes comprise three elements: glosses on vocabulary and metonymies; general comments on the poem, where relevant; and notes on specific points, indicated by line-numbers.

The glosses do not include the following items: words which are rendered in the appropriate sense in *Petit Robert* (often prefixed by *Vx*, indicating an archaism); words whose sixteenth-century spelling is reasonably close to the modern; and the following words and expressions which occur with some frequency in this volume (minor variations of orthography have not been indicated):

à grand peine: à peine
aimant: acier
ainçois, ains: mais plutôt, ou plutôt
ains que: avant que, avant de
à l'impourveu: à l'improviste
aletter: allaiter
alme: bienfaisant
à tant: alors
avette: abeille

basme: baume

caroller: danser en rond
carquan: collier
caut: rusé, prudent
courage: cœur
cuider: penser
curieux: attentif, soigneux

davant, devant: avant, auparavant
despit: dépité
doi(d): doigt

eirain, erain: airain
embasmer: embaumer
embler: ravir
ensuivre: suivre
espoinçonner, espoindre: piquer

fantastique: rêveur
feste: faîte

fier: féroce
franc: libre
fureur: inspiration

garir: guérir

Iö: *triumphal or Bacchic exclamation*

los: gloire, réputation
luc: luth

machine ronde: monde, cosmos
meschef: malheur
mignarder: caresser
mondain: terrestre

naïf: naturel
neuf pucelles, neuf sœurs,
    neuvaine: *the Muses*
nouer: nager

ocieux: oisif
offenser: nuire à
oi, oira, *etc.*: *from* ouïr
onques: jamais

police: gouvernement
portraire: peindre
poste: messager

quand: quant

quant: quand

remparer, reparer: parer

sejour: loisir
sembler: ressembler
si: ainsi, aussi, pourtant
siller: fermer
somme: sommeil

songneux: soigneux
soudain: immédiatement
souloir: avoir coutume de

tant seulement: seulement
trac: trace
Tout (le grand): univers
trop: beaucoup

Some of these words also occur in their modern sense; the context should be used to determine which reading is appropriate. Particular care is required with *si*, since a misreading (e.g. 'pourtant' for 'ainsi') may reverse the sense.

Notes are not provided for classical allusions which are explained in *Who's Who in the Ancient World*, by Betty Radice (Penguin Books); in many instances it is necessary to use the index of this work rather than relying on the entries alone: for example, 'Pluto' does not appear as a separate entry, but is listed in the index, which refers the reader to 'Dis'. Other manuals of classical literature and mythology will provide similar information.

R's removal of a poem to other collections in later editions is indicated in square brackets at the end of the general comments. No reference is made to editions after 1587.

Variant forms are normally indicated by the date of the edition in which they first appeared, followed by the revised version.

1

17 déplira: dépliera

Henri II, having acceded to the throne in 1547, made a royal entry into Paris in 1549. R (like Du Bellay, whose *Prosphonematique* appeared at the same time) took the opportunity to attract the favour of the new king and to establish himself as a court poet in rivalry with Thomas Sébillet and other poets who had been officially invited to contribute texts for the 'entry'. [*Bocage* 1550; *Odes* (appendix) 1553; suppressed 1555]

10–12   The return of Astraea, goddess of justice, was often evoked in the sixteenth century as a symbol of the inauguration of a new era of imperial power. Cf. Frances A. Yates, *Astraea: the Imperial Theme in the Sixteenth Century* (London, Routledge and Kegan Paul, 1975); also No. 16 below.

15   The queen, Catherine de Médicis, entered Paris shortly after Henri (hence the future tenses of lines 17 and 18).

19   Arne: the river Arno, on which Florence stands.

23–4   The object of Henri's marriage with Catherine was to consolidate the power of France in Italy.

29–30   Hercules was brought up in the town of Tiryns, near Argos. Juno was said to have loved Carthage above all other cities.

54   floflotant: the onomatopoeic reduplication of the first syllable is a device used by classical poets and characteristic of the early linguistic experiments of the Pléiade.

60–4 Another reference to the 'imperial theme'. Henri's emblem—a crescent moon—was accompanied by the motto 'donec totum impleat orbem' (meaning both 'until it fills its whole circle' and 'until he fills the whole world'), a claim to universal dominion. The reference to bows, arrows, and quivers in this context evokes Diana, goddess of the moon and of hunting; it probably contains a discreet allusion to Henri's mistress Diane de Poitiers.

75 Cnose: Cnossos, a town in Crete associated with Zeus.

87 ff. A reference to the tournaments held immediately after the royal entry.

106–10 A reference to the military prowess of François de Lorraine, Count of Aumale. His wife Anne d'Este was said to be a descendant of the legendary hero Roger. The evocation of a chivalric past, here and in line 113, is naturally associated with the tournament motif.

123–6 This is the period in which England lost her last footholds in France. In 1360 the French king Jean II, who had been taken prisoner by the English, was released on payment of a substantial ransom: Henri II is to redeem this disgrace.

130–2 A circumlocution meaning 'from East to West'.

2

32 la Nimphe: Marguerite   **44** mettre à chef: achever

Odes I, iii. The 1550 collection of *Odes* opens with poems dedicated to members of the royal family, R's potential patrons. The first two are addressed to Henri II and Catherine de Médicis respectively; this one, the third, to the king's sister Marguerite de France.

9–12 An allusion to court poets such as Mellin de Saint-Gelais and François Habert, whom R hoped to supplant. In 1555 'poëtes' (line 10) became 'rimeurs'.

20 Marguerite's 'honneur' is the target to be struck by the poet's arrow.

34 ff. Marguerite is born, like Pallas Athene herself, from the brain of her father: i.e. she continues the renewal of learning initiated by François Ier.

54 The war against Ignorance is a common motif of both the poetry and the visual art of the mid-sixteenth century. Ignorance may be taken as designating in a general sense the alleged barbarism of the Middle Ages, or more specifically the poets referred to in lines 9–12, or again the scholastic theologians of the Sorbonne, who were hostile to humanist studies of the kind cultivated by Dorat at the Collège de Coqueret, where R studied.

82 'te' here designates the arrow, whereas in line 78 'ton los' is the reputation of Marguerite.

90 ff. R refers here to his achievement in transferring into French the strict metrical and strophic forms of the classical ode.

3

9 un coup: une fois   **15** licher: lécher   **28** tables: ceux qui prennent part à un banquet   **53** égualés: comparés   **76** se valette: s'abaisse   **105** ivrant: eniv-rant   **111** deus Jumeaux: *Castor and Pollux*   **139** A quoi: à quoi bon   **170** libertin: affranchi   **185** Bruiant: annonçant   **209–10** freres d'Heleine . . .: *Castor and Pollux*

Odes I, ix.

30	ignorance: see No. 2 above, line 54 and note.
35	vesseaux: bronze bowls, for which Corinth was famous.
48 ff.	R contrasts the 'rimeurs' who have learnt to write by means of 'art' with the born poet who is taught by 'nature'. A polemical refer-ence, as in No. 2 above, lines 9–12.
56–7	deux aigles: R and Du Bellay. Zeus' thunderbolts were carried by an eagle.
87	Guillaume and Jean Du Bellay were cousins of Joachim's father. Guillaume, sieur de Langey, who died in 1543, had been governor of Piedmont and a patron of Rabelais; Jean was the cardinal whom Joachim was later to accompany to Rome.
109	Le saint honneur . . .: the cardinal's hat.
114	L'or . . .: the collar of the order of St Michael.
131	un frere: Martin Du Bellay.
165–8	Horace claims (*Odes* IV, ii) that anyone who tries to imitate Pindar will, like Icarus, fall and give his name to the sea in which he drowns.

4

7 vieillard: *Winter*

Odes I, xvii. A characteristically 'Horatian' ode. Its form is stanzaic, unlike the triadic structure of the Pindaric ode, and it exploits Latin rather than Greek sources. The sudden shifts of theme and the abrupt ending also recall Horace.

43–5	1555: 'Ja le ciel d'amours s'enflame, / Et dans le sein de sa fame / Jupiter se va lançant'. 1584: 'Jupiter d'amour s'enflame, / Et dans le sein de sa femme / Tout germeux se va lançant'. Compare this stanza with *R/I*, No. 42, opening quatrain. Lines 67–72 are echoed in the second quatrain of the same sonnet.
89–90	The Age of Copper (or bronze) was one of those which succeeded the Golden Age.
106	les maux . . .: the evils released from Pandora's box.

5

38 le pousse Angevin: Du Bellay   **51** entourne: entoure   **61** Cleion: *Clio*

Odes I, xx. The lyre symbolises the *genre* of the ode ('lyric' poetry).

31	Thebe', la Pouille: metonymies for Pindar and Horace.
37	An early reference to R's ambition to write an epic poem.
49–52	Classicised allusions to R's home region, the Vendômois.

6

35 trepillante: sautillante

Odes II, ix. This poem is a free 'imitation' of Horace's celebrated 'O fons Bandusiae' (*Odes* III, xiii). Bellerie was on R's family estate La Possonnière. R dedicated two other odes to the 'fontaine Bellerie' (*L* II, 14 and v, 233; *Pl* I, 498 and 620).

1–7   1555: 'O fontaine Bellerie, / Belle Déesse (1578: fontaine) cherie /
             De nos Ninfes, quand ton eau / Les cache au fond (1578: creux) de
             ta source / Fuïantes le Satireau, / Qui les pourchasse à la course /
             Jusqu'au bord de ton ruisseau'.

7

46 piolés: bigarrés   **102** limas: limaçon   **126** piglardes: pillardes   **146** tre-
saut: tressaute   **157** nicette: petite naïve   **226** La beauté . . .: *Helen of Troy*

Odes III, xxv. This poem, while retaining the stanzaic form of the ode, is in effect a mythological narrative piece of the kind exemplified by the *Europa* of the Greek pastoral poet Moschus.

Title   poses: this mode of division into 'pauses' or sections had been used
             by Marot in his paraphrases of certain of the longer psalms.
59–60   The snake 'rejuvenates' itself by shedding its skin.
100   couard peuple . . .: i.e. the sheep.
122   A periphrasis for the narcissus.
123–4   i.e. the hyacinth, which sprang up where the blood of Ajax—'(le)
             Grec'—soaked into the ground; the first two letters of his name
             were said to be written on the flower.
127–8   la fleur . . .: the heliotrope, which turns towards the sun.
210   Du tien: i.e. 'de ton flanc'.

8

37 tortisse: tordue   **62** les seurs: *the Muses*   **86** la demeure . . . .: *the Elysian
Fields*   **88** pourpris: habitation   **97** aleine: souffle sur   **109** Alcée: *Alcaeus*
111 Saphon: *Sappho*

Odes IV, v.

18 ff.   The river Loir (not to be confused with the Loire, of which it is a
             tributary) divides into two streams to 'embrace' the island at the
             point where the river Braye joins it.
13–24   These stanzas were suppressed in 1555.
97–100   This stanza was suppressed in 1555.
117–18   An allusion to the infernal punishment of Sisyphus.

9

31 Celui dont le Pau . . .: *Phaeton*   **34** Celui que Pegase . . .: *Bel-
lerophon*   **61** ce Grec . . .: *Alcaeus*   **71** croche: crochu   **73** robée: dérobé

Odes IV, vii.

82–4	Daedalus is presented, like Prometheus, as an example of sinf(ambition; these elliptical concluding stanzas are modelled o Horace (*Odes* I, iii, 25–40).
87 ff.	Astraea, goddess of justice, was said to have fled the earth after th Golden Age; here her departure is associated with the evils release by Pandora.
91–6	'The depraved hearts and acts of the men of our era make it impos sible for Jupiter, angry at the sight of so many misdeeds, to pt away his thunderbolts.'

10

13 les deus harpeurs: *Pindar and Horace*

Odes IV, xviii. This is the last poem of the 1550 collection. R is here recreatin; the celebrated ode 'Exegi monumentum' which Horace placed at the end o his *Odes* III.

3	des freres la rage: storms (Castor and Pollux were the twin star who were held to govern weather at sea).

11

42 pieteus: pieux   **51** pommons: poumons   **176** Delien: *Apollo*   **192** Le fil: de Japet: *Atlas*   **245** Le Lemnien: *Vulcan*   **248 (& 249)** lunoit: courbait e forme de croissant de lune   **261** Sa Fille: *Victory*   **289** estophée: étof fée   **292** fonde: fronde   **314** put: pue   **463** à l'heure à l'heure: sur-le champ   **507** l'ailé Courier: *Mercury*   **554** l'Ascréan: *Hesiod* cestuy-la . . .. *Homer*   **610** rayeur: éclat   **629** roquet: rochet   **635** carreaux: sièges car rés   **640** redissoit: raidissait   **645** dougez: minces   **647** ententives: atten tives   **658** filz de Saturne . . .: *Jupiter*   **728** cestui cy: Michel de l'Hospi tal   **812** la Fleur: Marguerite

Odes V, viii. Michel de l'Hospital, one of R's foremost patrons, had defende(him in 1550 against the attacks of rivals such as Mellin de Saint-Gelais. On th(various implications of the personification Ignorance, which appears on sev eral occasions in this poem, see No. 2 above, line 54 and note. The *Ode ¿ Michel de l'Hospital*, like other odes, was intended to be sung, and was in fac originally published with a musical setting by Goudimel. At the same time it i: extremely ambitious both in length and in subject-matter, drawing on cos mological and mythological materials derived principally from Hesiod, anc on neoplatonist theories of inspiration. It thus appears to occupy a transitiona position between the lyric *genre* and the hymn or even the epic (cf. the allu sions in lines 522, 805–6).

1	la Grace: one of the Graces, whom Pindar claims as his source o: inspiration.
3	Pindar had celebrated the fountain of Dirce.
8	R is alluding to the triadic structure of the Pindaric ode.
12	Les filles . . .: the Muses, daughters of Mnemosyne ('Memoire').
23	Lucine: the goddess who presided over childbirth.

78	babatoit: see No. 1 above, line 54 and note.
80	Homer often refers to eloquent speech as 'winged words'.
100	'ses paz' are the steps of Iris, Juno's messenger and goddess of the rainbow.
102	sa Nourrice: the sea-goddess Tethys.
129–30	Read 'Sourdai(en)t le vif surgeon pérenne des vives fontaines'.
137–40	According to an ancient cosmological theory, water was the generative source of all matter.
147	Portonne: Portumnus, a sea-god.
171 ff.	The three subjects treated by the Muses in their song are matched by three different styles. The first concerns the rivalry between Minerva (Pallas) and Neptune (son of Saturn, or Cronos: hence 'Cronien', line 178) over the patronage of Athens. Minerva's olive-tree, symbol of peace, triumphs over the war-horse of Neptune (hence Pallas becomes Pallas *Athene*). This story is sung on the 'chanterelle', the smallest string. The second topic, taken from Greek cosmogony, is sung in a more elevated and vehement style. The third, the battle between Jupiter and the Giants (a kind of miniature epic), is accompanied by 'la plus grosse corde'.
172	doulce Arabe moisson: Arabia was celebrated as a source of perfumes.
183–94	Cf. Hesiod, *Theogony*, lines 722–7 and 746–8.
196	la trouppe heretique: the rebellious Titans or Giants.
198	le Tugeant: the 'giant-killer' Jupiter.
250	sa sœur . . .: Diana, sometimes known as Dictynna.
251	Bellona was goddess of war.
263	Rhœtus, Mimas, Typhœus are Giants mentioned by Horace (*Odes* III, iv).
270–2	Enceladus was eventually crushed beneath Mount Etna in Sicily.
314	champs Flegreans: a region of sulphurous springs in Macedonia.
338	The Greek word 'Calliope' means 'beautiful voice'.
341 ff.	Having drawn heavily on Hesiod for the song of the Muses, R continues to exploit the *Theogony* in the speech of Calliope.
385	Monstres boyteux: in particular Vulcan.
397 ff.	The opposition between 'art' (conscious craftmanship or labour) and 'inspiration' (the 'saincte fureur' of line 405) is here sharply polarised, no doubt because the central section of the *Ode* outlines an ideal theory of poetry and its origins, not a practical description of how the poet composes. Hence the neoplatonist theory of divine fury, allegorised in terms of the 'chain' of inspiration passing from Jupiter through Apollo ('filz de Latonne') and the Muses to poets and their audience (Strophe 13), is given priority as a supernatural guarantee of true poetry. The first Strophe of the poem (especially line 6: 'D'une *laborieuse* main') nevertheless indicates that art remains the necessary counterpart to inspiration, as Du Bellay and other Pléiade theorists emphasise. The Epode of the twelfth triad and Strophe 13 are both derived from Plato's *Io*, a dialogue dealing with the exceptional character of poetry as lying outside the domain of 'art'. The thirteenth Antistrophe draws on the *Phaedrus*, where Socrates speaks of the four divine furies (religious mysteries, prophecy, poetry, love).

486   The 'Démon' is a supernatural being who mediates inspiration to particular mortal. See also No. 18 below.

498–500   Michel de l'Hospital will lead the Muses back to earth, puttin Ignorance to flight.

516   ce gros fardeau: the body.

522   An allusion to R's epic project, the *Franciade*.

550   The earliest poets, who are nearest to their divine source, writ purely by 'inspiration' or 'nature', without 'art'. Succeeding ger erations will require art to remedy the erosion of this original *furet* (see Epode 17 ff.).

553–4   Eumolpus, Musaeus and Linus, like Orpheus, were legendar Greek poets.

579–90   The circumlocutions of this strophe seem to refer to the anonym ous author of a Greek *Thebaid*, Hesiod, Aratus, Theocritus, Apo lonius, Lycophron, Sophocles (or Euripides), Aristophanes (c Menander).

603 ff.   Ignorance is here apparently identified with the whole of th 'Middle Ages'.

630   un Dodonien feuillard: a crown made of the leaves of the propheti oak-trees of the forest of Dodona.

690–1   A flash of lightning on the left was said to be a good omen (thoug sometimes also a bad one).

698–704   An allusion to Jean Morel and his wife Antoinette, patrons and co laborators of the incipient Pléiade.

752   Michel de l'Hospital had composed poetry in Latin, although had not yet been published when this *Ode* was written.

754–6   i.e. both in verse and in prose.

787 ff.   Marguerite de France had had l'Hospital appointed as her chance lor in 1550.

791–4   A reference to François Ier, who had defeated the Swiss (notably a the battle of Marignan) and who had fostered the revival of Gree and Latin letters.

805–6   Another allusion to the *Franciade* project.

12

25 entroy: *from* entre-ouïr   34 gargouille: vase à boire   47 Trepillarde sautillantes   124 desbaux: débauche   141 son espoux: *Tithonus*   153, 15 La Cyprienne, la Paphienne: *Venus*   155 la chienne: *the dog-star*   174 L Sœurs: *the Fates*   232 Avallez bas: abaissez   235 (& 241 etc.) Eüoé: *a Ba chic cry*   (& 379) Pere: *Bacchus*   243 Eldean: *Bacchus*   246 Lenean: *Ba chic*   249 villant: viellant   258 Thiases: *participants in the Bacchic proce. sion*   271 Denys: *Dionysus*   278 Naxe: *Naxos*   279 esjarter: couper les jar rets à   le Thracien: *Lycurgus*   301 (& 553) Evan: *a name for Bacchus*   34 prendre bedaine: tomber   348 Adenté: renversé   356 poudriere: pous sière   424 temples: tempes   435, 438 Nyséan, Evien, Lyéan: *names c epithets for Bacchus*   448 estre: monde   449 naistre: naissance, nature   50 pastz: repas   509 Memphienne: *Cleopatra*   510 festia: festoya le m Rommain: *Antony*   544 verrée: cristalline   549 surnouantz: su nageants   600 Thebain: *Pindar*   607 Vesper: *the evening star*   621 sejour délai

This poem provides a mythologised account of a picnic party given at Arcueil by R and his fellow students of the Collège de Coqueret in honour of their teacher Jean Dorat, principal of the College and Professor of Greek. It was first published as an appendix to the fifth book of *Odes*. [*Poëmes* 1560; *Gayetez* 1587]

9	brigade: the students of the Collège de Coqueret. Their names appear in lines 73–132; with one or two exceptions, they have been omitted from the notes below, since they are minor figures. Certain of them (Urvoy, Peccate, Harteloyre, Ligneri) were addressees of odes published by R in 1550 and 1552.
31	Abel: probably a college servant. This name was replaced by 'Corydon' in 1578.
34–6	1578: 'Jambons, pastez, & saucices, / Sacrifices / Qu'on doit immoler au vin'.
41–2	Toy qui dores . . .: Jean Dorat ('Auratus' in Latin).
52–4	As in Ovid, *Met.* I.
90	le Conte d'Alcinoys: Nicolas Denisot, poet and painter.
103 (& 109)	In 1578 'Abel' was replaced by 'Jâmin' (see No. 32 below), and in 1584 by 'Vigneau'.
158–9	Read 'Acharnons ces corbeilles . . .', i.e. stimulate them, like hunting dogs, with a taste of flesh.
166–8	The sense is clarified by the 1584 variant: 'De peur qu'un brigand ne face / Nostre face / Devaler davant Minos'.
202–4	In antiquity animal skins were hung in trees as votive offerings. The cock is an appropriate offering since it crows at dawn (hence 'ayme-jour').
235 ff.	This section of the poem forms a 'dithyramb', a drunken hymn of praise to Bacchus.
238–40	Pentheus, in his Bacchic *furor*, imagined he saw two suns.
253–5	The Maenads or Bacchantes wound serpents in their hair.
259	Thrace was the site of an early Bacchic cult.
272	The Bacchic mysteries were developed at Thebes, to which they had been brought from Thrace.
282	An allusion to the mythical conquest of India by Bacchus.
295–300	Another reference to the delirium of Pentheus.
349–54	Telephus was wounded by Achilles after Bacchus had made him trip on a vine.
357	Berger: Bertran Berger, another member of the *brigade*.
364 ff.	Cf. above, lines 202–4 and note.
423	Cuissené: Bacchus was born from the thigh of his father Jupiter (cf. No. 14 below).
430	Thebes was founded by Ogyges, son of Neptune.
456	cornetz Idéans: those played by the Curetes on Mount Ida.
459	An allusion to the balance between harmony and discord which was held to characterise the cosmos and to be reflected in music (hence the beneficial effects of music on the listener).
466	le double arc: the Roman aqueduct at Arcueil.
480–1	Dorat wrote a Latin ode celebrating the spring at Arcueil; R echoes it in lines 463–80 of this poem.
485	Limousin: a reference to Dorat's home region.

612   de ses yeulx: i.e. with stars.

The length of the *Bacchanales* was greatly reduced in later editions. Line
were suppressed as follows: 1553: 79–84; 1560: 49–60; 1584: 1–18, 115–32
139–50, 157–62, 175–86, 205–34, 253–64, 313–18, 325–30, 397–402, 439–62
511–22, 535–46.

13

20 (& 65) fûce: fût-ce   **70** dessirer: déchirer   **71** L'antique mere: *th*
Earth   **101 (& 108)** esprit: souffle   **118** Art: brûle

Jean Brinon, to whom the 1554 *Meslanges* as a whole—as well as seven of th
poems in it—were dedicated, was a *conseiller* of the Paris Parlement. He acte
as host and patron to R and several other contemporary poets, scholars an
musicians. He died early in 1555. [*Poëmes* 1560; *Elegies* 1567; *Bocage roya*
1584]

29–30   An allusion to Aquarius and Pisces, signs of the Zodiac.
35–6   Fern ash was used in making glass (cf. below, line 99). The refer
                 ence to witches is obscure.
53   Un front cornu: horns are here the sign of strength or courage
                 Bacchus was often depicted with horns.
66   Gerinean: a Homeric epithet for Nestor.
88–9   An allusion to the battle of the Lapiths and the Centaurs.
124   1555 (2nd ed.): 'Et tous les ans il voira sur l'autonne / Bacus lu
                 rire, & plus que ses voysins / Dans son pressouer geinnera le
                 raisins'. In 1567 the following further addition was made: 'Car t
                 es bien (1578: seul) le meilleur heritage / Qui puisse aux mien
                 arriver en partage'.

14

9 en querelle: controversée   **14** bourde: mensonge   **20** grand Saturnien
Jupiter   **42** Smyrne: myrrhe   **80** mourable: destinée à mourir   **84** bers
berceau   **89** poupellé: comme un poupon   **113** Tyrian: *of Tyrian purpl*
126 Lenes: *Bacchantes*   **131** privés: apprivoisés   **142** Graffoient: agra
faient   **145** soüeves: suaves   **150** querre: quérir   **151** Eschil: *Aeschylu*
160 formas: transformas   **170** ost: armée   **171** coutaux: coteau
177 proigna: provigna   coutiere: coteau   **193** Eole: *Aeolus*   **194** Ery
manthe: *Mount Erymanthus*   **196** matassinant: gesticulant   **197** Edonides
Bacchantes   **204 (& 205)** orgie: cortège bachique   **208** homme lay: laïqu
209 serées: soirées   **213** Evantes: *Bacchantes*   **217** Feres: bêtes sau
vages **219** poureux: peureux   **239** terrenés: nés de la terre   **252** Satyre
Marsyas

On Jean Brinon, see above, No. 13. The *Hinne de Bacus* represents the culmi
nation of an interest in Bacchic themes which is manifested chiefly in the *Bac*
chanales (No. 12 above) and the *Dithyrambes* of 1553 (*L* v, 53; *Pl* ii, 764): part
of the *Hinne* are in fact a reworking of materials already used in th
Dithyrambes, and both poems echo a hymn by the neo-Latin poet Marullus
The 1554 *Bocage* and *Meslanges* also contain many shorter poems—such a
No. 13 above—on Bacchus and drinking. As a mythological 'hymn', thi
poem anticipates the *Hymnes* of 1555 and 1556. [*Hymnes* 1560]

See above, No. 13.

l'onde Acheloée: the river Acheloüs, whose waters (according to Virgil, *Georgics* I, 9) were used by Bacchus in making wine for the first time.

Thebes: see above, No. 12, line 272, note.

Nyse: Nysa (a mountain, sometimes located in India), where Bacchus was born according to some versions of the myth (hence Dionysus).

Ippe, etc.: nymphs, named in Ovid, *Met*. III (cf. below, line 45).

L'oyseau qui va de nuit: the peacock, represented mythologically as the hundred-eyed Argus.

3 (& 148, etc.) Evan, Iach, Evoé: names for Bacchus, used also as Bacchic exclamations.

36 Bacchic festivals were held every three years.

40 du bord Meandrien: the river Meander, in Phrygia, whose sinuous course gave rise to the verb 'to meander'.

49–51 An allusion to Aristophanes' *The Frogs*.

62 Mimas and Gyges were Giants.

65–6 A characteristic list of Bacchic epithets, some indicating the place of origin of the god, some his numinous qualities.

78 Denis: Dionysus. La Denysière was an estate next to La Possonnière, R's birthplace.

79 ff. This part of the poem is a dithyramb (cf. above, No. 12, lines 235 ff. and note).

85 Cuisse-né: a Bacchic epithet, referring to the manner of the god's birth.

98 The Hebrus is a river in Thrace.

06 panier venerable: the sieve or winnowing-fan (*van*) which symbolises the Bacchic rites of purification.

31 ff. Another exuberant list of Bacchic epithets, some Greek, some Latin, some Gallicised.

40–3 These stories are recounted in Ovid, *Met*. III.

45–50 For the story of the daughters of Minyas, see Ovid, *Met*. IV.

53 An allusion to Telephus, king of Mysia (see No. 12 above, lines 349–54).

54 Acrisius, having rejected the cult of Bacchus, was accidentally killed by his grandson Perseus.

74–6 1578: 'De ta longue jeunesse & de ta tresse blonde: / Tousjours un sans estre un, qui te fais & desfais, / Qui meurs de jour en jour, & si ne meurs jamais'.

76 ce grand animal: the world-soul, i.e. the animating principle of the cosmos, which sustains the 'dance' of the heavenly bodies.

82 Lychnite: the spelling of this word suggest that R erroneously substituted for the Bacchic epithet meaning 'carrier of the sacred basket' another Greek word meaning 'lamp' or 'torch'.

15

3 élourdie: alourdie

This is an ode in the manner of the pseudo-Anacreon and the Greek Anthology.

16

4 la terre Idumée: *Palestine*   **15** Hesperie: *Italy*   **112** Orque: enfer   **12**
esses: est-ce   **155** moleste: peine   **322** Prinses: tu prisses   **345** devine
prophétesse   **356** terminées: déterminées   **471** Lacene: *Lacedœmon (i.e*
Sparta)   **518** écarbouille: écrase   **529** bruira: fera retentir

The *Hymne de la Justice* is the second hymn of the 1555 collection, following
panegyric of Henri II and his court metamorphosed as the gods of a new
Olympus (*L* VIII, 5; *Pl* II, 142). It is one of a series of major poems dedicated to
the Cardinal de Lorraine in an attempt (largely unsuccessful) to attract his
patronage: the earliest dates from 1550; others appeared in the *Hymnes* and
elsewhere, culminating in *Le Procès* of 1565 (*L* XIII, 17; *Pl* I, 851). Cf. also No
20 below.

3 ff.   The exploits of the crusader Godefroy were legendary, as was their
connection with the Lorraine family.

16–18   See above, No. 11, lines 270–2 and note.

20   i.e. at Naples, where one of the Sirens was said to have drowned
herself.

24   In spite of the word 'vrays', there seems to be no basis in historical
fact for the connection between the Lorraine family and the ter
ritories mentioned here.

26   The Cardinal had four brothers: François de Guise, Claude de
Lorraine, François de Lorraine, and René de Lorraine.

49 ff.   The myth of the Golden Age and of the progressively imperfec
ages which supplanted it was often exploited by R. It derives prin
cipally from Hesiod's *Works and Days* and from the opening o
Ovid's *Metamorphoses*. See Elizabeth Armstrong, *Ronsard and the
Age of Gold* (Cambridge University Press, 1968). R's treatmen
here combines extensive reworking of Hesiod with precise echoe
of the Bible, in particular of *Genesis*.

156 ff.   See Hesiod, *Works and Days*, lines 102–4.

188   On *daimons*, see No. 18 below.

459   The Greek equivalent of the Latin *mundus* is *cosmos*: both word
mean 'elegant', 'harmonious'.

528   la Fame emplumée: an allusion to *Fama*, the winged per
sonification of reputation.

538   A reference to Henri's legal reforms of 1550.

17

28 discourt: parcourt   **46** poureux: peureux   **76** la mesme puissance: la
puissance même   **83** Mousse: émoussée   **96** niele: brouillard   **102** asseura
rassura   **108** filz de Maie: *Mercury*   **111** Eaque: *Aeacus*   **115** le grand
Chien . . .: *Cerberus*   **116** Fureurs: *Furies*   **129** Prothée: *Proteus*   **13**
Thyns: thons   **133** Egée: *Aegean Sea*   **146** humeur: eau   **153** rivage ardent
the south   **155** Ourse Boreale: *the north*   **158** papier: carte de géographie   **19**
asproye: hérisse   hortye: ortie   **260** pommons: poumons

The Cardinal of Chastillon is Odet de Coligny, to whom the 1555 *Hymnes* as a
whole—like Rabelais's *Quart Livre*—were dedicated. The phrase 'vers com

muns' refers to the decasyllabic metre used in this piece, as distinct from the 'vers héroïques' (alexandrines) of other hymns.

1	Cleio: Clio, the Muse usually associated with historical writing. In 1578, R substituted Calliope, the Muse of epic poetry and of philosophy, for Clio.
6	1578: 'Depuis vingt ans'.
15	admirable à l'Envie: 'which even the envious will marvel at'.
18	ars: the 'liberal arts', i.e. the whole range of intellectual disciplines.
33	Daimons, Herôs: on *daimons* and their role as intermediaries between gods and men, their moral and cosmic ambiguity, their association with dreams, illusion, fantasy, etc., see No. 18 below. The 'heroes' are disembodied souls, usually those of great men, as in Rabelais's *Quart livre*, chapters 26–8.
48 ff.	It was believed from antiquity onwards that 'demons' could by magic art be captured in a ring which would then confer supernatural powers on the wearer.
55–6	les pratiques . . . .: the movements and powers of the seven planets.
64	sphere: a globe representing the heavens.
67–74	According to a Homeric myth, Jupiter holds the world suspended by an iron chain, later allegorised as the rational order (or chain of cause and effect) which emanates from the divine will.
78	du bois: the globe mentioned above.
85	i.e. when it is in eclipse.
93–4	R associates the image of the aged god Saturn with the seemingly slow movement of the planet.
100–1	ces longs images . . . .: comets and shooting stars, commonly considered as omens.
112	Leur sort, leur cruche: the infernal judges mentioned in the preceding line drew names, as in a lottery ('sort'), from an urn.
113–14	R here evokes the infernal punishments of Ixion, Tityus, and Sisyphus.
138	Son train double: the movement of the tide.
142 ff.	Cf. above, No. 11, lines 137–40 and note.
163–6	1587: '. . . & la gent blanche & noire / Et tout cela que la fableuse histoire / De l'Amerique escrit de nostre tems, / De l'Espagnol les tresors plus contens'.
172–7	1584: '. . . sans trouver davantage / Qu'entre les bois au milieu des citez / Moins de justice & plus d'iniquitez: / Et si la Loy pedagogue du vice / N'eust fait regner Themis & sa justice, / Que Jupiter au pouvoir indonté / Pres de son throne assied à son costé. / Que diray plus? ô tressainte & tresgrande / Fille du Ciel, dont la vertu commande / A tous mestiers, le Poëte te doit . . .'.
178–9	cetuy-là . . . .: i.e. the navigator.
190 ff.	The *topos* of the Rock of Virtue, with which 'Philosophie' is here identified, derives from a passage in Hesiod's *Works and Days*. It became a medieval commonplace, exploited in a manner not very different from R's in the later part of Jean Lemaire de Belges's *Concorde des deux langaiges* (1511), where the 'Temple de Minerve' is situated on the Rock.

260–3   See above, note to lines 113–14.

298   au prochaz de la Court: 'in pursuit of court favours'.

313–22   In 1578, these lines were replaced by the following couplet: 'Tout enyvré de l'humaine poison, / Comme perclus de sens & de raison'. In 1584, R went further and suppressed the whole passage from line 185 to 322, no doubt because he had published in 1560 a poem entitled *La Vertu amoureuse* (*L* x, 337; *Pl* i, 903) in which the *topos* of the Rock of Virtue is developed at length. The following couplet was substituted for lines 185–322: 'Mais l'elevant par esprit jusqu'aux Cieux, / Le fais repaistre à la table des Dieux'.

328   de nul mal . . .: read 'aucun mal ne nuit à la Vertu'. 1587: 'Que la vertu seule est sa recompense'.

18

25 Discourant: parcourant   **63** Vagues (cf. 79 le vague): vides   **71** mondain: cosmique   **83** exercite: armée   **105** chouïans: chats-huants   **125** masqueures: illusions   **155** Qui: qu'ils   **165** contrarieté: contradiction   **220** Tullin: *Servius Tullius*   **251** Norouegue: *Norway*   **274** fouches: phoques thyns: thons   **322** douteuse voix: discours ambigu   **334** pelu: poilu   **375** trançonner: tronçonner   **395** de grans cas: de grandes choses **398** arrestez: transportés   **408** voix: mot

Lancelot Carle, to whom this hymn is dedicated, was a court dignitary as well as Bishop of Riez. He had himself written poetry, both in French and in Latin, including a translation (not extant) of the *Odyssey* (see lines 31 ff. below). In giving imaginative form to a belief in *daimons*, R is following a broadly neoplatonist current; others in this period denied their existence. The *daimon* should not be confused with the traditional Christian 'demon', although the two may sometimes converge. On this poem in general, see Germaine Lafeuille, *Cinq hymnes de Ronsard* (Geneva, Droz, 1973; *Travaux d'Humanisme et Renaissance* cxxviii), chapter v; other chapters deal with the hymns *de la Justice*, *de la Philosophie*, and *de l'Eternité* (Nos. 16 and 17 above, 19 below).

7–46   These lines were suppressed in 1567.

47–50   These lines were suppressed in 1578.

49   Odet: Odet de Coligny, Cardinal of Chastillon (see above, No. 17).

64   propres creatures: read 'créatures qui leur fussent propres'.

145–6   See *Iliad* i.

165–200   These lines were suppressed in 1584.

222   qui grand Roy le predit: 'which foretold that he would be a great king'.

241   Empouzes: one-legged *daimons*.

255   ferrent la fillace: i.e. they rub the tow (*filasse*) on iron, to make it easier to spin.

272   Phorcydes: daughters of the sea-god Phorcus.

279   deux voiages: the ebb and flow of the tide.

285–8   Proteus' daughter helped Menelaus to capture her father and compel him to reveal how Menelaus could return to Greece (see *Odyssey* iv).

289 ff.   An allusion to the 'will-o'-the-wisp' or *ignis fatuus*.

296   le feu sainct Herme: St Elmo's fire, balls of light sometimes seen playing about the masts of ships in stormy weather. The appearance of the 'sailor's stars' Castor and Pollux ('les freres d'Helene') was held to presage the end of a storm.

347–78   The lines were suppressed in 1584.

381   Read '. . . tout ainsi que si l'on fendait . . .'.

401   Urgande, Melusine: sorceresses of medieval legend.

417–19   Read 'Auquel nom les Anges ne sont pas seuls à flèchir les genoux, mais tous les êtres immortels et mortels'. This is the reading given by Laumonier, who substitues 'nom' in line 417 for 'non', which appears in all previous editions but seems erroneous.

19

29 borderie: broderie   **37** monde: cosmos   **88** heritez: faits héritiers   **92** succés: cycle   **117** journalliers: éphémères

The second book of *Hymnes* as a whole, as well as this poem, is dedicated to Marguerite de France. From 1560, the *Hymne de l'Eternité* is the opening poem of book I of the *Hymnes*.

35   les neufs temples: the nine celestial spheres of the Ptolemaic universe.

76   1584: 'le Soleil vient apres à grands pas . . .'.

79   In 1587, this line was preceded by an eight-line insertion first developing the 'sun' motif and then introducing the moon. Lines 79–80 were then modified to fit the insertion. The whole passage reads as follows: 'Vive source de feu, qui nous fait les saisons, / Selon qu'il entre ou sort de ses douze maisons. / La Lune prend sous luy, qui muable transforme / Sa face tous les mois en une triple forme, / Œil ombreux de la nuict, guidant par les forets / Molosses & Limiers, les veneurs & leurs rhéts, / Que la sorciere adore, & de nuict resveillée / La regarde marcher nuds pieds, eschevelée, / Fichant ses yeux en elle. O grande Eternité / Tu maintiens l'Univers en tranquille unité'. The 'douze maisons' of the second line are the signs of the Zodiac.

20

23 rotte: sentier   **45** partiment: distribution des salles   **50** crotesque: arabesques   **67** camusettes: au nez camus   **83** chalemie: chalumeau   **128** petit: peu   **136** poliot: pouliot   **145** gresillons: grillons   **156** choüans: chats-huants   **190** Thony (**& 202** Thoinon): Antoine de Baïf   s'egalle: est égal   **191** til: tilleul   **192** coudre franche: coudrier sauvage   **194** limas: limaçon   **201** Bellin: Rémy Belleau   **214** atenuir: amincir   **259** Francin: François de Guise   **260** (**& 318**) fonde: fronde   **300** formage: fromage   **309** Adonine: semblable à celle d'Adonis   **337** (**& 421**) Vesper: *the evening star*   **368** Parthenope: *Naples*   **370** Idumées: *Palestinian*   **399** genial: nuptial

This is R's first extended pastoral poem in the manner of Theocritus, Moschus and Virgil. It takes the form of an epithalamium, composed for the mar-

riage of Henri II's daughter Claude to Charles, Duke of Lorraine, the cousin
of the Cardinal of Lorraine, to whom the *Hymne de la Justice* (No. 16, above)
was dedicated and who is also evoked in this poem. The names of the 'pas-
teurs' designate Du Bellay, R, and Michel de l'Hospital respectively; 'Pan'
represents Henri II. [*Poëmes* 1560; *Elegies* 1567; *Les Elegies, Eclogues et Mas-
carades* 1578]

13–16	The Cardinal of Lorraine ('Charlot') had built the 'Grotte' as an annexe to his château at Meudon.
18–20	Sites associated with the Muses. The 'fameuse source' is the Hippocrene spring.
31–4	Statues of Pallas and of Bacchus stood at the entrance to the 'Grotte'. The breast-plate of Pallas traditionally bore an image of the head of the Gorgon Medusa.
36	The verbena was in classical antiquity a sacred plant, associated with religious mysteries.
79	Pales: the patron goddess of shepherds and their flocks.
83–4	Jean Dorat (who came from the Limousin region) will play the pipe for the love of his 'amie' to all the shepherds who come to the banquet.
85	The 'Demidieu' is the Cardinal of Lorraine.
115–16	According to Homer, Thebes was built by Amphion and Zethos, sons of Jupiter; Zethos hauled the stones to the site, and Amphion charmed them into place by his music.
164	Involuntary movements such as the trembling of the right foot or leg were traditionally interpreted as omens.
179	Lancelot: Lancelot Carle (see above, No. 18, note).
184	Thyrsis and Tityrus are shepherds in Greek and Latin pastorals.
204	Cassandrette: a bucolic transposition of Cassandre, to whom R's *Amours* of 1552–3 were addressed.
227	Olive: the addressee of Du Bellay's early love-poetry.
255	le jeune Charlot: Charles, Duke of Lorraine (as opposed to Charles, Cardinal of Lorraine, who is alluded to in line 257).
256	la toison: the order of the Golden Fleece, associated with the house of the Emperor Charles V (whose niece was the mother of Duke Charles).
260–2	An allusion to the recapture of Calais and Guines, the last English possessions on French soil.
275–6	An allusion to the Dauphin François, who had married Mary Stuart, Queen of Scots, in 1558 and was thus king of Scotland, and to Marguerite de France (*marguerite* meaning both the flower of that name, and 'pearl', from the Latin *margarita*).
289	la Cyprienne saincte: holy Venus, i.e. a love consecrated by marriage.
292	The Duke of Lorraine was sixteen at the time of his wedding.
353	Claude was eleven at the time of her wedding.
366–70	Cf. No. 16, lines 1–24 and notes.
373	Lucina, often identified with Juno, presided over childbirth rather than marriage.

21

49 Pegaze: *the Hippocrene spring* **70** poltron: vaurien **80** prothenotaire: protonotaire **95** Mœcene: *Maecenas* **102** croches: crochues **104** party: réparti **117** coppye: manuscrit

Jérôme l'Huillier, seigneur de Maisonfleur, was himself a poet. He became a Hugenot in 1566, and in later editions the name of the dedicatee was changed. The term *élégie* as used by R often designates a poetic epistle. This poem first appeared among the *Poëmes* in the 1560 collective edition. [*Elegies* 1567; *Bocage royal* 1584]

7–8	1578: 'Plus le corps est pesant, l'esprit ardent & chaut, / Plus force la matiere & s'en-vole là haut'. 1587: 'Plus le corps est pesant, plus il est vif & pront, / Et forçant sa prison s'en-vole contre-mont'.
75–6	1578: 'Par mon noble travail ils sont devenus Dieux, / J'ai remply de leurs noms les terres & les cieux'.
79–126	Lines 79–106 and 111–18 were suppressed in 1567; lines 107–10 and 119–26 in 1571.
111	Les Roynes: Catherine de Médicis and Mary Queen of Scots (married to François II); ce grand Cardinal . . .: the Cardinal of Lorraine.
118	il ne soyt mis: singular for plural.
125	Robertet de Fresne, 'secrétaire d'Etat aux Finances', to whom R dedicated the *Hymne de l'Esté* (No. 25 below).

22

9 la part que: où que **19** maist: mets **57 (& 135)** idole: ombre, fantôme **83** gresillon: grillon **117** soldans: sultans

This poem was the end-piece of the five books of *Poëmes* in the 1560 edition. The fifth book was originally dedicated as a whole to Louis Des Masures, who had composed a group of poems addressed to R which was included at the end of the *Second livre des Meslanges* (1559). Des Masures is best known for his *Tragédies saintes,* published in 1565. [*Discours* 1567]

12 ff.	A reference to the diverse subject matter of the *Poëmes*.
35 ff.	R's reply in this poem to the Calvinist charge that he should write Christian rather than 'pagan' poetry anticipates his extensive *Responce aux injures et calomnies* of 1563 (*L* XI, 111; *Pl* II, 595).
37	talent: the word here has not only its normal sense, but also the Biblical sense (a coin): cf. the parable in *Matthew* XXV, 14–30. R seems to be alluding, by means of a pun, to the accusation of avarice which the Protestants frequently made against him.
49–51	Lorraine, the domain of R's patron the Cardinal of Lorraine and his brothers, bordered on Calvinist Switzerland. Des Masures was himself a 'Lorrain'.
52	An allusion to Luther.
56	Des Masures had a statue of Amphion in his garden.
59	Du Bellay had died on 1st January 1560.
67	Peitho is the personification of persuasion.

K

71	Caballin coupeau: Parnassus, together with the Hippocrene spring.
75–7	R is here echoing a motif found in the epics of Homer and Virgil.
90	Permesse: a river associated with the Muses.
125	Des Masures had written an ode (published in 1557) in which he described the poet Salel, not Du Bellay, among the shades in the Elysian Fields. Perhaps, in the phrase 'que m'a decrit', the object pronoun should be taken as indirect ('for me') rather than direct: the ode was in fact addressed to Du Bellay.
128–30	Henri II had been killed in a jousting accident in 1559.

23

49 Manichée: manichéen Arrien: arien **70** maisons: signes du zodiaque **83** hospital: habitat **103** racquette: bordel (?) **147** s'enquerre: s'enquérir **181** Hierosme: *Jerome* **203** reistre: manteau de reître **220** prodigieux: monstrueux **276** qui: à qui **281** poussis: poussifs **282** Decouppez: dont les habits sont ornés de taillades lassis: lascifs **359** conseil: entreprise **364** (**& 785**) piétons: fantassins (**& 503**) gendarmes: cavaliers **370** demis: abaissé **396** pillots: pilotes **407** Royne: Catherine de Médicis **424** un Concile: *the Council of Trent* **430** commis: qui vous ont été confiés **443** oueilles: ouailles **455** vostre seule faute: surtout votre faute **471** vous recognoistre: prendre conscience de votre état **531** nostre jeune Prince: Charles IX **558** auront le mat: seront matés **563** depleurent: déplorent **580** (**& 582**) Lottes: lotus **596** change: monnaie **659** groumelle: grommelle **670** compas: modération **695** serrent: réservent **696–7** estrivent De: se disputent sur **797** Flegeton: *Phlegethon* **804** jacque: cuirasse

R wrote the *Remonstrance* while the Huguenot Prince Louis de Condé was laying siege to Paris (November–December 1562). Attempts at conciliation were made during the siege, and it is in this spirit that R addresses Condé in the concluding section of the poem (lines 611 ff.). On R's polemical *Discours*, of which this poem is a central example, see *RTP*, chapter 6.

25	ils font les empeschez: 'they pretend to be deeply absorbed in theological problems'.
31	Luther had retained only two of the seven sacraments; Calvin went still further by eliminating the Eucharist, which he considered to be simply a symbolic ceremony, leaving only baptism.
39	ce monde accordant: read 'et puisque tu accordes le monde' (a reference to the divine harmony of the cosmos).
63 ff.	This development is echoed by Montaigne, *Essais* ii, xii (*Apologie de Raimond Sebond*). The early part of the *Remonstrance* contains many themes which Montaigne will exploit at greater length in the *Apologie*.
98	nostre chef est lavé: a reference to baptism.
102	apostat Augustin: Luther, who had belonged to the Augustinian order.
103	Picard usurier: Calvin. Lines 103–6 were suppressed in 1584.
109	Le soir . . .: an allusion to the Last Supper.
114–15	R is here defending the traditional doctrine of the real presence of

Christ in the Eucharist against Calvin's view that the bread and wine are only 'signs' or symbols. The theological questions which R evokes in this part of the poem had recently been debated at the Colloque de Poissy (1561) between the Cardinal of Lorraine and Théodore de Bèze.

50   une femme en du sel: Lot's wife, who was changed into a pillar of salt.

68–70   See Luke III, 22 and Acts II, 3.

84   trouvé la febve: i.e. discovered the key (febve: fève).

85–90   Approximately: 'There are many students in Paris, spitting on the walls of their rooms, from whom you could learn a great deal'.

04   'Certes' had been adopted by the Calvinist ministers as a swear-word (cf. line 688 below).

09   The emphasis on faith rather than works is characteristic of the whole range of Protestant theological positions.

11–14   The autobiographical reference here is too vague to be tied to any specific moment in R's youth. On *daimons*, see No. 18 above.

17–18   Cf. Rabelais, *Gargantua*, chapter 54 (inscription on the gate of Thélème).

27   Amyot & Danès: Danès had taught Greek in Paris from 1530; Amyot, his pupil, published a French translation of Plutarch's *Lives* (1559).

27–34   These lines were suppressed in 1584.

45   pris: 'accepted (into the mind)'. Cf. 1567: 'Ce monstre estant receu'.

65   The Englishman John Wyclif was a fourteenth-century forerunner of the Reformation.

66   John Hus was a Czech follower of Wyclif.

75   R is here referring to kings of an earlier period (cf. below, lines 407 ff.).

88   An allusion to the Greek origin of the word 'priest' (meaning 'elder').

09–11   i.e. gave the vacant place to the candidate (whatever his 'mœurs') who made greatest haste to bring the news of the death of an incumbent.

69–514   R is here addressing the Huguenot nobles (Condé, the Coligny brothers, etc.).

33   Pierre Paschal, a historiographer, left a Latin history of the reign of Henri II unfinished at his death in 1565. The phrase 'un œuvre si divin' may refer to this work, or to a manuscript journal in French for the year 1562, attributed to Paschal. Lines 533–44 were suppressed in 1584.

46–7   The incident to which R alludes has not been identified with any certainty.

54   Guisars: a nickname for supporters of the Guise family (cf. 'Guisiens', line 558 below).

97   The explorer Villegagnon, on his return from Brazil, spoke out against Calvin and became involved in endless controversy with Geneva.

11   Prince genereux: Louis de Condé, a descendant of Louis IX's sixth son, who was killed in the last of the Crusades.

616–17 un homme / Bany . . .: Calvin had been banished from Noyon.

649 un seigneur: Odet de Coligny, Cardinal of Chastillon, to whom R dedicated his 1555 *Hymnes*. Odet and his brothers had defected to the Huguenot party in April 1562.

680–1 A reference to the iconoclasm of the Huguenots.

707–8 Condé's brother Antoine de Bourbon, king of Navarre, was also Duke of Vendôme.

717 Sapin was a *conseiller* of the Paris Parlement. Condé had him executed in October 1562 in reprisal for the execution of prominent Huguenots in Rouen.

728 Scythe: the Scythians were renowned for their barbarity.

733–6 A reference to the accidental deaths of two of Condé's brothers, and to the death in battle of a third, Antoine de Bourbon (see below, line 746, note).

738 Charles de Bourbon, the elder brother of Condé, had remained loyal to the monarchy and the Guise family. During Condé's siege, he played an active part in the truce negotiations.

746 Vostre frere: Antoine de Bourbon, mortally wounded while fighting the Huguenots in October 1562.

758 oraison: i.e. the ensuing 'speech' addressed to the leaders of the Catholic troops and, later, to God, which constitutes the final phase of the poem.

761–2 vous freres . . .: François de Lorraine, Duke of Guise; Claude de Lorraine, Duke of Aumale; and René de Lorraine.

765–6 The *connétable* Anne de Montmorency had seen service under Louis XII, François Ier, Henri II, François II and Charles IX.

768 Du Guesclin had been *connétable* under Charles V of France. A candle was kept perpetually burning in his honour, as it was for the kings of France.

769 Vous d'Anville . . .: Henri de Montmorency, Count of Amville.

779–80 An allusion to the 'crusades' against the Albigensian and the Vaudois heretics.

786 Bellona was goddess of war.

792 un François: a sarcastic allusion to François de Coligny, who had brought an army of German cavalry into France to support Condé in November 1562.

795 i.e. unlike some of the Giants of classical mythology, they have no more arms or legs than other humans.

828 ff. R leaves ambiguous the identity of the 'autheur des guerres'; his adversaries assumed he was speaking of Condé, but he denied this in his *Responce aux injures et calomnies* of 1563 (*L* xi, 111; *Pl* ii, 595).

24

21 cofin: couffin

The hymns on the four seasons appeared in the second of the *plaquettes* which made up the *Recueil des nouvelles Poësies*. Each of these poems is addressed to one of the four *secrétaires d'Etat*: Robertet d'Aluye, Robertet de Fresne, Claude de l'Aubespine and Jacques Bourdin. [*Hymnes* 1567]

3   mace premiere: the unformed matter which existed before the creation of the world.

23–4   For the abduction of the Thracian princess Orithyia by the North Wind, see Ovid, *Met.* VI.

122   Qui rappelles l'année: it was only in 1564, by a decree of Charles IX, that the beginning of the calendar year was moved from 25th March to 1st January.

25

7 coupeau: sommet   **33** deshallé: affaibli   **113** collere: coléreux   **124** Thyton: *Tithonus*   **158** courvée: corvée

8   The Helicon is 'Nymphal' because of its association with the Muses.

16   Apollo had been born on Mount Cynthus in Delos.

72   1578: 'Plus l'excuse est louable, & petit le defaut'.

26

47 l'Ascrean: *Hesiod*   **51** le mortel: la partie mortelle   **67** Huiez: hués **74** écarbouiller: écraser   **78** d'Aurat: Jean Dorat   **97** decoupées: ornées de taillades   **128** harigot: flûte champêtre   **146** Martes: jeu d'osselets **149** poupelin: poupon   **158** une baye: un faux espoir   **167** Auton: autan   **172** la mer enclose en la terre: *the Mediterranean*   **195** angence: engeance **208** Rongnes: gale   **209** osture: armée   **272** flair: odeur   **275** pommeux: dont le fruit est semblable à la pomme   **296** noudant: nouant   **306** forment: froment   **314** jarbe: gerbe   **319** bourriers: *chaff*   **323** se bragarder: faire le beau   **333** le boyteux maneuvre: *Vulcan*   **336** damoyseaux: imberbes **343** espuise: verse   **352** preigne: prenne   **365** écouler les cheveux: tomber les feuilles   **367** phtinopore: qui gâte les fruits   **371** un grand Roy: *Bacchus* **376** cornichons: petites cornes   **381** Edonides: *Bacchantes*   **406** une jeune dame: *Ariadne*   **431** Licurgue: *Lycurgus* Panthé: *Pentheus*   **455** planté: abondance

The long introductory section of this poem concerning the nature of poetry seems to invite an 'allegorical' interpretation, in which the seasonal cycle can be associated with poetic activity. A similar kind of interpretation, though in less developed form, may be appropriate for the other three hymns. Elements of political allegory are perhaps also present, particularly in the *Hymne de l'Hyver*. Recent research suggests that more than one level of interpretation may be relevant for the individual poems, without there necessarily being one single allegorical principle which unifies the group as a whole. Common to all four, however, is R's evident liking for the near-burlesque aspects of his mythological narratives.

1   *Daimons* were intermediary beings, midway between men and angels (see above, No. 18). In 1584 R replaced 'le Daimon' by 'Apollon'.

3   In 1578 'gaillard' becomes 'subtil'.

225–6 A periphrasis for the southern hemisphere.

305   Triptolemus had been taught how to plough and sow grain by Ceres.

376   See above, No. 13, note to line 53.
432–3   On the fate of the sailors of Tyre and on that of the daughters of
           Minyas, see Ovid, *Met.* III and IV respectively.
446   double porte: Bacchus, son of Jupiter and Semele, was taken from
           his dead mother's womb and carried to term in his father's thigh
           (hence the epithet often applied to Bacchus, 'twice-born').

27

6 esgraphinant: égratinant **37** vient à gré: plaît **109** ce vent . . .: *Boreas*
the North Wind **132** je ne scay quel Satyre: *Bacchus* **133** un Maneuvre
boiteux: *Vulcan* **134** (& **200**) Alcide: *Hercules* **139** trophée: victoire **16...**
le grand Chien: *Cerberus* **204** escarmouche: armée **207** Bryare
Briareus **251** biez: biais **256** cancre: crabe **286** reistre: manteau d...
reître **335** eguiere: aiguière **341** aveignoit: prenait **342** bienveignoit
accueillait **350** Le Gean . . .: *Briareus* **356** vertugade: *farthingale* **35...**
boucager: bocager **396** tac, clavelée: *contagious skin-diseases of sheep*

109   Strymon: a river of Thrace.
156   Astreus was one of the Titans.
163–4   Dactyles, Curetes, Corybans: priests of Cybele.
171–2   In 1567 'Vertonne' (Vertumnus, god of autumn and the changing
           seasons) was amended to 'Portonne', i.e. Portumnus, a sea-god
           like Triton, Proteus and Glaucus. The Phorcydes were sea-
           nymphs, grey-haired from birth (hence 'vieilles').
176–7   Hecate, as goddess of the Underworld, is included in a list of gigan-
           tic subterranean beings.
240   Phanes was god of light.
265–6   Somnus was god of sleep, and Morpheus one of his sons.
278   le sorcier de soucy: i.e. 'whose magic charms away care'.
315   Jupiter was the son of Saturn.
382–4   This may be read as an allegorical representation of the germina-
           tion of grain.

28

23 enaigri: aigri colere: pleine de colère **41** croche: crochue **108** mar-
telée: mouchetée **133** privé: apprivoisé **148** mentonniere: qui garnit le
menton **151** doute: redoute **166** crouillet: loquet **184** fougiere: foug-
ère **197** infante: enfantine **201** greve: jambe **207** pimpernelle: pim-
prenelle **209** jenisse: génisse **212** (& **270**) ententive: attentive **223**
radoubant: recousant alesne: alène **226** goy: serpe **256** mignotés: cares-
sés **278** jargon: gazouillement **418** Catin: Catherine de Médicis **443**
Quantefois: combien de fois **446** aubifoin: bleuet **493** Janot: Jean
Dorat **502** Ægipans: divinités champêtres **504** Perrot: Ronsard **511** ce
bel aage: *the Golden Age* **541** Choüans: chats-huants **557** Beart: Béarn **580**
Carlin: Charles IX **587** Idumées: *Palestinian* **663** ferüe: frappée **749**
sion: scion **784** nièlle: brouillard **786** tac, clavelée: *contagious skin-diseases*
of sheep **802** sourjon: surgeon **869** le grand Pasteur: *the Pope* **870** dedans
un lac: *i.e. in Venice* **883** Pau: *the river Po* **891** ce grand Duc: *the Duke of*
Savoy **915** braver: se vanter d'être **1034** hautain à la main: querel-

leur **1046** evantez: étourdis **1048** de ton cerveau: de ton chef, de toi-même **1049** fortunes: circonstances **1095** faux: te trompes

This poem was written for the elaborate entertainments organised by Catherine de Médicis in Paris and at Fontainebleau early in 1564. The involvement in such activities of a poet of R's calibre reflects the widely held sixteenth-century conviction that the expression of high moral and intellectual values in poetry, music, tableaux, etc., would exert a positive influence on the political behaviour of the participants and spectators. The evidence is inconclusive as to whether or not *Bergerie* was actually performed, but clearly the intention embodied in the poem was that the tensions inherent in the real world of religious and political strife (the first War of Religion had ended only a year earlier) should be lessened by their translation into the imaginary world of pastoral and then resolved in a noble vision of the impending return of the Golden Age. Those present would be inspired with thoughts of peace and friendship all the more readily, it was no doubt hoped, in that the *dramatis personae* included the royal children—the Duke of Orleans, later Henri III (Orleantin), François d'Anjou (Angelot), Henri de Navarre, the future Henri IV (Navarrin), Marguerite de Valois, later his wife (Margot)—as well as the young Henri de Guise (Guisin). See *RTP*, pp. 278-82. [*Elegies* 1567; *Les Elegies, Eclogues et Mascarades* 1578]

246	Read ' . . . où pourraient bien tenir de rang'.
315	Sandrin: it is not clear to whom this refers.
323 ff.	See above, No. 23, note to line 792.
371	C'estoit fait que de France: the sense is clarified by the change in 1584 to 'La France estoit perdue'.
375	un Prince: Louis de Condé, leader of the Huguenot party. The following lines allude to the peace-treaty signed at Amboise in March 1563, which ended the first War of Religion.
380 (& 607, 917)	Pales was the patron goddess of shepherds and their flocks.
419	Henriot: Henri II, killed in a jousting accident at the age of forty (hence line 420), in 1559.
553	Busiris, king of Egypt, sacrificed to the gods all strangers who came to his country; he was eventually killed by Hercules.
587 ff.	Cf. No. 16 above, lines 1–24 and notes.
607–9	An allusion to the royal progress begun in March 1564.
643–5	Tiphys was steersman of the Argo, the ship in which Jason and his companions sailed on their quest for the Golden Fleece. This passage is one of a whole series of allusions to Virgil, *Eclogues* IV (the celebrated 'Golden Age' eclogue), which enrich Guisin's speech from this point onwards.
725–36	In 1584 these twelve lines were expanded to thirty-six, in which were evoked contemporary French achievements in philosophy, poetry, architecture, exploration, the decorative arts and music.
733–4	Renault, Rolland, Ogier, Yvon: heroes whose adventures had been recounted in the *chansons de geste*.
736	Another allusion to the ambition of the French monarchy to achieve imperial power (cf. No. 1 above).
738–52	The three Marguerites were Marguerite de Navarre (sister of François Ier), who died in 1549; Marguerite de France (sister of

Henri II), who became wife of the Duke of Savoy in 1559; and Marguerite de Valois (sister of Charles IX), who later married the future Henri IV.

739　　　In Latin *margarita* means 'pearl'.

762　　　Tityrus is a shepherd–musician in Virgil's *Eclogues*.

797–8　　le grand Pasteur d'Espagne: Philip II. sa compagne: Elisabeth de France (sister of Charles IX).

800　　　An allusion to the legend of Francus, which was to form the subject of R's *Franciade*.

816　　　An allusion to the fact that although Ferdinand II of Aragon had in 1512 annexed the part of Navarre which was on the Spanish side of the Pyrenees, Philip II made no claim to the remainder, on the French side. Philip II was brother-in-law to Charles IX (see above, note to lines 797–8).

831–2　　An allusion to the treaty of Troyes, signed in April 1564.

833–40　Mary Queen of Scots, widow of François II, had left France in 1561.

874　　　Catherine de Médicis was born in Florence.

875　　　The river Arno flows through Florence, the Mincio through Mantua, birthplace of Virgil—hence the reference to Tityrus (see above, note to line 762) in line 876.

881–2　　Ippolito d'Este, Duke of Ferrara, claimed descent from the legendary hero Roger, whose deeds are celebrated in Ariosto's *Orlando furioso*.

897　　　sa femme: see above, note to lines 738–52.

898　　　Fleur & perle: *une marguerite* is a daisy; and see above, note to line 739.

957　　　Read 'Du feu de Mars'.

966　　　Deux Bergeres: Catherine de Médicis and Marguerite, Duchess of Savoy.

1073–4　i.e. 'let the people have no part in making laws'.

1100　　1584: 'A ses Muses & au Roy'. 1587: 'Aux grands Princes & au Roy'.

29

31 ce royal chasteau: Fontainebleau　54 un Roy: Charles IX　56 point: piqué　69 Cythere: *Venus*　77 bien heurée: rendue bienheureuse　85 pour estre: parce que j'étais　125 charitable: tout en étant une marque d'affection　159 Helles: *Helle*

This poem addressed to Mary Queen of Scots appeared among the *Elegies* in the collective edition of 1567; presumably, however, it had been composed at some date before Mary's marriage to Lord Darnley in July 1565. [*Poëmes* 1584]

77 ff.　　The poet, speaking in the person of Charles IX, addresses the soul of his brother François II, Mary's first husband, who had died in 1560, aged not yet sixteen.

30

5 sourçoyer: jaillir　43 ce Pere Evien: *Bacchus*　47 vineux: buveur de

vin **71** Colere: coléreux **101** Commere: mère **102** tranchée: vive douleur **116** Pront: facile **121** le Nocher: *Charon* **158** Cheussent: *from* choir rives Stygiennes: *Styx* **162** emboufiz: bouffis boubance: vanté **181** solitaires: réservés, discrets **198** chose publique: république **229** montre: apparence **255** Si qu': si bien qu' **259** Mœcenas: *Maecenas* **280** Tertre au double front: *Parnassus* **304** tramblotis: tremblotement **326** flair: souffle **330** chalemie: chalumeau **371** Contre-muglans: meuglant l'un à l'autre **389** Guinier: guignier **401** le Pavis: la pavie **405** Corneille: cornouille **410** Coin: coing **422** Plustost: plus rapidement **435** marchetard: qui marche lentement **449** les enfants de la Terre: *the Giants*

This poem was renamed *Elegie* in 1578, and *La Lyre* in 1584. Jean de Belot, to whom the whole *Sixiesme livre des Poëmes* was addressed (cf. line 465 below), was a *conseiller* of the Parlement of Bordeaux. He was a friend of Montaigne and La Boëtie; R was a guest in his house in Bordeaux in April 1565 (cf. lines 149–50 below).

4	l'eau . . . : the Hippocrene spring.
6–7	An allusion to the ancient custom of awarding poets a crown of laurel as a mark of honour.
7	The myrtle was sacred to Venus, and Paphos in Cyprus was an important centre of her worship.
8	Venus caused anemones to grow from the ground where Adonis' blood had fallen.
30	Libitina was the goddess of funerals.
19–34	These lines were suppressed in 1584 (lines 21–4 and 31–4 had already been removed in 1578).
35	Read 'Je ne faisais, heureux de ce loisir'.
49–50	i.e. 'giving nothing (whether garden or meadow) preference over the cultivation of the sacred vine'.
53–8	Plato's (slightly different) account of the four 'furies' is in *Phaedrus*, 244–5. Cf. No. 11 above, lines 427 ff.
60	1578: 'Né pour tel art: . . .'. 1584: 'Plein de fureur'.
117	Le grand Platon: the reference is to *The Symposium*, 208–9.
182	Cf. Rabelais, *Gargantua*, Prologue.
186–8	Once when playing the flute, Pallas was so displeased by the ugliness of her puffed-out cheeks which she saw reflected in a pool, that she threw the instrument into the water.
201	Alcibiades, the Athenian politician and general, was a pupil of Socrates.
218–20	Jupiter was said to have been brought up in a cave on Mount Ida in Crete; the other Mount Ida was in Phrygia.
260	Pollio, politician and man of letters, was a friend of Virgil; Virgil prophesied in *Eclogues* IV that the Golden Age would return in Pollio's consulship.
264	en luy: i.e. 'en ce siècle'.
265	Messalla, like Pollio, was a man of great versatility, who combined political, military and literary careers: he too was a friend of Virgil.
269	i.e. 'made Egypt a Roman province'.
233–80	These lines were suppressed in 1587.
351–6	Apollo tended the cattle of Admetus, king of Thessaly, out of love for him: the Amphrysus is a river in Thessaly.

357–72 These lines were suppressed in 1578.
421 Atlantide: Mercury was a grandson of Atlas.
423 One of Mercury's functions was to accompany the souls of the dead on their journey to the Underworld.
444 An allusion to Mercury's theft of Apollo's cattle; he then appeased the god's anger by the gift of a lyre.
455 aux bords Charanteans: an allusion to the battle of Jarnac (March 1569) in the second War of Religion, in which the Protestants were defeated; Jarnac is on the river Charente.
456 The battle between the Giants and the gods took place at Phlegra.

31

77 cerclois: sarclais **97** Auton, Boré: *the South and North Winds* **103** escrageant: écrasant **104** test: tête, crâne **138** reflatoit: flattait, caressait **155** tarde: lente **156** Limas: limaçon tard: lentement

Rémy Belleau was a member of the Pléiade; he had annotated the second book of R's *Amours* for the collective edition of 1560.

72 une Thessalienne: a laurel-tree (Daphne, who was changed into a laurel so that she could evade the amorous pursuit of Apollo, came from Thessaly).
83 Read 'Un rien de temps . . .'.
85 *Daimons* were intermediary beings, midway between men and angels; see above, No. 18.
153–4 According to legend, in 387 B.C. the cackling of the sacred geese kept in the temple on the Capitoline hill served as a warning that the Gauls were attacking, and enabled the Romans to repel them.
180 ff. Belleau had translated part of Aratus' *Phaenomena*, a long poem about the stars and about weather signs—including the behaviour of birds and animals.

32

13 boursette: mâche **18** responsette: *diminutive of* raiponce **19** groiseliers: groseillers **24** recoursant: retroussant **28** rosart: rosâtre **29** huille de Provence: huile d'olive **30** oliviers de France: noyers **55** pongnard: poignard **76** A la parfin: à la fin tombe: fait tomber **94** doute: redoute **110** à credit: crédules **124** Corytian: *from Corycus in Cilicia* **125** marre: houe **161** la barque Stygieuse: *Charon's ferry* **162** sommeilleuse: qui produit le (dernier) sommeil

Amadis Jamyn, some sixteen years younger than R, served as the latter's secretary, and in the 1570s and 1580s was himself one of the most admired poets of the day.

22 ces beaux vers . . .: the *Ars amatoria*.
69 An allusion to St Paul's *Epistle to the Romans* IX, 20 ff.
70–1 An allusion to the rebellion of the Giants against the gods.
71 Read ' . . . et (Dieu veut qu'il) serve (de preuve) . . .'.
110 Read ' . . . craignent le Monde, qui n'est rien'.
123 ce vers Virgilian: see *Georgics* IV, lines 125 ff.

141   An allusion to Hesiod, *Works and Days*, lines 40 ff.
149 ff.   R may have been thinking of Horace, *Satires* I, ii, lines 74 ff. and
              111 ff.

33

16 feres: bêtes sauvages   **26** l'Espagnol: *Geryon*   **30** biez: biais   **34** Sosne:
Saône   **43** mal: labeur   **63** erreur: course aventureuse   **94** Heles *Helle*   **97**
(**& 154, 372**) trousse: carquois   **103** emprise: entreprise   **106** galée: gal-
ère   **107** Si que: si bien que   ahurté: heurté   **164** Cercler: sarcler   **169**
bourrache: bourrasque   **175** ahert: fort   **181** brusque: vif   **182** perruque:
chevelure   **218** piolées: bigarrées   **240** entrelassure: entrelacement   **244**
gravois: graviers   **254** voirrée: verrée, cristalline   **290** buye: buire   **328** ta
marastre: *Juno*   **335** menu: *used as an adverb*   **352** greslete: *diminutive of*
grêle   **386** terminée: déterminée   **406** Centaure: *Nessus*   enivrée:
imbibée   **410** l'immortelle Jeunesse: *Hebe*

Jean Passerat, humanist and poet, taught at the Collège Royal in Paris; he had
dedicated some of his own poems to R. This poem illustrates R's recurrent
interest in the legends associated with the Argonauts.

9–11   These events are portrayed in the *Heracles* plays by Euripides and
               Seneca.
4, 14 ff. According to Lucian (*Heracles*), the Celts identified Hercules with
               eloquence and wisdom, and held that his great feats had been
               achieved by persuasion; from this account was developed the tradi-
               tion of the 'Gallic Hercules', civiliser of the French, which R draws
               on here.
37   Galatée: a queen of Gaul.
42   au païs . . . : i.e. Gaul.
58   une peau leonine: that of the Nemean lion.
62   Dryopes: a people of Epirus.
65   Theodamus, king of the Dryopes, was the father of Hylas.
111–12   le rivage . . . Du Mysien: Mysia was a region of Asia Minor.
187   les Freres: Calaïs and Zetes, sons of Boreas, the North Wind.
197   Telamon was one of the Argonauts, and Hercules' close compan-
               ion.
200   sa moitié: an allusion to the myth of the Androgynes, recounted in
               Plato's *Symposium*.
207–9   Hercules was Jupiter's son by Alcmene, hence Juno's hostility to
               him.
210   'Qui' seems redundant here, since 'la course' (line 206), not
               'Junon', is clearly the subject of 'guida'.
221–2   cette fleur . . . : the satyrion, a kind of orchid.
223   l'autre fleur . . . : the primula.
224 ff.   Coqu: coucou (the bird)—but *le coucou* is also a name for the wild
               primula. Juno was said to have resisted her brother Jupiter's court-
               ship of her until he transformed himself into a cuckoo, when she
               took pity on him; R, however, has Juno transforming herself into a
               cuckoo.
249, 252, 274–6 Herbine, Printinne, Antrine, etc.: the names of these
               nymphs have been invented by R.

279   Lucine: the goddess of childbirth.

281   'Qui' refers to the nymphs named in lines 274–6.

281–2   The Phoenician city of Tyre was famed for its purple dye made from molluscs.

365 ff.   Cet art subtil . . . : 'this was a piece of trickery devised by Meleager . . . '. Meleager's death is recounted in Ovid, *Met.* VIII.

370   aux fesses noires: a rendering of a Greek epithet for Hercules.

398   ton haineux: Eurystheus, king of Argos, who imposed upon Hercules the Twelve Labours.

422 ff.   The reader's appreciation of this poem will be enriched by following R in his browsing through (for example) Theocritus, *Idylls* XIII; Apollonius of Rhodes, *Argonautica* I; and Propertius, *Elegies* I, xx.

34

9 eschaffaut: scène   18 pendoit: dépendait   42 quatre grands estoiles: *the Southern Cross*   54–5 le double luminaire Du ciel: *the sun and the moon*   92 facond: éloquent   101 haussebec: haussement de tête dédaigneux   113 Myrtines: du myrte   150 Conflant: Conflans   157 perruque: chevelure

This poem forms a kind of prologue to *Les Amours diverses*, which follow the *Sonnets pour Helene*. Nicolas de Neufville was well known for his hospitality to men of letters.

21–2   'Sagement' should be taken with 'propose'.

36   Renomee: the personification Fama was represented with many eyes and mouths.

53   The appearance of a comet was held to presage disasters.

56   Charles IX had died at the age of twenty-four in 1574; his predecessor François II was not yet sixteen when he died in 1560.

88–9   Cf. *Iliad* IX.

114   Morvillier: Jean de Morvilliers, bishop of Orleans and a close friend of Villeroy (d. 1577). deux Aubespines: Villeroy's father-in-law, Claude de l'Aubespine, *secrétaire d'Etat* (d. 1567) (see above, No. 26); and the latter's son, also Claude (d. 1570, at the age of twenty-six).

35

17 injurié: maltraité   33 conche: costume   47 un jeune jouvenceau: *Mercury*   52 garbe: galbe   87 empoinct: en point   95 venteux: vain antiquaire: vieilli   115 où: alors que, au contraire

This poem forms part of the *Bocage royal*, a section newly formed for the 1584 collective edition and dedicated to Henri III.

19   Strymoniens: from the river Strymon in Macedonia, which Virgil particularly associated with cranes.

20–2   Cf. *Iliad* III, lines 1 ff.

44   The Muses were the daughters of Jupiter.

51   Mercury was the son of Jupiter and Maia, daughter of Atlas.

76 ff.   The Turks took Constantinople in 1453 and nearly thirty years later invaded Italy, albeit briefly; the memory was still vividly alive in the sixteenth century.

85 The town of Cirrha in Phocis, near Delphi, was dedicated to Apollo, leader of the Muses' dance.

131 d'un double sceptre: before coming to the French throne in 1574, Henri III had been king of Poland.

150 The following lines were added to the end of the poem in 1587: 'Prince qui nous servez de phare & de flambeau, / Ne laissez point errer sans logis ce troupeau, / Troupeau de sang illustre & d'ancienne race, / Pauvre, mais de bon cœur, digne de votre grace. / Jupiter le conceut lequel vous a conceu. / Ainsi de mesme pere ensemble avez receu / L'estre & l'affinité: Vous comme le plus riche, / A vos pauvres parens ne devez estre chiche'.

36

8 Locatif: locataire **33** glout: glouton **35** general: genre **43** Maron: *Virgil* **49** germeuse: féconde **52** enroncé: mêlé de ronces

During the last decade of R's life Desportes (1546–1606) became the poet most in vogue at Court and in the literary salons; he enjoyed the patronage of Henri III and on R's death was considered to be his obvious successor as the foremost poet of France. He was principally known as a love-poet, but also made an important contribution to the development of religious poetry towards the end of the sixteenth century.

10 One of the *Annotations de l'Autheur* printed with this poem explains that this line is an allusion to the Pythagorean doctrine of the transmigration of souls.

34 In order not to be overthrown by one of his own sons, Saturn devoured them as soon as they were born.

42 Eacide: Achilles, grandson of Aeacus.

80 Dure: the river Eure, on which Chartres stands.

82 ff. This reversal of R's more usual appeal to posterity, transforming it into the *carpe diem* theme, might well be read ironically, given that the poem is addressed to a young and successful court poet.

37

18 (& 194) filles de Memoire: *the Muses* **36** malheurtez: malheurs **77** a faict joug: s'est soumis **82** quant & quant: en même temps **95** bons: bonds **105** Charites: *the Graces* **119** nepveux: descendants **136** parangonneroit: égalerait **145** survivance: succession **167** A l'environ: autour **179** ce grand Roy: Henri III **187** esloigne: s'éloigne de **191** brelandiers: joueurs

Caprice was one of a number of *inédits* published at the end of the 1609 edition of R's *Œuvres*. Simon Nicolas was *secrétaire du roi;* R had dedicated several poems to him.

16, 64 See Nos. 2 and 11 above.

59 ce grand Roy: Henri II; prior to his accession, R had been Henri's page.

60 Henri II was killed in a jousting accident.

79–80 Charles IX had addressed poems to R; they are reproduced in *L* xvii, 45 and 49.

97   la Pieride: i.e. the Muse (the Muses were worshipped at Pieria, near Mount Olympus).

113   Castalia was a spring sacred to the Muses on Mount Parnassus.

133   Bellona was the goddess of war.

140   Son heritier: Henri de Bourbon, king of Navarre, later Henri IV.

150   le feu sainct Herme: see No. 18 above, note to line 296.

170–1   Henri de Bourbon was Duke of Vendôme.

180–1   Both the Valois and the Bourbons were descended from Louis IX.

38

18 gouspiller: gaspiller

39

2 depoulpé: dépouillé de pulpe

5–6   Apollo's many powers included that of healing; his son Asclepius was the god of medicine.

40

2   Enceladus' sisters were the three Furies.

3   Alecto was one of the Furies; they had snakes entwined in their hair.

41

1 Brume: hiver   3 le ruisseau d'Oubly: *the Lethe*

5   Dieu: presumably Morpheus, the god of sleep.

42

1 bourrelles: *feminine of* bourreaux   9 umbre de la terre: *night*

43

9 mansine: manche de charrue

12   Read 'Il faut ou ne pas commencer, ou . . .'.

44

7 signe: constellation

4   The river Meander in Phrygia was famous for its swans.

46

10 commune: foule

INDEX OF FIRST LINES

Poem-numbers, not page-numbers, are given. Words and phrases in italics are 1584 variants corresponding with the version given in the *Bibliothèque de la Pléiade* edition.